Cornelia Grundmann

Mitbestimmung bei variabler Vergütung und Zielvereinbarung

PL ACADEMIC RESEARCH

Bibliografische Information der Deutschen Nationalbibliothek
Die Deutsche Nationalbibliothek verzeichnet diese Publikation in der Deutschen Nationalbibliografie; detaillierte bibliografische Daten sind im Internet über http://dnb.d-nb.de abrufbar.

Zugl.: Mainz, Univ., Diss., 2014

D 77
ISSN 0531-7312
ISBN 978-3-631-65496-5 (Print)
E-ISBN 978-3-653-04774-5 (E-Book)
DOI 10.3726/978-3-653-04774-5

PL Academic Research ist ein Imprint der Peter Lang GmbH.
Peter Lang – Frankfurt am Main · Bern · Bruxelles · New York · Oxford · Warszawa · Wien

Diese Publikation wurde begutachtet.

www.peterlang.com

Mitbestimmung bei variabler Vergütung und Zielvereinbarung

Europäische Hochschulschriften

European University Studies

Publications Universitaires Européennes

Reihe II **Rechtswissenschaft**

Series II Law

Série II Droit

Band/Volume **5702**

Stephan
und
meinen Eltern

per aspera ad astra

lat. Sprichwort

Mein besonderer Dank gehört meinem Doktorvater Prof. Dr. Hergenröder, der mir in vielfältiger Weise Hilfestellungen geleistet hat und stets ein offenes Ohr für Fragen hatte. Darüber hinaus danke ich meinem Mann Stephan, der mir immer den Rücken freigehalten hat und sich stets Zeit genommen hat, intensiv und kritisch über fachliche Fragestellungen zu diskutieren. Meiner Mutter Ursula gehört der Punkt hinter dem Titel.

Inhaltsverzeichnis

Abkürzungsverzeichnis

a.A.	andere Auffassung
Abs.	Absatz
ArbG	Arbeitsgericht
BAG	Bundesarbeitsgericht
BetrVG	Betriebsverfassungsgesetz
BT-Drs.	Bundestags – Drucksache
bzw.	beziehungsweise
d.h.	das heißt
etc.	et cetera
ff.	fortfolgend
ggf.	gegebenenfalls
i.V.m.	in Verbindung mit
LAG	Landesarbeitsgericht
lit.	litera
m.w.N.	mit weiteren Nachweisen
sog.	sogenannter
u.a.	unter anderem
vgl.	vergleiche
z.B.	zum Beispiel

Literaturverzeichnis

Annuß, Georg: Arbeitsrechtliche Aspekte von Zielvereinbarungen in der Praxis Neue Zeitschrift für Arbeitsrecht, 2007, S. 290 ff. zitiert: Annuß NZA 2007, S.

Bauer, Jobst-Hubertus / Diller, Martin / Göpfert, Burkard: Zielvereinbarungen auf dem arbeitsrechtlichen Prüfstand Betriebs-Berater, 57. Jahrgang, Heft 17, 2002, S.882 ff. zitiert: Bauer/Diller/Göpfert BB 2002, S.

Berwanger, Dirk: Noch einmal: Zielvereinbarungen auf dem Prüfstand Betriebs-Berater, 59.Jahrgang, Heft 10, 2004, S. 552 ff. zitiert: Berwanger, BB 2004, S.

Berwanger, Dirk: Zielvereinbarungen und ihre rechtlichen Grundlagen Betriebs-Berater, 58. Jahrgang, Heft 28/29, 2003, S. 1499 ff. zitiert: Berwanger, BB 2003, S.

Beseler, Lothar / Bopp, Peter / Grundmann, Stephan / Keil, Hilger /Krasshöfer, Horst-D. / Molkenbur, Josef / Puzicha, Michael / Wetzling, Frank: Angestellte im Außendienst, 2. Auflage, 2007 zitiert: Verfasser, AiA, S.

Birk, Rolf: Gemeinsame Anmerkung zu BAG EzA § 87 BetrVG 1972 Lohn und Arbeitsentgelt Nr. 2–4 Entscheidungssammlung zum Arbeitsrecht, 7. Auflage, München 2003 zitiert: Birk, EzA § 87 BetrVG 1972 Lohn und Arbeitsentgelt, Nr., S.

Bros, Christiane: Die individualrechtliche Zulässigkeit von Zielvereinbarungen Recht der Arbeit, 2004, Heft 5, S. 273 ff. zitiert: Bros, RdA 2004, S.

Däubler, Wolfgang: Zielvereinbarungen als Mitbestimmungsproblem Neue Zeitschrift für Arbeitsrecht, 2005, S. 793 ff. zitiert: Däubler, NZA 2005, S.

Däubler, Wolfgang / Kittner, Michael / Klebe, Thomas / Wedde, Peter: BetrVG Betriebsverfassungsgesetz mit Wahlordnung und EBR-Gesetz 13. Auflage, 2012 zitiert: DKK/Verfasser, §, Rn.

Dietz, Rolf / Annuß, Georg / Thüsing, Gregor / Richardi, Reinhard: Betriebsverfassungsgesetz mit Wahlordnung, 11. Aufl., München und Berlin 2007 zitiert: Dietz, §, Rn.

Feldhoff, Kerstin: Durchsetzung faktischer Gleichberechtigung von Frauen im Betrieb Arbeitsrecht im Betrieb, 17. Jahrgang, 1996, S. 445 ff. zitiert: Feldhoff, AiB 1996, S.

Fitting, Karl / Engels, Gerd / Schmidt, Ingrid / Trebinger, Yvonne / Linsenmaier, Wolfgang: Betriebsverfassungsgesetz Handkommentar 26. Auflage, 2012 zitiert: FESTL, §, Rn.

Linck, Rüdiger / Koch, Ulrich: Die Mitbestimmung des Betriebsrats bei Zielvereinbarung, Festschrift für Klaus Bepler zum 65. Geburtstag München 2012 zitiert: Linck/Koch, FS Bepler, S.

Lindemann, Achim / Simon, Oliver: Flexible Bonusregelungen im Arbeitsvertrag, Betriebsberater, 57. Jahrgang, Heft 35, 2002, S. 1807 ff. zitiert: Lindemann/Simon, BB 2002, S.

Löwisch, Manfred: Möglichkeiten und Grenzen der Betriebsvereinbarung Arbeit und Recht, Zeitschrift für Arbeitsrechtspraxis, 26. Jahrgang, 1978, S. 101 ff. zitiert: Löwisch, AuR 1978, S.

Löwisch, Manfred / Kaiser, Dagmar: Betriebsverfassungsgesetz Kommentar 6. Auflage, 2010 zitiert: Löwisch/Kaiser, §, Rn.

Loritz, Karl-Georg / Zöllner, Wolfgang: Arbeitsrecht, Hergenröder, Curt Wolfgang 6. Auflage, München 2008 zitiert: Zöllner/Loritz/Hergenröder, §, S.

Mauer, Reinhold: Zielbonusvereinbarungen als Vergütungsgrundlage im Arbeitsverhältnis Neue Zeitschrift für Arbeitsrecht, 2002, S. 540 ff. zitiert: Mauer NZA 2002, S.

Mengel, Anja: Erfolgs- und leistungsorientierte Vergütung, Arbeitsrecht in der betrieblichen Praxis, Band 40, 5. Auflage, Berlin 1998 zitiert: Mengel, §, Rn.

Moll, Wilhelm Die Mitbestimmung des Betriebsrats beim Entgelt, Schriften zum Sozial- und Arbeitsgericht, Band 30, 1. Auflage, Berlin 1977 zitiert: Moll, Mitbestimmung beim Entgelt, S.

Moll, Wilhelm / Roebers, Dorothee: Pauschale Zahlungen an Betriebsräte? Neue Zeitschrift für Arbeitsrecht, 2012, S. 57 ff. zitiert: Moll/Roebers, NZA, 2012, 57.

Müller-Glöge, Rudi / Preis, Ulrich / Schmidt, Ingrid: Erfurter Kommentar zum Arbeitsrecht 13. Auflage, 2013 zitiert: ErfK/Bearbeiter, §, Rn.

Palandt, Otto: Bürgerliches Gesetzbuch 72. Auflage, München 2013 zitiert: Palandt/Bearbeiter, §, Rn.

Preis, Ulrich: Der Arbeitsvertrag 4. Auflage, 2011 zitiert: Preis, Der Arbeitsvertrag, II Z 5, Rn.

Preis, Ulrich: Grundfragen der Vertragsgestaltung im Arbeitsrecht Habilitation bei Prof. Dr. Hanau Luchterhand Verlag, Neuwied 1993 zitiert: Preis, Grundfragen der Vertragsgestaltung im Arbeitsrecht, S.

Richardi, Reinhard: Die Mitbestimmung des Betriebsrats bei der Regelung des Arbeitsentgelts, Zeitschrift für Arbeitsrecht, 7. Jahrgang, 1976, S. 1 ff. zitiert: Richardi, ZfA, S.

Richardi, Reinhard: Betriebsverfassung mit Wahlordnung Kommentar 13. Auflage, 2012 zitiert: Richardi, §, Rn.

Richardi, Reinhard / Wlotzke, Otfried / Wißmann, Helmut / Oetker, Hartmut: Münchener Handbuch zum Arbeitsrecht, Band 1, 3.Auflage, München 2009 zitiert: MüArbR/Bearb, §, Rn.

Richardi, Reinhard / Wlotzke, Otfried / Wißmann, Helmut / Oetker, Hartmut: Münchener Handbuch zum Arbeitsrecht, Band 2, 3.Auflage, München 2009 zitiert: MüArbR/Bearb, §, Rn.

Rieble, Volker / Gistel, Cornelia: Betriebsratszugriff auf Zielvereinbarungsinhalte? Betriebs-Berater, 2004, Heft 45, S. 2462 ff. zitiert: Rieble/Giestel, BB 2004, S.

Rieble, Volker: Flexible Gestaltung von Entgelt und Arbeitszeit im Arbeitsvertrag Neue Zeitschrift für Arbeitsrecht, Beilage, 2000, S. 34 ff zitiert: Rieble, NZA 2000, S.

Riesenhuber, Karl / Steinau-Steinrück, Robert: Zielvereinbarungen Neue Zeitschrift für Arbeitsrecht, 2005, S. 785 ff. zitiert: Riesenhuber/Steinau-Steinrück, NZA 2005, S.

Salamon, Erwin: Mitarbeitersteuerung durch erfolgs- und bestandsabhängige Gestaltung von Vergütungsbestandteilen Neue Zeitschrift für Arbeitsrecht, 2010, S. 314 ff. zitiert: Salamon, NZA 2010, S.

Schaub, Günter: Arbeitsrecht – Handbuch Systematische Darstellung und Nachschlagewerk für die Praxis 14. Auflage, München 2011 zitiert: Schaub/Verfasser, §, Rn.

Schang, Friederike: Die Mitbestimmung des Betriebsrats bei neuen Formen der Leistungsvergütung Frankfurt am Main, 2002 zitiert: Schang, S.

Schmiedl, Wolfgang: Variable Vergütung trotz fehlender Zielvereinbarung – neue höchstrichterliche Rechtsprechung Betriebs-Berater, Heft 44, 2006, S. 2417 ff. zitiert: Schmiedl, BB 2006, 2417 ff.

Schoof, Christian: Neue Vergütungssysteme – Mitbestimmung des Betriebsrats Arbeitsrecht im Betrieb, Heft 10, 2003, S. 591 ff. zitiert: Schoof, AiB 2003, S.

Sieg, Rainer: Interne Schlichtung zur Vermeidung von Arbeitsgericht und Einigungsstelle Festschrift 50 Jahre Bundesarbeitsgericht 2004 zitiert: Sieg, FS 50 Jahre BAG, S.

Stege, Dieter / Weinspach, F.K. / Schiefer, Bernd: Betriebsverfassungsgesetz Handkommentar für die betriebliche Praxis 9. Auflage, Köln, 2002 zitiert: HaKo – BetrVG/Verfasser, §, Rn.

Thume, Karl-Heinz / Otto, Klaus / Riemer, Jens-Berghe / Schröder, Andreas: Handbuch des gesamten Vertriebsrechts Band 1, 4. Auflage, 2012 zitiert: Thume, §, Rn.

Trittin, Wolfgang: Auswirkungen ergebnisorientierter Arbeit – Ergebnisorientierung und Risikoverlagerung stellen neue Aufgaben – Arbeitsrecht im Betrieb, 23. Jahrgang, 2002, S. 90 ff. zitiert: Trittin, AiB 2002, S.

Tschöpe, Ulrich: Sind Entgeltabreden der Inhaltskontrolle nach §§ 305 ff. BGB unterworfen? Der Betrieb, Heft 35, 2002, S. 1830 ff. zitiert: Tschöpe, DB 2002, S.

Tondorf, Karin: Zielvereinbarungen Arbeitsrecht im Betrieb, 19. Jahrgang, 1998, S. 322 ff. zitiert: Tondorf, AiB 1998, S.

Weiss, Manfred / Weyand, Joachim: Betriebsverfassungsgesetz Arbeits- und Sozialrecht, Band 31 3. Auflage, Baden-Baden zitiert: Weiss/Weyand, §, Rn.

Wiese, Günther / Kreutz, Peter / Oetker, Hartmut / Raab, Thomas / Weber, Christoph / Franzen, Martin: Gemeinschaftskommentar zum Betriebsverfassungsgesetz, Band I, §§ 1–73 b mit Wahlordnung 9. Auflage, 2010 zitiert: GK/Verfasser, §, Rn.

Wiese, Günther / Kreutz, Peter / Oetker, Hartmut / Raab, Thomas / Weber, Christoph / Franzen, Martin: Gemeinschaftskommentar zum Betriebsverfassungsgesetz, Band II, §§ 74–132 mit Wahlordnung 9.Auflage, 2010 zitiert: GK/Verfasser, §, Rn.

§ 1 Einführung

A. Gang der Untersuchung

Eine aktuelle Studie, in der die Gehaltsentwicklung in mittelgroßen Unternehmen in 26 verschiedenen Ländern untersucht wurde, zeigt, dass die Zahl der bonusberechtigten Arbeitnehmer stark zugenommen hat. Dies ist insbesondere das Ergebnis eines weltweiten Trends zu variabler Vergütung auch für untere Hierarchieebenen.[1] Bedingt durch den wirtschaftlichen Aufschwung war auch bei der Auszahlung der variablen Bezüge im Jahr 2011 eine deutliche Zunahme zu beobachten.[2] 2011 wurden 81 Prozent der Führungskräfte leistungsbezogen entlohnt; das entspricht einem Anstieg um vier Prozentpunkte. Der Anteil der Fachkräfte, die Boni erhalten, erhöhte sich von 54 auf 60 Prozent.[3] 2012 erhöhte sich die Prozentzahl erneut. Für 87 Prozent der Führungskräfte war ein variabler Vergütungsanteil in Form eines Bonus' vorgesehen.[4]

Die Gestaltung variabler Vergütungsmodelle gewinnt somit in der betrieblichen Praxis immer mehr an Bedeutung. Gleichwohl haben sich Rechtsprechung sowie juristische Fachliteratur nur vereinzelt mit diesem Thema beschäftigt. Die Rechtsprechung ist naturgemäß nicht dazu berufen, umfängliche Begutachtungen und Bewertungen zu der Thematik abzuliefern. Immer sind es die streitigen Fälle, die einzelfallbezogen durch die Gerichte einer Lösung zugeführt werden müssen. Dementsprechend existieren nur kursorische Einzelfalllösungen. Aus Einzelfällen lassen sich aber immerhin kleine Leitlinien für das große Ganze gewinnen.

Warum aber ist das eigentlich so schwierig und warum sind so viele Praktiker und auch Fachleute überfragt, wenn es um die Gestaltung variabler Vergütungsmodelle geht? Dies folgt daraus, dass es einerseits keine gesetzliche Regelung zur variablen Vergütung gibt; daraus folgt andererseits die fehlende einheitliche Begriffsbildung zu dem Topos variable Vergütung.

So gibt es in der Praxis die unterschiedlichsten Modelle der variablen Vergütung, angefangen bei Aktienoptionen, Incentives, Zielvereinbarungen, über

1 DB 2006, 28.

2 Kienbaum, Gehaltsentwicklungsprognose 2011, S. 2.

3 Kienbaum-Studie zur Vergütung von Ingenieuren 2011, Pressemitteilung vom 26.08.2011.

4 Kienbaum-Studie zur Vergütung von Führungskräften, Pressemitteilung vom 07.11.2012.

Boni, Weihnachts- bzw. Urlaubsgeld, Prämien, Provisionen etc. bis hin zu firmenspezifischen Bezeichnungen (on target earning, top incentive, variable pay etc.).

All diese Begriffe sind – erst recht natürlich die firmenspezifischen – im Gesetz nicht definiert und lassen sich auch schwer mit einer einheitlichen Definition fassen.

Und auch der Rechtsprechung obliegt es nicht, diese Begriffe weiter auszugestalten. Es ist nicht Aufgabe der Rechtsprechung, für die frei gewählten und selbst bestimmten Begrifflichkeiten juristisch verbindliche Bezeichnungen festzulegen. Entscheidend bleibt immer der tatsächliche Inhalt, nicht die allenfalls als Indiz für die Bewertung heranzuziehende Bezeichnung – sofern sich diese im Gesetz findet.[5] Demnach ist selbst in dem Fall, dass „bekannte" Begrifflichkeiten Verwendung finden, immer noch zu prüfen, ob die Beteiligten tatsächlich diese im Gesetz auch „abgebildete" Vergütungsform wollten. Dann richtet sie sich nach diesen Regeln. Aber ob nun gesetzlich Vorgegebenes, eine völlig neuartige, ungeregelte oder eine Mischform gewollt ist: die Rechtsprechung kann sich ihrer nicht ungefragt annehmen. Und diese Fragen spielen sich im „lebenden Arbeitsverhältnis" ab; in diesem wird jedoch kaum ein Streit ausgetragen, es sei denn, man möchte das Arbeitsverhältnis beenden. Überdies – und das ist ein sehr gewichtiger, wenn nicht gar der gewichtigste Aspekt – beruht die Architektur der variablen Vergütungsmodelle im Einzelfalle auf dem kollektiven Gerüst. Der Mitarbeiter bewegt sich regelmäßig innerhalb der von den Betriebspartnern getroffenen Regelungen. Diese sehen bestenfalls betriebsinterne Streitschlichtungsregelungen vor. Damit bleibt der Streit ein Betriebsinternum. Auch verlässt sich der Mitarbeiter auf den Betriebsrat und geht davon aus, dass das, was dort geregelt ist, treffend, rechtlich verbindlich und damit von seiner Seite unangreifbar ist. In der Praxis gilt: Die den „Gesetzen des Betriebes" (Betriebsvereinbarung, Gesamtbetriebsvereinbarung, Konzernbetriebsvereinbarung) Unterworfenen gehen von einer Richtigkeitsgewähr derselben aus. Der Keim fehlerhafter Regelungen liegt daher häufig in den allseitig akzeptierten – aber nicht selten rechtlich fehlerhaften – kollektiven Regelungen.

Daher befasst sich diese Arbeit zunächst mit den bei variablen Vergütungsmodellen generell infrage kommenden Mitbestimmungsrechten des Betriebsrats sowie deren Reichweite. Mitbestimmungsrelevant sind hier insbesondere die Vergütungsform der Provision, sowie die Vergütungsform der Prämie,

---

5 z.B. Akkord, Prämie und andere vergleichbare leistungsbezogene Vergütungen im BetrVG oder die Provision im HGB.

sodass die Mitbestimmung bei diesen beiden Vergütungsformen dargestellt wird. Denn diese Vergütungsformen finden sich auch in den später zu beleuchtenden Zielvereinbarungen wieder. Um also die Reichweite der Mitbestimmung bei variabler Vergütung und Zielvereinbarung zu beurteilen, ist zunächst darzustellen, wie weit die Mitbestimmung bei den darin üblicherweise enthaltenden Vergütungsformen geht. Sodann wird im Speziellen die Zielvereinbarung zunächst aus individualrechtlicher, anschließend aus kollektivrechtlicher Sicht untersucht und erörtert. Die Zielvereinbarung wurde bisher in der juristischen Fachliteratur nur oberflächlich und in der Rechtsprechung anhand weniger Einzelfälle behandelt, spielt in der Praxis jedoch eine sehr große Rolle. Ausgehend von den individualrechtlichen Grundsätzen, die beim Abschluss von Zielvereinbarungen zu beachten sind, liegt ein besonderer Schwerpunkt der Arbeit auf der Frage, ob und wenn ja, in wieweit der Betriebsrat bei der Einführung von Zielvereinbarungsprozessen mitzubestimmen hat. Um einen zielorientierten und interessengerechten Prozess für die betriebliche Praxis darstellen zu können, wird herausgearbeitet, welche Parameter in einer kollektiven Rahmenregelung zur Einführung eines Zielvereinbarungsprozesses enthalten sein sollten. Anhand von praktischen Beispielen wird letztlich dargestellt, inwieweit die Praxis dem tatsächlich Rechnung trägt bzw. im Hinblick auf die Reichweite der erarbeiteten Grenzen der Mitbestimmungsrechte des Betriebsrats bei der Einführung eines Zielvereinbarungsprozesses jedenfalls in rechtlicher Hinsicht Rechnung tragen muss.

B. Historie der variablen Vergütung und Zielvereinbarung

Die arbeitsvertraglichen Beziehungen zwischen Arbeitgeber und Arbeitnehmer sind seit jeher maßgeblich geprägt von der Fürsorgepflicht des Arbeitgebers und der damit korrespondierenden Treuepflicht des Arbeitnehmers. Dieses besondere Vertrauen und diese Nähe wurden durch die Arbeitgeber seit jeher durch die Gewährung von zusätzlichen Leistungen zu bestimmten Gelegenheiten „belohnt". So wurden am Jahresende Weihnachtsgelder bezahlt, zur Jahresmitte ein Urlaubsgeld, bei Erreichung eines besonders guten Geschäftsjahresabschlusses sonstige Sonderleistungen. Im Laufe der Zeit wurden diese Zahlungen von den Arbeitnehmern durch die regelmäßige Gewährung schon als fester Gehaltsbestandteil – also neben dem eigentlich vertraglich vereinbarten Entgelt – empfunden. In den Zeiten knapper Arbeitskräfte waren und sind diese neben dem Normallohn stehenden finanziellen Anreize ein entscheidender Aspekt für ein Bleiben oder Gehen. Somit stand und steht jeder Betrieb vor der Entscheidung, entweder auf diese Weise die Personalkosten zu verteuern oder aber qualifizierte Arbeitskräfte zu verlieren bzw. gar nicht erst zu gewinnen. Die Gewerkschaften haben diese Entwicklung in der Vergangenheit dazu genutzt, solche zusätzlichen betrieblichen Sonderleistungen durch die Tarifverträge abzusichern.

Die zunehmende Internationalisierung der deutschen Wirtschafts- und Arbeitswelt in den 90iger Jahren, sei es durch die Gründung von Tochtergesellschaften ausländischer Unternehmen oder die Übernahme deutscher Unternehmen durch ausländische Investoren, führte zu einem Modernisierungsschub bei der Gestaltung der Vergütungsstruktur in Deutschland. Die erfolgs- und leistungsbezogene Vergütung hielt nun auch in Deutschland vermehrt Einzug. Während vor 50 Jahren lediglich Geschäftsführer und Vorstände eine variable gewinnabhängige Tantieme erhielten, wurden nunmehr Vergütungstypen wie zielvereinbarungsgestützte Boni, Aktienoptionen etc. auch in den unteren Hierarchieebenen eingeführt. So wurden zunächst – hauptsächlich im Vertrieb – deutlich erfolgs- und leistungsorientiertere Vergütungsmodelle entwickelt, die heutzutage bei nahezu allen Arbeitnehmergruppen angewendet werden.

C. Begriffsklärung

I. Die variable Vergütung

Unter dem Begriff „variable Vergütung“ ist jede Zahlung des Arbeitgebers an den Arbeitnehmer zu verstehen, die hinsichtlich ihrer Höhe nicht abschließend vertraglich festgelegt ist, sondern abhängig von variablen, also möglicherweise unterschiedlich ausfallenden, gar nicht, mehr oder minder oder vollumfänglich vom Arbeitnehmer beeinflussbaren Faktoren ist. Hierunter fallen u.a. Zulagen, Urlaubsgeld, Gratifikationen jedweder Art, die Ausgabe von Belegschaftsaktien, Provisionen, Prämien, Gewinn- und Ergebnisbeteiligungen, Bonus im Rahmen einer Zielvereinbarung und auch die wertmäßig nicht näher spezifizierte Privatnutzung eines Dienst-PKW.

Wenn der Arbeitgeber bei der Bemessung der Höhe einer zusätzlichen Leistung an die erbrachte Arbeitsleistung im Bezugsjahr anknüpft, so ist die Zahlung zumindest teilweise Vergütung für geleistete Arbeit mit der Folge, dass eine solche Sonderzahlung nicht vom ungekündigten Bestand des Arbeitsverhältnisses zu einem Zeitpunkt außerhalb des Bezugszeitraums, in denen die Arbeitsleistung erbracht wurde, abhängig gemacht werden kann.[6] Dies kann auch nicht durch Regelung in einer Betriebsvereinbarung erfolgen, weil dies

6 BAG 18.01.2012 AP BGB § 611 Gratifikation Nr. 292.

einen unverhältnismäßigen Eingriff in die durch Art. 12 GG geschützte Berufsfreiheit des Arbeitnehmers darstellt.[7] Etwas anderes gilt, wenn die Leistung nicht der Vergütung entgegenstehender Arbeit, sondern anderen Zwecken (z.B. der Belohnung der Betriebstreue) dient. In diesem Fall kann die Leistung vom ungekündigten Bestand des Arbeitsverhältnisses im Zeitpunkt der Auszahlung abhängig gemacht werden.[8]

Wie oben bereits erwähnt, enthält das Gesetz für keine der Begrifflichkeiten eine Definition. Das Gesetz erwähnt lediglich die Begriffe „Akkord, Prämie und vergleichbare leistungsbezogene Entgelte" (§ 87 Abs. 1 Nr. 11 BetrVG) und gewährt dem Betriebsrat ein Mitbestimmungsrecht bei der Festsetzung derselben, einschließlich der Geldfaktoren. In § 87 HGB findet sich der Begriff Provision, dort wird ein Anspruch für Handelsvertreter auf eine solche begründet.

Die Definition der Begriffe Akkord, Prämie und Provision war und ist somit der Rechtsprechung und Literatur überlassen.

II. Der Akkordlohn

Akkordlohn stellt den Ursprung der variablen, leistungsbezogenen Vergütung dar und ist der Oberbegriff für die sich nicht nach der Arbeitszeit, sondern ausschließlich nach der Arbeitsmenge – gegebenenfalls in Verbindung mit einem Zeitmoment – bestimmende Lohnregelung.[9]

Beim Akkordlohn wird zunächst eine (möglichst objektivierte) Bezugs- oder Ausgangsleistung festgelegt; die individuelle Leistung des Arbeitnehmers wird sodann in Bezug zu der Ausgangsleistung gesetzt. Zu nennen ist der Geldakkord und der Zeitakkord. Ein grundsätzlicher Unterschied zwischen den beiden besteht nicht; sie unterscheiden sich letzten Endes nur in der Berechnungsart.[10] Die Höhe des Akkordlohnes richtet sich nach der Akkordvorgabe, wobei diese entweder frei verhandelt wird oder anhand von arbeitswissenschaftlichen Systemen (z.B. REFA[11]) ermittelt wird. Beim Geldakkord ist die Akkordvorgabe der

7 BAG 14.11.2011 AP BetrVG 1972 § 75 Nr. 57 (m. Anm. Wiese).

8 BAG 18.01.2012 AP BGB § 611 Gratifikation Nr. 292.

9 FESTL, § 87 Rn. 501.

10 DKK/Klebe, § 87 Rn. 273.

11 *Der **REFA** – Verband für Arbeitsgestaltung, Betriebsorganisation und Unternehmensentwicklung gilt als Deutschlands älteste und bedeutendste Organisation für Arbeitsgestaltung, Betriebsorganisation und Unternehmensentwicklung. Der REFA entwickelt mit Hilfe von Wissenschaftlern und Praktikern Methoden zur betrieblichen Datenermittlung und zum Management, stimmt diese mit den Tarifparteien ab und überführt sie in eine verbandseigene Lehre.*

pro Leistungseinheit festgesetzte Geldwert, beim Zeitakkord ist es die Zeit, die pro Leistungseinheit „vorgegeben“ wird.

Beim Geldakkord wird unter meist grober Schätzung der zur Herstellung eines Stückes erforderlichen Zeit unter Berücksichtigung des Akkordrichtsatzes unmittelbar das Entgelt für das einzelne Werkstück festgelegt. Der Verdienst richtet sich nach der Anzahl der erbrachten Leistungseinheiten und dem pro Leistungseinheit vorgegebenen Geldbetrag.[12]

Berechnungsbeispiel[13]*:*

Beim Geldakkord ist der Akkordrichtsatz z.B. € 12,00. Die Vergütung für eine Leistungseinheit muss daher so festgesetzt werden, dass der Arbeitnehmer pro Stunde bei einer normalen Arbeitsleistung den Akkordrichtsatz erreicht. Beträgt also die Vergütung für eine Leistungseinheit € 2,00, muss der Arbeitnehmer in einer Stunde 6 Leistungseinheiten erbringen (können). Werden durch Mehrleistung mehr Leistungseinheiten erbracht, steigt die Vergütung pro Stunde (8 Leistungseinheiten x € 2,00 = € 16,00 pro Stunde).

Beim Zeitakkord bildet eine näher zu bestimmende Zeiteinheit (Vorgabezeit) die maßgebliche Berechnungsgrundlage. Dabei wird dem Arbeitnehmer pro Leistungseinheit (zu bearbeitendes Stück) ein bestimmter – meist in Minuten ausgedrückter – Zeitwert vorgegeben. Jeder Akkordminute wird dann ein bestimmter Geldbetrag zugerechnet. Die pro Leistungseinheit vorgegebene Minutenzahl (Zeitfaktor) ergibt i.V.m. dem vorgegebenen Geldbetrag (Geldfaktor) und den erbrachten Leistungseinheiten den Verdienst.[14]

Berechnungsbeispiel:

Beträgt beim Zeitakkord der Akkordrichtsatz beispielsweise € 12,00 muss die je Leistungseinheit vorgegebene Minutenzahl (sog. Zeitfaktor) so vorgegeben bzw. festgesetzt werden, dass in Verbindung mit einem festzusetzenden Geldbetrag (sog. Geldfaktor, der 1/60 des Akkordrichtsatzes beträgt, also vorliegend 1/60 von € 12,00 = € 0,20) der Arbeitnehmer bei normaler Arbeitsleistung in einer Stunde den Akkordrichtsatz erreicht. Ist also die Minutenzahl z.B. für eine Leistungseinheit mit 10 Minuten festgesetzt, muss der Arbeitnehmer in einer Stunde 6 Leistungseinheiten erbringen (können), wenn der Akkordrichtsatz erreicht werden soll:

6 Leistungseinheiten x € 0,20 (Geldfaktor) x 10 Minuten (Zeitfaktor) = € 12,00.

12 FESTL, § 87 Rn. 503.

13 DKK/Klebe, § 87 Rn. 276.

14 FESTL, § 87 Rn. 504.

III. Prämienlohn

Der Prämienlohn ist ebenso wie der Akkordlohn eine Vergütung, die für eine besondere Leistung bezahlt wird. Auch beim Prämienlohn wird an eine bestimmte Bezugs- oder Ausgangsleistung angeknüpft. Seine Höhe muss vom Arbeitnehmer beeinflussbar sein.[15] Die Leistung des Arbeitnehmers muss beeinflusst, gemessen und mit einer Bezugsleistung verglichen werden können[16] . Entscheidend ist, dass eine Leistung des Arbeitnehmers gemessen und mit einer Bezugsleistung verglichen werden kann, so dass die Höhe der Vergütung nach dem Verhältnis von tatsächlicher Leistung und Bezugsleistung ermittelt werden kann. [17] Diese Definition ergibt sich nicht unmittelbar aus dem Gesetz, sondern wird von Rechtsprechung und Literatur aus systematischer Gesetzesauslegung abgeleitet, da das Wort Prämie im Gesetz neben dem Wort Akkord in einer Aufzählung steht.

Im Unterschied zum Akkord ist der Prämienlohn abhängig von einer anderen Bezugsleistung als der Arbeitsmenge[18] . Entscheidend ist, dass die Höhe der Prämienentlohnung von der persönlichen Leistung des Arbeitnehmers abhängt.[19] Aber auch hier handelt es sich jeweils nur um eine Ausgangs- oder Bezugs- und Steigerungsleistung. Bezugsleistung der Prämie können z.B. Arbeitsmenge, Arbeitsqualität, Materialeinsatz, Nutzungsgrad der Maschinen, Kundenzufriedenheit sowie Einhaltung von Terminen sein. Dabei wird eine Mindestleistung (Ausgangs- oder Bezugsleistung) in einem der o.g. Bereiche festgelegt sowie die zu prämierende Leistungssteigerung.

Beispiel:

Das Ziel für die Verkäufer im Außendienst besteht darin, eine bestimmte Anzahl an Verpackungen pro Monat zu verkaufen. Dafür bekommt er dann am Monatsende eine Prämie. Dies staffelt sich wie folgt:

Verkauf von	
100 Stück	*€ 500,00*
75–99 Stück	*€ 350,00*

15 BAG 13.09.1983, AP Nr. 3 zu § 87 BetrVG 1972 Prämie; 13.03.1984, AP Nr. 4 zu § 87 BetrVG 1972 Lohngestaltung; 16.12.1986, AP Nr. 8 zu § 87 BetrVG 1972 Prämie; 10.12.1965, AP Nr. 8 zu § 4 TVG Tariflohn und Leistungsprämie.

16 BAG 13.09.1983, AP Nr. 3 zu § 87 BetrVG 1972 Prämie; 13.03.1984, AP Nr. 4 zu § 87 BetrVG 1972 Lohngestaltung; 16.12.1986, AP Nr. 8 zu § 87 BetrVG 1972 Prämie; 10.12.1965, AP Nr. 8 zu § 4 TVG Tariflohn und Leistungsprämie.

17 BAG 15.05.2001, AP Nr. 17 zu § 87 BetrVG 1972 Prämie.

18 FESTL, § 87 Rn. 523.

19 BAG 15.05.2002, AP Nr. 17 zu BetrVG 1972 Prämie.

25–49 Stück *€ 75,00*
unter 25 Stück *€ 0*

Prämien sind aber nicht nur eine besondere Form der erfolgsorientierten Entlohnung. Vielmehr wird der Begriff auch dann verwendet, wenn sonstige Verhaltensweisen der Arbeitnehmer honoriert – schlicht dem üblichen Sprachgebrauch folgend: „prämiert" – werden sollen, die sich, wie etwa Anwesenheit und Pünktlichkeit, nicht in einem konkreten Leistungserfolg niederschlagen: z.B. Anwesenheitsprämien, Prämien für Betriebstreue, Pünktlichkeitsprämien. Löst sich aber der Begriff wie hier bei solchen „Prämien" von der rechtlichen Einordnung – kein Bestehen einer Ausgangs- und einer im Verhältnis dazu stehenden Bezugsleistung – muss folglich auch die rechtliche Bewertung anders erfolgen.

IV. Provision

Unter Provision, aus dem lateinischen *providere (vorsorgen, sorgen für)*, versteht man das Entgelt für eine verkäuferische oder vermittelnde Tätigkeit. Der Begriff kommt aus dem Recht der Handelsvertreter. Grundsätzlich ist die Provision ebenfalls eine erfolgsbezogene Vergütungsform. Sie ist dadurch charakterisiert, dass eine Vergütung für die Vermittlung oder den Abschluss von Verträgen mit dem Unternehmen gezahlt wird[20] oder aber für den Erfolg des gesamten Unternehmens. Im Unterschied zu Akkord- oder Prämienleistungen fehlt es bei der „echten" Provision an einer Ausgangs- und Steigerungsleistung. Zwar werden Provisionen üblicherweise mit Handelsvertretern gem. § 87 ff. HGB vereinbart. Sie können aber auch Handlungsgehilfen und anderen Arbeitnehmern zugesagt werden mit der Folge, dass dann gem. § 65 HGB die §§ 87 Abs. 1–3 sowie die §§ 87a bis c HGB anzuwenden sind.[21]

Die bestehenden Provisionsformen sind äußerst vielseitig. Zumeist werden Vermittlungs- / Abschlussprovisionen, Anteils- oder Leitungsprovision und die Umsatzprovisionen gezahlt.

- Vermittlungs-/Abschlussprovisionen erhalten Handelsvertreter für die selbstständige Vermittlungs- und Abschlusstätigkeit. Die Rechtsgrundlage hierfür bilden §§ 84 ff. HGB. Bei dieser Provisionsform wird der Arbeitnehmer an den von ihm persönlich abgeschlossenen oder vermittelten Geschäften beteiligt.[22]

20 Küttner/Griese, Personalbuch 2013, Provision Rn 1.
21 Richardi § 87 Rn. 827; Moll, Mitbestimmung beim Entgelt, S. 66.
22 Richardi, § 87 Rn. 827.

- Die Anteilsprovision, die auch als Superprovision oder Leitungsprovision bezeichnet wird, zeichnet sich dadurch aus, dass der Arbeitnehmer einen Anteil an den Abschluss- oder Vermittlungsprovisionen der ihm unterstellten Mitarbeiter erhält. [23]
- Eine Umsatzprovision wird auf den Gesamtumsatz des Unternehmens oder eines Betriebes oder Teilbetriebes bezogen und knüpft nicht an die konkrete Tätigkeit und den konkreten Verkaufserfolg des einzelnen Arbeitnehmers an. Solche Umsatzbeteiligungen unterfallen nicht den handelsrechtlichen Provisionsvorschriften.

Darüber hinaus gibt es noch die Inkassoprovision, die gezahlt wird, wenn ein Arbeitnehmer das Inkasso durchführt; sie bildet einen Unterfall der Verwaltungsprovision. Außerdem werden in der Versicherungswirtschaft für die Betreuung der Versicherten Bestandspflegeprovisionen gewährt. [24]

Die Berechnung der Provision erfolgt in aller Regel als Prozentsatz des Geldgegenwertes für ein Geschäft, das auf die Tätigkeit des Arbeitnehmers zurückzuführen ist.[25] Dabei kann die Provision als alleinige Vergütungsform oder als zusätzliche Vergütung zu einem monatlichen (Mindest-) Fixum vorgesehen werden.

Das BetrVG nennt den Begriff „Provision“ nicht. In Rechtsprechung und Literatur wird demnach diskutiert, ob die gesetzliche Provision ein „vergleichbares leistungsbezogenes Entgelt“ im Sinne des § 87 Abs. 1 Nr. 11 BetrVG ist. Dies kann je nach Ausgestaltung der Provision der Fall sein.[26]

V. Die Zielvereinbarung

Die Verwendung von Zielvereinbarungen ist eine Folge des sog. partizipativen Managementkonzepts, bei dem durch Motivation der Mitarbeiter die Erreichung der Unternehmensziele im Vordergrund steht.[27]

Die Zielvereinbarung ist eine mündliche oder schriftliche Abrede, bei der Arbeitgeber und Arbeitnehmer die Erreichung bestimmter Ziele in einem bestimmten Zeitraum vereinbaren.[28] Die Ziele können individuell auf den Arbeitnehmer, seinen Arbeitsplatz und / oder die Abteilung, das Unternehmen

23 Richardi, § 87 Rn. 827.

24 Richardi, § 87 Rn. 827.

25 Richardi, § 87 Rn. 827.

26 § 3 D. III. 2., S. 61.

27 Geffken, NZA 2000, S. 1033, 1039.

28 ErfK/Preis, § 611, Rn. 504; Hümmerich/Reufels – Mengel, § 1 Rn. 1445.

oder gar den Konzern ausgerichtet sein. Sie sind typischerweise mit variablen monetären Leistungsanreizen ausgestattet.[29] Die Zielvereinbarung ist abzugrenzen von der Zielvorgabe. Eine Zielvereinbarung liegt vor, wenn die Zahlung eines Entgelts durch die Erreichung von Zielen innerhalb einer bestimmten Zielperiode aufschiebend bedingt ist und die Festlegung der Ziele gemeinsam durch die Arbeitsvertragsparteien erfolgt.[30]

Bei Zielvorgaben gibt im Gegensatz dazu der Arbeitgeber die Ziele einseitig im Rahmen seines Direktionsrechts vor. Der Arbeitgeber macht die Ziele folglich nicht von einem Einverständnis des Arbeitnehmers abhängig, sondern er macht dem Arbeitnehmer einseitig im Rahmen des arbeitsvertraglichen Direktionsrechts (§ 106 GewO) die Vorgabe, auf ein bestimmtes Ziel hinzuarbeiten.

Ob im Einzelfall eine Zielvereinbarung oder eine Zielvorgabe vereinbart wurde, ist im Streitfalle durch Auslegung zu ermitteln.

VI. Begriffe in der Praxis

In der Praxis werden die Begriffe Prämie, Provision, Bonus etc. häufig, wenn nicht sogar in aller Regel verwendet, ohne auf deren Voraussetzung und rechtliche Definition Rücksicht zu nehmen. Dazu folgendes Praxisbeispiel:

Die Betriebsparteien vereinbaren eine „Provisionsordnung für den Direktvertrieb" im Rahmen einer Betriebsvereinbarung, wonach die Verkäufer die Möglichkeit haben, die Produkte mit einem Rabatt, der sich zwischen 0 % und maximal 50 % bewegen muss, an den Kunden zu verkaufen. Je nach dem wie hoch oder wie niedrig der Rabatt ausfällt, bemisst sich die – in der Betriebsvereinbarung als Provision bezeichnet – „Belohnung". Diese bemisst sich nach dem tatsächlichen Kaufpreis und steigt bzw. sinkt progressiv bzw. degressiv:

Angenommen das Produkt hat einen Listenpreis von € 1.000,-. Der Verkäufer/Arbeitnehmer hat einen Rabattspielraum zwischen 0 % und 50 %.

Die Betriebsvereinbarung regelt die Berechnung wie folgt:
Verkauf an den Kunden für

€ 1.000,–	*= 0 % Rabatt*	*= 5 % von € 1.000,– Provision*
€ 900, –	*= 10 % Rabatt*	*= 4,2 % von € 900,– Provision*
€ 800,–	*= 20 % Rabatt*	*= 3,5 % von € 800,– Provision*
…..		
€ 500,–	*= 50 % Rabatt*	*= 1,2 % von € 500,– Provision*

29 ErfK/Preis, § 611 Rn. 504.

30 BAG 12.12.2007, NZA 2008, S. 409 ff.; Annuß, NZA 2007, 290; Schaub/Link § 77 Rn. 4.

Trotz der ausdrücklichen Bezeichnung als „Provision" handelt es sich in Wirklichkeit hierbei jedoch um eine Prämie. Wenn man die Staffelung von unten nach oben betrachtet, beginnt die „Belohnungszahlung" mit einer Ausgangsleistung, nämlich dem Verkauf des Produktes mit dem maximalen Rabattsatz von 50 %; dafür gibt es eine Umsatz**provision,** nämlich 1,2 % von den 50 % Verkaufspreis. Sodann findet eine leistungsabhängige Steigerung der „Belohnungszahlung" statt. Ausgehend von den maximal zu gewährenden 50 % steigert sich nunmehr die Zahlung progressiv: je besser der Mitarbeiter verkauft – soll meinen je weniger Rabatt er gewährt – desto mehr bekommt er: einerseits steigt der „Provisionssatz" progressiv, der sich andererseits an dem steigenden Verkaufspreis bemisst. Deshalb ist die ursprüngliche Provision eine **Prämie,** denn die Steigerungsleistung wird in Bezug gesetzt zu der Ausgangsleistung und ist abhängig davon, wie erfolgreich der Mitarbeiter beim Kunden verkauft, d.h. wie wenig Rabatt er gewährt. Diese Vermischungen und falschen Begriffsverwendungen treten in der Praxis häufig auf.

Um die Reichweite der Mitbestimmung des Betriebsrats in rechtlicher Hinsicht untersuchen zu können, werden für diese Arbeit die unter I.-V. genannten rechtlichen Voraussetzungen für die Begrifflichkeiten – mit Ausnahme der Praxisbeispiele – bei der Begriffsverwendung zugrunde gelegt. Ansonsten wird lediglich auf den Zweck und Inhalt der zu untersuchenden Form der variablen Vergütung abgestellt.

Teil 1: Mitbestimmung des Betriebsrats bei Prämie und Provision

Die in der Praxis am häufigsten zu findenden mitbestimmungsrelevanten Formen der variablen Vergütung sind die Prämie und die Provision. Daher ist zunächst auf die Reichweite der Mitbestimmung bei diesen beiden Formen der variablen Vergütung einzugehen.

Die Mitbestimmungsrechte des Betriebsrats bei Prämie und Provision können sich je nach Ausgestaltung aus verschiedenen Rechtsgrundlagen ergeben. Zum einen kann ein Mitbestimmungsrecht des Betriebsrates gem. § 87 Abs. 1 Nr. 10 und 11 BetrVG bestehen. § 87 Abs. 1 Nr. 10 BetrVG räumt dem Betriebsrat ein Mitbestimmungsrecht ein, wenn es um Fragen der betrieblichen Lohngestaltung, insbesondere der Aufstellung von Entlohnungsgrundsätzen und der Einführung und Anwendung von neuen Entlohnungsmethoden sowie deren Änderung geht. Bei der Festlegung, ob ein Arbeitgeber in Form von Provisionen oder Prämien oder in Form von Zeitlohn oder sogar in einer Mischform vergütet, könnte es sich genau um die Frage der betrieblichen Lohngestaltung handeln. Ebenso könnten die Fragen der Festlegung der Ausgangsleistung einen Entlohnungsgrundsatz darstellen.

Gem. § 87 Abs. 1 Nr. 11 BetrVG hat der Betriebsrat darüber hinaus mitzubestimmen bei der Festsetzung der Akkord- und Prämiensätze und vergleichbarer leistungsbezogener Entgelte, einschließlich der Geldfaktoren. Sofern es also um die Höhe der zu erreichenden Prämien oder aber um die final zu erreichende Steigerungsleistung geht, kann ein Mitbestimmungsrecht des Betriebsrats nach Nr. 11 in Betracht kommen.

Zum anderen kann sich die Mitbestimmung des Betriebsrats aus § 94 Abs. 2 BetrVG ergeben, wenn der einzelne Arbeitnehmer „bewertet" wird und diese Bewertung nach bestimmten Grundsätzen erfolgt. Demnach bedarf die Aufstellung allgemeiner Beurteilungsgrundsätze der Zustimmung des Betriebsrats. Sofern bei der Leistungsbeurteilung der Arbeitnehmer eine technische Einrichtung verwendet wird, unterliegt die Einführung dieser technischen Einrichtung auch der Mitbestimmung des Betriebsrats nach § 87 Abs. 1 Nr. 6 BetrVG. In Frage kommt auch ein Mitbestimmungsrecht nach § 87 Abs. 1 Nr. 13 BetrVG, wenn Gruppen / Gruppenergebnisse bewertet werden.

vorbehaltsloser Zahlung kein Rechtsanspruch entsteht. Falls die Geschäftsleitung entschei-det, den Arbeitnehmern Bonuszahlungen zu gewähren, gelten dafür die nachfolgenden Regelungen unter Ziff. 1–7.

.......“[39]

Beispiel:

„Die Verkäufer erhalten eine Prämie in Höhe von max. € 500,00 brutto pro Monat für die Umstellung auf Neuverträge nach den folgenden Grundsätzen:

Anzahl der Umstellungen pro Monat:	
bis zu 10	*10 % von 500*
11–20	*20 % von 500*
21–40	*50 % von 500*
41–50	*75 % von 500*
ab 51	*100 % von 500“*

In letzterem Beispiel bleibt bei Streichung des unwirksamen Teils der Regelung, nämlich der € 500,00, dennoch eine sinnvolle, in sich geschlossen Regelung der Prämienfestsetzung bestehen.

Neben den teilmitbestimmten Betriebsvereinbarungen können die Betriebsparteien auf betrieblicher Ebene gem. § 88 BetrVG sog. freiwillige Betriebsvereinbarungen schließen. Hierbei ist ebenfalls einerseits die Sperrwirkung des § 77 Abs. 3 BetrVG zu beachten[40], andererseits dürfen diese Betriebsvereinbarungen bei Tarifbindung des Arbeitgebers gegenüber dem Tarifvertrag nur günstigere Regelungen enthalten, § 4 Abs. 3 TVG.[41]

Beispiel:

Der Tarifvertrag sieht vor, dass Boni vereinbart werden, die sich aus einem fixen und einem variablen Anteil zusammensetzen, wobei der fixe Anteil 60 % betragen soll. Die Betriebsparteien schließen eine Betriebsvereinbarung ab, wobei die Gewichtung hier 70 % fix und 30 % variabel betragen soll.

Bei dieser Betriebsvereinbarung handelt es sich zunächst um eine freiwillige Betriebsvereinbarung, weil der Bonus eine freiwillige Leistung ist. Die prozentuale Gewichtung hingegen ist Gegenstand der Mitbestimmung nach § 87 Nr. 10 BetrVG, daher stellt die Betriebsvereinbarung keinen Verstoß gegen § 77 Abs. 3 BetrVG dar. Die Regelung ist mit einem 70 % igen Fixum auch günstiger für die betroffenen Arbeitnehmer.

---

39 Beispiel aus BAG 13.12.2011, AP Nr. 57 zu § 77 BetrVG Betriebsvereinbarung.

40 FESTL, § 87 Rn. 39; Richardi, § 87 Rn. 166ff; GK/Wiese, § 87 Rn. 65.

41 FESTL, § 87 Rn. 39.

Die Betriebsparteien können auch dann wirksame Betriebsvereinbarungen abschließen, wenn ein bestehender Tarifvertrag eine Öffnungsklausel enthält, welche die Ausgestaltung der variablen Vergütung den Betriebspartnern überlässt, also noch betriebsvereinbarungsoffen ist.

Beispiele für Öffnungsklauseln im TV:

1. *:„...die Ausgestaltung der variablen Vergütung für alle Arbeitnehmer wird auf der betrieblichen Ebene geregelt“;*[42]

2. *„Das System der Zielvereinbarung, der Feststellung der Zielerreichung, der Berechnung der konkreten Höhe der variablen Vergütung auf der Basis der festgestellten Zielerreichung sowie die Zahlungstermine werden zwischen den Betriebsparteien vereinbart“.*[43]

3. *„...Arbeitnehmer im Zeitlohn, die in ihrem Arbeitsgebiet ständig besondere Leistungen erbringen, erhalten eine Leistungszulage in einem Prozentsatz zu ihrem Tariflohn. Grundsätze zur Ermittlung von Leistungszulagen werden in einer Betriebsvereinbarung nach § 87 BetrVG geregelt.“*

4. *„......Arbeitnehmer der Entgeltgruppen E 1 bis E 8, die nach Abschluss des Entgelttarifvertrages eingestellt oder in eine höhere Entgeltgruppe umgruppiert werden, erhalten zusätzlich zu ihrem Tarifentgelt eine variable Vergütung, die bei 100 %iger Zielerreichung mindestens 10 % ihrer tariflichen Jahresgrundvergütung beträgt. Arbeitnehmer dieser Entgeltgruppen, die bereits vor Abschluss des Entgelttarifvertrages im Unternehmen beschäftigt waren, können freiwillig mit dem Arbeitgeber variable Vergütungsbestandteile vereinbaren. Die Teilnahmebedingungen für bereits vor Abschluss des Entgelttarifvertrages beschäftigten Arbeitnehmer sowie die Ausgestaltung der variablen Vergütung für alle Arbeitnehmer wird auf betrieblicher Ebene geregelt.*

   Arbeitnehmer der Vergütungsgruppen V 1 bis V 6 und der S 1 bis S 5 der Firma X erhalten zusätzlich zu ihrem Tarifentgelt einen variablen Vergütungsanteil, der bei 100 %iger Zielerreichung mindestens 40 % ihrer tariflichen Jahresgrundvergütung beträgt.

   Die nähere Ausgestaltung wird auf betrieblicher Ebene geregelt.[44]

B. Gesetzesvorrang, § 87 Abs. 1 ES BetrVG

Im Falle von Provisionen könnten der Mitbestimmung nach § 87 Abs. 1 Nr. 10 und 11 BetrVG die §§ 87 ff HGB als zwingende gesetzliche Regelung entgegenstehen. Das HGB enthält für gegen Provision arbeitende Arbeitnehmer („Handlungsgehilfen“) nur allgemeine Vorschriften zum Entstehen der Provision,

42 § 6 Abs. 1 des Haustarifvertrages eines spanischen Telefonkonzerns.

43 § 13 Abs. 2 des Entgelttarifvertrages eines deutschen Telefonkonzerns.

44 Entgelttarifvertrag eines spanischen Telefonkonzerns.

zu den Voraussetzungen und der Fälligkeit des Provisionsanspruchs, zur Höhe der Provision, zu ihrer Abrechnung und zur Auskunftspflicht des Unternehmers (§ 65 HGB i.V.m. § 87 Abs. 1 und 3 sowie §§ 87a-c HGB). Zur Höhe der Provision besagt § 87b HGB, dass der übliche Satz als vereinbart anzusehen ist, wenn die Höhe nicht bestimmt ist.[45] Da ein Mitbestimmungsrecht nur gegeben ist, „soweit eine gesetzl. (oder tarifliche) Regelung nicht besteht", kann insofern der Tatbestand der Abschluss-, Anteil- und Leitungsprovision der Mitbestimmung unterliegen. Denn die gesetzliche Regelung selbst gibt einen Freiraum, weil die Ermittlung der Höhe der Provision nicht abschließend gesetzlich geregelt ist. In diesem Fall muss dann im Interesse der sozialen Ausfüllung des Freiraums eine Mitbestimmungskompetenz nach ihrem Schutzzweck eingreifen[46].

§ 87 ff. HGB stehen der Mitbestimmung des § 87 Abs. 1 Nr. 10 / 11 BetrVG somit nicht entgegen.

C. Kollektiver Tatbestand

Für die Eröffnung der Mitbestimmung gem. § 87 Abs. 1 BetrVG muss des Weiteren ein sogenannter kollektiver Tatbestand vorliegen, nur ausnahmsweise besteht auch ein Mitbestimmungsrecht bei Maßnahmen gegenüber einem einzelnen Arbeitnehmer nach Nr. 5 (Urlaub für einzelnen Arbeitnehmer) und Nr. 9 (Zuweisung und Kündigung von Wohnräumen). Insbesondere bei der Frage nach betrieblicher Lohngestaltung gem. Nr. 10 spielt die Frage des kollektiven Tatbestandes eine bedeutende Rolle.

Ein kollektiver Tatbestand verlangt, dass ein Regelungsproblem unabhängig von der Person und den individuellen Wünschen des Arbeitnehmers besteht.[47]

Ein kollektiver Tatbestand liegt dann nicht vor, wenn es sich um Maßnahmen des Arbeitgebers handelt, die im Hinblick auf Regelungsanlass und -inhalt nur durch die individuellen Umstände des einzelnen Arbeitnehmers / Arbeitsverhältnisses veranlasst worden sind, keine allgemeinen Interessen der Arbeitnehmer berühren und in diesem Sinne keinen kollektiven Bezug haben.[48] Ausgenommen vom Mitbestimmungsrecht sind danach individuelle Lohnvereinbarungen. Der Arbeitgeber kann das Mitbestimmungsrecht

45 Thume, § 87b Rn. 14.

46 BAG 29.03.1977, AP Nr. 1 zu § 87 BetrVG 1972 Provision; GK/Wiese § 87 Rn. 19.

47 BAG 03.12.1991, AP Nr. 51 zu § 87 BetrVG 1972 Lohngestaltung.

48 BAG GS 03.12.1991, DB 1992, 1579, 1585 ; BAG 16.03.2004, NZA 2004, 1047,1052; BAG 24.01.2006, DB 2007, S. 471, 472; BAG 24.04.2007, DB 2007, 1475, 1476.

allerdings nicht dadurch umgehen, dass er mit einer Vielzahl von Arbeitnehmern Einzelvereinbarungen trifft. Ob Maßnahmen und Entscheidungen des Arbeitgebers kollektiven Bezug haben, beurteilt sich nach Auffassung des Bundesarbeitsgerichts nach der Formel, wonach es sich bei kollektiven Tatbeständen um die Strukturform des Entgelts einschließlich der näheren Vollzugsformen handeln muss.[49] Ein kollektiver Tatbestand liegt demnach vor, wenn Grund und Höhe der Zahlungen von allgemeinen Merkmalen abhängig sind. Ein solches Merkmal kann z.B. die Leistung[50] sein; als weitere Merkmale kommen in Betracht:

- Vorhandensein / Nichtvorhandensein von Fehlzeiten[51]
- Dauer der Betriebszugehörigkeit
- Abhängigkeit von zurückliegenden Gehaltserhöhungen[52]
- Inanspruchnahme tariflicher Alterssicherung[53]
- Folgen eines Wechsels der Tarifgruppe[54]
- allgemeine Erwägungen sozialer Art, die mehrere AN betreffen können[55]
- besonderes Engagement von AN in einer Ausnahmesituation soll nachträglich honoriert werden[56]

Die Anzahl der betroffenen Arbeitnehmer ist nicht entscheidend, sie kann nur ein Indiz sein. Entscheidend ist der Inhalt der Maßnahme.[57]

Beispiel:

Der Arbeitgeber entscheidet bei Frau Z, dass ihre anstehende Tariflohnerhöhung auf ihre bestehende übertarifliche Zulage angerechnet wird.

Zwar ist hier zunächst nur Frau Z betroffen, es liegt dennoch ein kollektiver Tatbestand vor, der die Mitbestimmung des Betriebsrats eröffnet, da entscheidend ist, nach welchen Kriterien die Tariflohnerhöhungen auf übertarifliche Zulagen angerechnet werden und hiervon eine Vielzahl von Arbeitnehmern betroffen sein kann. Kein kollektiver Tatbestand würde vorliegen, wenn die Anrechnung

49 BAG 22.09.1992, AP Nr. 57 zu § 87 BetrVG 1972 Lohngestaltung.
50 BAG 22.09.1992, AP Nr. 57 zu § 87 BetrVG 1972 Lohngestaltung.
51 BAG 22.09.1992, AP Nr. 60 zu § 87 BetrVG 1972 Lohngestaltung.
52 BAG 27.10.1992, AP Nr. 61 zu § 87 BetrVG 1972 Lohngestaltung.
53 BAG 23.03.1993, AP Nr. 64 zu § 87 BetrVG 1972 Lohngestaltung.
54 BAG 09.07.1996, AP Nr. 86 zu § 87 BetrVG 1972 Lohngestaltung.
55 BAG 14.06.1994, AP Nr. 69 zu § 87 BetrVG 1972 Lohngestaltung.
56 BAG 29.02.2000, AP Nr. 57 zu § 87 BetrVG 1972 Lohngestaltung.
57 FESTL, § 87 Rn. 17.

erfolgt, weil Frau Z allein aus einem ganz individuellen Grund auf einem tariflich niedriger bewerteten Arbeitsplatz unverändert die bisherige höhere Vergütung bezieht.[58]

D. Individualrechtliche Folgen der Nichtbeachtung von Mitbestimmungsrechten

In der Praxis stellt sich häufig die Frage, wie vom Arbeitgeber nicht beachtete Mitbestimmungsrechte durchgesetzt werden können. Im Rahmen der Mitbestimmung des Betriebsrats im Bereich der Vergütung ist aber für die Praxis von ebenso großer Bedeutung, auf die individualarbeitsrechtlichen Folgen der Nichtbeachtung der Beteiligung des Betriebsrats hinzuweisen:

Die Rechtsstellung der Arbeitnehmer darf durch einseitige Maßnahmen des Arbeitebers ohne Beachtung des Mitbestimmungsrechts nicht verschlechtert werden.[59] Sowohl für die Verstöße gegen Mitbestimmungsrechte aus dem Personalvertretungsrecht nach § 75 Abs. 3 Nr. 1 BPersVG[60] als auch gegen solche aus dem BetrVG gilt die „Theorie der Wirksamkeitsvoraussetzung“[61], d.h. die Maßnahmen sind gegenüber den betroffenen Arbeitnehmern unwirksam. Allerdings kann die Verletzung der Mitbestimmungsrechte des Betriebsrats nicht generell zu individualarbeitsvertraglichen, zuvor noch nicht bestehenden Ansprüchen der Arbeitnehmer führen.[62] Bei der Gestaltung der Vergütung hat das einerseits zur Folge, dass bei einseitiger Veränderung der Vergütungsordnung die Arbeitnehmer die Vergütung nach der bisherigen Vergütungsordnung verlangen können[63], auf der anderen Seite aber der Arbeitnehmer keinen Anspruch auf Vergütung hat, die der Arbeitgeber nach dem Arbeitsvertrag nicht schuldet und auf die der Arbeitnehmer auch bei Beachtung des Mitbestimmungsrechts keinen Anspruch hätte.[64]

---

58 BAG 22.09.1992, AP Nr. 57 zu § 87 BetrVG 1972 Lohngestaltung.

59 FESTL § 87 Rn. 599; BAG 22.06.2010, AP Nr. 136 zu § 87 BetrVG 1972 Lohngestaltung.

60 BAG 25.04.2013, BeckRS 2013, 70062.

61 st.Rspr. des BAG zuletzt auch BAG 25.04.2013, BeckRS 2013, 70062; GS 03.12.1991 in AP Nr. 51, 52 zu § 87 BetrVG 1972 Lohngestaltung; h.M. in der Literatur z.B. FESTL § 87, Rn. 599 m.w.N.

62 BAG 11.06.2003, NZA 2003, 570; BAG 25.04.2013, BeckRS 2013, 70062; BAG 22.06.2010, AP Nr. 136 zu § 87 BetrVG 1972 Lohngestaltung.

63 BAG 22.06.2010, AP Nr. 136 zu § 87 BetrVG 1972 Lohngestaltung.

64 BAG 02.03.2004, NZA 2004, 717; FESTL § 87 Rn. 603.

2. Abschnitt: Einzelne Mitbestimmungstatbestände

§ 2 Die Mitbestimmung gem. § 87 Abs. 1 Nr. 10 BetrVG

A. Die betriebliche Lohngestaltung

I. Gegenstand der Mitbestimmung

Die Mitbestimmung des Betriebsrats gem. § 87 Abs. 1 Nr. 10 BetrVG bezieht sich auf Fragen der betrieblichen Lohngestaltung, insbesondere die Aufstellung von Entlohnungsgrundsätzen und die Einführung und Anwendung von neuen Entlohnungsmethoden sowie deren Änderung. Das Beteiligungsrecht soll die Angemessenheit des innerbetrieblichen Lohngefüges und seine Transparenz gewährleisten.[65] Die betriebliche Lohngestaltung ist der Oberbegriff. Darunter versteht man die Aufstellung abstrakt-genereller Grundsätze zur Lohnfindung.[66] Damit gemeint ist die Festlegung abstrakter Kriterien zur Bemessung der Leistung des Arbeitnehmers, die er zur Abgeltung der Arbeitsleistung oder mit Rücksicht auf das Arbeitsverhältnis erbringt[67]. Es geht somit um die Strukturformen des Entgelts einschließlich ihrer näheren Vollzugsformen, die Grundlagen der Lohnfindung, also um die Ausformung des jeweiligen Entlohnungssystems und damit Festlegung derjenigen Elemente, die dieses System im Einzelnen ausgestalten und zu einem in sich geschlossenen machen[68]. Der Zusatz „betrieblich" grenzt das generalisierende Entgeltschema von der individuellen Lohnberechnung ab.

Entlohnungsgrundsätze und Entlohnungsmethoden sind Unterfälle der umfassenden betrieblichen Lohngestaltung und fallen immer unter die betriebliche Lohngestaltung, sie sind hier nur beispielhaft angeführt.[69]

Um sich der Reichweite der Mitbestimmung im Rahmen der betrieblichen Lohngestaltung anzunähern, ist zunächst zu klären, was unter dem Begriff „Lohn" zu verstehen ist.

---

65 BAG 30.10.2012, AP Nr. 143 zu § 87 BetrVG 1972 Lohngestaltung.

66 FESTL, § 87 Rn. 417; BAG 03.12.1991, AP Nr. 52 zu § 87 BetrVG 1972 Lohngestaltung; BAG 17.05.2011 AP Nr. 138 zu § 87 BetrVG 1972 Lohngestaltung.

67 FESTL, § 87 Rn. 417; BAG 28.03.2006, AP Nr. 128 zu § 87 BetrVG 1972 Lohngestaltung.

68 FESTL, § 87 Rn. 417; DKK/Klebe, § 87 Rn. 242; GK/Wiese, Rn. 813 ff; BAG 29.02.2000, AP Nr. 105 zu § 87 BetrVG 1972 Lohngestaltung.

69 BAG 22.01.1980, AP Nr. 3 zu § 87 BetrVG 1972 Lohngestaltung.

II. Die Definition von Lohn

Unter Lohn ist das Arbeitsentgelt schlechthin zu verstehen, d.h. alle Leistungen des Arbeitgebers, die er als Gegenleistung für die von den Arbeitnehmern erbrachte Arbeit gewährt, ohne Rücksicht auf ihre Bezeichnung[70], und ohne Rücksicht darauf, ob sie unmittelbar leistungsbezogen sind[71], also z.B. eine Variable, die abhängig von einer Zielerreichung ist[72] oder nur mittelbar leistungsbezogen, wie beispielsweise Gratifikationen aller Art (Weihnachtsgeld, Jahresabschlussvergütung, Treueprämie, Jubiläumsgelder, Anwesenheitsprämien[73]) oder die Ausgabe von Belegschaftsaktien.[74] Zum Lohn gehören auch Provisionen[75], ausgelobte Geldprämien für Außendienstmitarbeiter im Rahmen eines zeitlich begrenzten Wettbewerbs[76], Leistungsprämien[77], Gewinn – und Ergebnisbeteiligungen. Das Mitbestimmungsrecht erfasst damit alle geldwerten Leistungen des Arbeitgebers, bei denen die Bemessung nach bestimmten Grundsätzen oder nach einem System erfolgt.[78]

Die inzwischen überholte Auffassung, der Vergütungscharakter fehle bei den zusätzlichen betrieblichen Sozialleistungen, zielte darauf ab, freiwillige Leistungen des Arbeitgebers, also solche, auf die noch kein Rechtsanspruch bestand, nicht als Lohn im Sinne des § 87 Abs. 1 Nr. 10 BetrVG anzusehen und diese der Mitbestimmung des Betriebsrats zu entziehen.[79] Nach einhelliger Auffassung entzieht die Freiwilligkeit einer Leistung dieser jedoch nicht ihren Lohncharakter.[80] Denn dies stünde zum einen dem Schutzzweck des Mitbestimmungsrechts des § 87 BetrVG entgegen; darüber hinaus gehören auch solche Aufwendungen für den Arbeitgeber zu den Personalkosten wie jeder andere Entgeltbestandteil auch.[81] Inwiefern die Mitbestimmung des Betriebsrats bei freiwilligen Leistungen im Einzelfalle gleichwohl eingeschränkt sein kann, ist

70 FESTL, § 87 Rn. 412; BAG, 30.01.1990, AP Nr. 41 zu § 87 BetrVG 1972 Lohngestaltung.
71 BAG 03.12.2002, AP Nr. 57 zu § 11 BUrlG.
72 Tondorf, AiB 99, 322.
73 BAG 30.03.1982, AP Nr. 10 zu § 87 BetrVG 1972 Lohngestaltung.
74 FESTL, § 87 Rn. 413.
75 BAG 26.07.1988, AP Nr. 6 zu § 87 BetrVG 1972 Provision.
76 BAG 10.07.1979, AP Nr. 2 zu § 87 BetrVG 1972 Lohngestaltung.
77 BAG 08.12.1981, AP Nr. 1 zu § 87 BetrVG 1972 Prämie.
78 BAG 10.06.1986, AP Nr. 22 zu § 87 BetrVG 1972 Lohngestaltung; BAG 30.10.2012, AP Nr. 143 zu § 87 BetrVG 1972.
79 Moll, Mitbestimmung beim Entgelt, S. 136.
80 Moll, Mitbestimmung beim Entgelt, S. 140; Schang, S. 31.
81 Moll, Mitbestimmung beim Entgelt, S. 137.

an späterer Stelle zu klären. Jedenfalls scheitert sie nicht daran, dass freiwillige Leistungen keinen Entgeltcharakter haben und somit nicht zum Lohn im Sinne des § 87 Abs. 1 BetrVG gehören.

Nicht zum Lohn hingegen gehören Zahlungen, mit denen Auslagen ersetzt werden sollen, z.B. Erstattung von Kontoführungsgebühren, Umzugskosten, Zahlungen bei dienstlicher Nutzung eines privaten PKW[82].

III. Entlohnungsgrundsätze

1. Definition

Bei **Entlohnungsgrundsätzen** handelt es sich um Systeme, die aufgestellt werden, nach denen dann das Arbeitsentgelt bemessen werden soll.

Zu den Entlohnungsgrundsätzen gehört zunächst einmal die Entscheidung, ob Vergütung nach Zeit oder nach Leistung oder einer Kombination von beidem bezahlt werden soll.[83] Danach ist zu entscheiden, wie das Vergütungssystem im Einzelnen ausgestaltet werden soll. Darüber hinaus gehört zu den Entlohnungsgrundsätzen der Umfang der Entlohnungsform, z.B. bei Zeitlohn in Stunden-, Schicht-, Wochen- oder Monatslohn oder bei Leistungslohn in Akkord- oder Prämienlohn gearbeitet wird.

Das Mitbestimmungsrecht bezieht sich auch auf die Aufstellung von allgemeinen Vergütungsordnungen und die darin enthaltene Bildung von Entgeltgruppen nach abstrakten Kriterien.[84] Es erfasst auch die Änderung von Entlohnungsgrundsätzen[85], wie z.B. die Umstellung von Akkord- auf Zeitlohn oder umgekehrt[86] oder die Änderung der Bezugsgröße für eine Provision.[87]

2. Prämie

Bei der Prämienvergütung bezieht sich die Mitbestimmung des Betriebsrats über den Entlohnungsgrundsatz darauf, ob und welche Prämien (Geld oder sonstige Vergünstigungen) eingeführt werden sollen[88]. Weiterhin gehört die Bestimmung der Voraussetzungen für den Bezug der Prämie hierzu, d.h. für welche Leistung

82 BAG 08.12.1981, 10.06.1986,27.10.1989, AP Nr. 6 zu § 87 BetrVG 1972 Lohngestaltung.

83 BAG 30.10.2012, NZA 2013, S. 522, 523 [23].

84 BAG 15.05.2001, AP Nr. 17 zu § 87 BetrVG 1972 Prämie.

85 BAG 28.02.2006, AP Nr. 127 zu § 87 BetrVG 1972 Lohngestaltung; in BB 2006, S. 2419, (2420).

86 BAG 24.08.2001, NZA 2005, S. 51 (53).

87 LAG Düsseldorf 04.10.1995, BB 1996, 1008 f.

88 BAG 10.07.1979, AP Nr. 2 zu § 87 BetrVG 1972 Lohngestaltung.

(Bezugsgröße oder Ausgangsleistung) Prämien gewährt werden sollen[89]. Denn bei der Prämienvergütung kann an jede, auch an mehrere betriebswirtschaftlich relevante Bezugsgrößen angeknüpft werden (z.B. Menge, Qualität, Maschinennutzung, Ersparnis von Rohstoffen oder Energie, Einhaltung von Terminen, Verhaltensbewertung, Kundenbewertung, Kollegenbewertung, Vorgesetztenbewertung, Umsatzsteigerung, Steigerung im Verhältnis zu Konkurrenzprodukten etc.).

Bei mehreren Bezugsgrößen gehört auch deren Verhältnis zueinander zum Entlohnungsgrundsatz, denn erst mit dieser Entscheidung ist ein bestimmtes Prämiensystem festgelegt.[90]

Mitbestimmungspflichtig ist gem. § 87 Abs. 1 Nr. 10 BetrVG auch die Festlegung und Änderung der Prämienentgeltkurve, also die Bestimmung des Verhältnisses des Entgelts für die Leistung eines bestimmten Leistungsgrades zum bereits feststehenden Entgelt für eine Ausgangsleistung.[91] Dabei bedarf es der Entscheidung, ob die Prämienentgeltkurve linear, progressiv oder degressiv verlaufen soll.[92]

3. *Provision*

Bei Provisionen hat der Betriebsrat gem. § 87 Abs. 1 Nr. 10 BetrVG über die Einführung und Ausgestaltung eines Provisionssystems mitzubestimmen, das heißt ob und für welche Leistungen Provisionen gezahlt, welches Provisionssystem angewandt und wie die einzelnen Provisionsformen näher ausgestaltet werden sollen. [93] Ohne eine konkrete Zuordnung hat das Bundesarbeitsgericht neben der Grundentscheidung, ob ein Lohn-(Gehalts)Fixum und / oder Provision bezahlt werden soll, die Arten der Provisionen, die Anrechenbarkeit der Provisionen auf das Lohnfixum, das Verhältnis der Provisionen zueinander, die Festsetzung der Bezugsgrößen, das Verhältnis von festen zu variablen Einkommensbestandteilen, das Verhältnis der variablen Einkommensbestandteile untereinander sowie die abstrakte Staffelung der Provisionssätze nach § 87 Abs. 1 Nr. 10 BetrVG als mitbestimmungspflichtig angesehen[94]. Zur Festsetzung der Bezugsgrößen

---

89 BAG 25.05.1982, 13.09.1983, 16.12.1986, AP Nr. 2,3,8 zu § 87 BetrVG 1972 Prämie; FESTL § 87 Rn. 526.

90 GK/Wiese § 87 Rn. 906.

91 BAG 25.05.1982, 13.09.1983, 16.12.1986, AP Nr. 2,3,8 zu § 87 BetrVG 1972 Prämie; BAG 13.03.1984, AP Nr. 4 zu § 87 BetrVG 1972 Provision; FESTL § 87 Rn. 526.

92 BAG 16.12.1986, AP Nr. 8 zu § 87 BetrVG 1972 Prämie.

93 BAG 26.07.1988, AP Nr. 6 zu § 87 BetrVG 1972 Provision.

94 BAG 29.03.1977, AP Nr. 1 zu § 87 BetrVG 1972 Provision.

gehöre, ob bei Erreichen einer bestimmten Provisionshöhe diese und / oder andere Provisionen progressiv oder degressiv beeinflusst werden, ob also auch eine Provision ganz oder teilweise fortfällt.

Ferner hat das Bundesarbeitsgericht auch die Mitbestimmung gem. Nr. 10 hinsichtlich der Festlegung der Punktezahl für jedes Geschäft eines Provisionssystems bejaht, bei dem mit jedem Abschluss eines bestimmten Geschäfts eine Zahl von Provisionspunkten verdient wird und bei dem jeder Provisionspunkt einheitlich mit einem bestimmten Euro (DM) Wert vergütet wird[95]. Der Mitbestimmung nach § 87 Abs. 1 Nr. 10 BetrVG unterliegt auch die Zuordnung der einzelnen Artikel zu einer von mehreren Provisionsgruppen.[96]

IV. Entlohnungsmethoden

Bei den **Entlohnungsmethoden** handelt es sich um das technische Verfahren, die Art und Weise der Ausführung und Durchführung der Entlohnungsgrundsätze[97], insbesondere zur Bewertung der Arbeitsleistung (z.B. Punktesystem, Leistungsgruppensystem, Kleinstzeitverfahren nach der Work Factor[98] – oder der Methods-Time-Measurement-Methode[99]).

1. Prämie

Bei der Prämienvergütung gehört zu der Entlohnungsmethode die Entscheidung darüber, wie die Bezugs- oder Ausgangsleistung, auf die der Prämiengrundlohn bezogen ist, festgelegt wird, ob sie also ausgehandelt oder empirisch (statistisch) bzw. methodisch (arbeitswissenschaftlich) ermittelt werden soll.[100] Für die Ermittlung der Prämienvergütung sind zwei Methoden gebräuchlich:

Entweder werden von der festgesetzten Ausgangsvergütung bei Minderleistung Abzüge vorgenommen oder es werden auf der Grundlage eines Prämienkataloges Prämien entsprechend der Leistung des Arbeitnehmers ermittelt.

---

95 BAG 13.03.1984, AP Nr. 4 zu § 87 BetrVG 1972 Provision.

96 BAG 26.07.1988, AP Nr. 6 zu § 87 BetrVG 1972 Provision.

97 BAG 22.01.1980, AP Nr. 3 zu § 87 BetrVG 1972 Lohngestaltung.

98 Methode zur Analyse von Arbeitsabläufen, die vornehmlich in der Großserien- und Massenanfertigung bei kurzen Arbeitszyklen angewandt wird (Quelle: Wikipedia).

99 Methode zur Analyse von Arbeitsabläufen, die zur Planung manueller Arbeitsabläufe eingesetzt wird (Quelle: Wikipedia); FESTL § 87 Rn. 418.

100 GK/Wiese, § 87 Rn. 926; Moll, Mitbestimmung beim Entgelt, S.59.

2. Provision
Fragen der Entlohnungsmethoden bei Provisionen können zum Beispiel die Frage des Verfahrens zur Festlegung von Punkten oder sonstigen Kriterien für die Provisionsermittlung sein.

V. Mitbestimmung bei der Höhe des Entgelts?

Das Mitbestimmungsrecht des Betriebsrats nach § 87 Abs. 1 Nr. 10 BetrVG erstreckt sich nicht auf die arbeitsvertraglich vereinbarten Entgelte der Arbeitnehmer; solche Abreden betreffen die Entgelthöhe und sind der Regelungsmacht des Betriebsrats entzogen.[101] Die ständige Rechtsprechung des Bundesarbeitsgerichts sowie weite Teile der Literatur gehen davon aus, dass der Mitbestimmung nach § 87 Abs. 1 Nr. 10 BetrVG nur das Verhältnis einer Grundvergütung zu einem variablen Anteil unterliege[102]. Die Höhe selbst unterliegt nach herrschender Meinung nicht der Mitbestimmung nach Nr. 10, da es sich hierbei nicht um betriebliche Lohngestaltung handelt[103]. Es geht bei der mitbestimmten Lohngestaltung um die Struktur des Lohnes und dessen Vollziehungsformen, um die Grundlagen der Lohnfindung und der Lohngerechtigkeit, aber nicht um die Lohnhöhe.[104] Zwar vertritt *Klebe* die Auffassung, auch die Höhe der Löhne werde von der Mitbestimmung nach Nr. 10 erfasst, weil diese umfassend sei und Wortlaut sowie die Entstehungsgeschichte gegen eine Einschränkung sprächen.[105] Dem ist jedoch nicht zuzustimmen, denn dann bestünde ein Wertungswiderspruch zu § 87 Abs. 1 Nr. 11. Dieser bezieht gerade den Geldfaktor in die Mitbestimmung mit ein, aber nur bei einer bestimmten Entlohnungsform, nämlich der leistungsbezogenen Vergütung. Im Übrigen könnte der Betriebsrat bei einem entsprechenden Mitbestimmungsrecht über sein Initiativrecht die Höhe der Vergütung beeinflussen und damit im Widerspruch zu den Grundlagen des BetrVG in die Verantwortung des Arbeitgebers für den wirtschaftlichen Erfolg des Unternehmens eingreifen.[106]

Die Höhe des Entgelt unterliegt somit nicht der Mitbestimmung nach Nr. 10. Insofern unterfällt die Frage der Höhe des Entgelts regelmäßig der Sperrwirkung des § 77 Abs. 3 BetrVG, da die Entgelthöhe üblicherweise in Tarifverträgen geregelt wird.

---

101 BAG 30.10.2012, AP Nr. 143 zu § 87 BetrVG 1972.

102 BAG 6.12.1988, AP Nr. 37 zu § 87 BetrVG 1972 Lohngestaltung; Richardi, § 87, Rn. 753 m.w.N.

103 FESTL § 87 Rn. 419, Richardi Rn. 768, GK/Wiese Rn. 816; BAG 30.10.2012, AP Nr. 143 zu § 87 BetrVG 1972.

104 BAG 06.12.1988, AP Nr. 37 zu § 87 BetrVG 1972 Lohngestaltung.

105 DKK/Klebe § 87 Rn. 254 ff.

106 FESTL § 87 Rn. 419.

B. Freiwillige Leistung und Mitbestimmung

I. Grundsätze

1. Einschränkung der Mitbestimmung bei freiwilligen Leistungen

Die Wirkung des Mitbestimmungsrechts nach § 87 BetrVG besteht zum einen darin, dass der Betriebsrat bei Vorliegen eines Tatbestandes des § 87 Abs. 1 BetrVG grundsätzlich eine Regelung anstoßen, also initiieren kann; er hat ein sog. Initiativrecht. Dies kann er durch das gesetzlich vorgesehene Einigungsstellenverfahren auch durchsetzen und somit eine verbindliche Regelung – notfalls gegen den Willen des Arbeitgebers – erzwingen. Dieses Mitbestimmungsrecht wird im Falle von § 87 Abs. 1 Nr. 10 BetrVG eingeschränkt, wenn es sich um sog. „freiwillige Leistungen" handelt. Nach übereinstimmender Meinung sind freiwillige Leistungen alle, zu denen der Arbeitgeber nicht kraft Tarifvertrages oder kraft Gesetzes verpflichtet ist.[107] Der Begriff der Freiwilligkeit ist hier jedoch verwirrend. Denn nicht nur, wenn die Leistung weder aus Gesetz, noch aus Tarifvertrag geschuldet wird, sondern auch wenn sie arbeitsvertraglich nicht geschuldet wird, handelt es sich um eine freiwillige Leistung. Der Begriff der „Freiwilligkeit" ist zurückzuführen auf den Einleitungssatz des § 87 Abs. 1 BetrVG, der die Mitbestimmung des Betriebsrats ausschließt, wenn eine tarifliche oder gesetzliche Verpflichtung besteht. Demzufolge besteht eine Mitbestimmung des Betriebsrats bei zusätzlichen – das heißt über den Tarifvertrag bzw. das Gesetz hinausgehenden – Leistungen und gerade nicht, wenn eine abschließende gesetzliche oder tarifliche Regelung besteht; ob der Arbeitgeber diese zusätzliche Leistung nun „aus der Güte seines Herzens" oder aufgrund einer arbeitsvertraglichen Verpflichtung bezahlt, ist für die Mitbestimmung irrelevant. Richtiger als „freiwillige Leistung" wäre der Begriff „zusätzliche Leistung".

Bei sogenannten freiwilligen Leistungen des kraft Verbandszugehörigkeit oder kraft Nachbindung tarifunterworfenen Arbeitgebers[108], muss das Mitbestimmungsrecht Rücksicht auf die Freiwilligkeit nehmen und ist entsprechend begrenzt.[109] Der Arbeitgeber kann nach der Rechtsprechung des Bundesarbeitsgerichts demnach drei Grundentscheidungen mitbestimmungsfrei treffen:[110]

---

107 BAG 10.07.1979, AP Nr. 2 BetrVG 1972 Lohngestaltung; FESTL § 87 Rn. 444; BAG GS 1/90, DB 1991, 2593, BB 1992, 1859.

108 zur Situation bei nicht tarifgebundenen Arbeitgebers vgl. § 2 B. I. 2., S. 25.

109 FESTL, § 87 Nr. 443.

110 std. Rechtsprechung BAG, zuletzt BAG 13.12.2011, NZA 2012, 876, AP Nr. 57 zu § 77 BetrVG 1972 Betriebsvereinbarung.

- Ob er die Leistung erbringen will,
- welche Mittel er zur Verfügung stellen will,
- welchen Zweck er mit der Leistung verfolgt und
- wie der danach begünstigte Personenkreis abstrakt bestimmt werden soll.

Der Betriebsrat hat dann nur noch bei der Verteilung der Leistung mitzubestimmen, nach welchen Grundsätzen die Leistung verteilt wird und wie der Verteilungsschlüssel durchgeführt wird, also die einzelnen Leistungen zu berechnen sind und die Höhe im Verhältnis zueinander bestimmt wird.[111]

2. Historie der Grundsätze zur Mitbestimmung bei freiwilligen Leistungen

Die Einschränkung der Mitbestimmung des Betriebsrats bei freiwilligen Leistungen geht auf drei Beschlüsse des Bundesarbeitsgerichts zu der Frage der Gewährung von Betriebsrenten aus dem Jahre 1975 zurück.[112] Die Besonderheit dieser Beschlüsse lag darin, dass das Bundesarbeitsgericht für die betriebliche Altersversorgung ein Mitbestimmungsrecht nach § 87 Abs. 1 Nr. 10 BetrVG anerkannt hat, sofern sie – beispielsweise mangels Vorliegen einer Sozialeinrichtung (bei Direktversicherungen) – nicht unter § 87 Abs. 1 Nr. 8 BetrVG fallen. Hiermit bestätigte das Bundesarbeitsgericht die Auffassung, dass nicht nur Leistungen, die im allgemeinen Sprachgebrauch als Lohn und Gehalt bezeichnet werden, die also nach ihrem Inhalt und Umfang in einem unmittelbaren Synallagma zur Arbeitsleistung stehen, als Lohn im Sinne des § 87 Abs. 1 Nr. 10 BetrVG angesehen werden, sondern sämtliche Leistungen des Arbeitgebers, also auch solche, die nicht in einem unmittelbaren Austauschverhältnis stehen (z.B. Gratifikationen, sonstige Sonderzahlungen, Sozialeinrichtungen und Leistungen der betrieblichen Altersversorgung).

Für den Bereich der betrieblichen Altersversorgung ergibt sich aus dieser Definition des Lohnbegriffs für das BAG, dass der Arbeitgeber jedoch durch den Betriebsrat nicht gezwungen werden kann, ob und inwieweit er solche zusätzlichen Leistungen an die Belegschaft erbringen will und dass der Arbeitgeber 4 Vorentscheidungen frei treffen kann:

- Ob er finanzielle Mittel einsetzen will,
- in welchem Umfang er diese einsetzen will,
- welche Versorgungsform er wählt und
- welchen Arbeitnehmerkreis er versorgt.

---

111 FESTL § 87 Rn. 447; BAG 05.10.2010, AP Nr. 53 zu § 77 BetrVG 1972 Betriebsvereinbarung.

112 BAG 12.06.1975, AP Nr. 1–3 zu § 87 BetrVG 1972 Altersversorgung.

Diese Grundsätze wurden sodann allgemein in einer Entscheidung betreffend der Gewährung zinsvergünstigter Arbeitgeberdarlehen auf alle betrieblichen Sozialleistungen übertragen[113]; und das BAG hat anerkannt, dass auch solche Sozialleistungen trotz ihres Fürsorgezwecks Vergütungscharakter haben und damit zur betrieblichen Lohngestaltung gehören.

Bei dieser Entscheidung handelte es sich um die Frage der Mitbestimmung des Betriebsrats bei der Gewährung von zinsvergünstigten Arbeitgeberdarlehen. Der 1. Senat hat hier nur sehr knapp ausgeführt, dass das Mitbestimmungsrecht des Betriebsrats durch die Freiwilligkeit der Leistung eingeschränkt sei und der Arbeitgeber nicht verpflichtet sei, den Arbeitnehmern zinsgünstige Darlehen zu gewähren. Zur Begründung hat sich der 1. Senat auf die „ständige Rechtsprechung des BAG" berufen, die allerdings lediglich in den drei Entscheidungen, ergangen am selben Tag, zur betrieblichen Altersversorgung bestanden hat. Im Vordergrund der Entscheidungen stand die Freiwilligkeit bezogen auf den Entschluss des Arbeitgebers, überhaupt Arbeitgeberdarlehen zu gewähren.

Eine Entscheidung des 5. Senats[114] beurteilte die Frage der Mitbestimmung des Betriebsrats sodann einige Tage später. In dieser Entscheidung wurde ein Mitbestimmungsrecht des Betriebsrats bei der Aufstellung von Richtlinien bejaht, nach denen ein Widerruf von Forschungszulagen erfolgen soll; dieses Mitbestimmungsrecht sei jedoch – wiederum nach „ständiger Rechtsprechung des BAG", die sich abermals nur auf die Beschlüsse hinsichtlich der Altersversorgung bezog – eingeschränkt, indem der Arbeitgeber frei über den Zweck der Leistung und über den begünstigten Personenkreis entscheiden könne.

Keine Entscheidung des BAG ist hingegen zu irgendeinem Zeitpunkt begründend darauf eingegangen, warum die Rechtsprechung zur betrieblichen Altersversorgung so einfach auf sämtliche Leistungen des Arbeitgebers übertragen werden kann.

In der Folge wird jedoch jedenfalls für tarifgebundene Arbeitgeber in Rechtsprechung und Literatur wie selbstverständlich davon ausgegangen, dass der Arbeitgeber das Ob, den Zweck, den Dotierungsrahmen und den Personenkreis mitbestimmungsfrei festlegen kann.

3. Freiwillige Leistung bei tarifungebundenem Arbeitgeber

Grundlegend anders stellt sich die mitbestimmungsrechtliche Lage bei einem tarifungebundenen Arbeitgeber dar, der grundsätzlich jede Entgeltleistung ohne

---

113 BAG 09.12.1980, AP Nr. 5 zu § 87 BetrVG 1972 Lohngestaltung.

114 BAG 17.12.1980, AP Nr. 4 zu § 87 BetrVG 1972 Lohngestaltung.

mit einer vollständigen Anrechnung und damit dem Ausschluss des Mitbestimmungsrechts zu beantworten[132].

b) Folglich ist die Entscheidungsfreiheit des Arbeitgebers bezüglich des Ob der Leistung eingeschränkt, sofern er bereits Verhandlungen mit dem Betriebsrat begonnen hat und dann zur Umgehung der Mitbestimmung die Leistung vollständig einzustellen droht. Die Kürzungsentscheidung kann der Arbeitgeber mitbestimmungsfrei treffen, lediglich sofern die Kürzung von Leistungen zu einer Verteilungsänderung führt, unterliegt dies der Mitbestimmung des Betriebsrats.

c) Die dargestellten Grundsätze sind auch bei der Nachwirkung einer gekündigten Betriebsvereinbarung über freiwillige Leistungen zu beachten:

Betriebsvereinbarungen über freiwillige Leistungen des Arbeitgebers, die dieser ohne eine vertragliche oder sonstige rechtliche Verpflichtung erbringt, sind regelmäßig gem. § 87 Abs. 1 Nr. 10 BetrVG teilmitbestimmt. Beabsichtigt der Arbeitgeber mit der Kündigung einer solchen Betriebsvereinbarung seine finanziellen Leistungen vollständig und ersatzlos einzustellen, tritt keine Nachwirkung ein.[133]

4. Gewährung freiwilliger Leistung ohne Beteiligung des Betriebsrats

Wie oben dargestellt, kann der Arbeitgeber die Höhe der Leistung, also den Dotierungsrahmen, grundsätzlich alleine bestimmen. Der Dotierungsrahmen ist die Summe aller Leistungen, die der Arbeitgeber versprochen hat.[134] Zu den noch verbleibenden mitbestimmungspflichtigen Entlohnungsgrundsätzen gehören daher nur noch die Grundsätze der Verteilung freiwilliger und zusätzlicher Leistungen, z.B. bei der Weihnachtsgratifikation, der Gewährung von Zulagen und deren Widerruf gem. bestimmter Richtlinien, der Festlegung der Grundsätze für eingeführte vermögenswirksame Leistungen, der Regelungen zur Kürzung von Sondervergütungen in Fällen der krankheitsbedingten Arbeitsunfähigkeit nach § 4 a EFZG, der Regelungen über die Fälligkeit des Lohns, die Festlegung und Berechnung von Abschlagszahlungen.[135]

---

132 BAG 26.5.1998, NZA 1998, 1292.

133 ständige Rechtsprechung des BAG, z.B. BAG 05.10.2010, AP Nr. 57 zu § 77 BetrVG 1972 Betriebsvereinbarung.

134 FESTL, § 87 Rn. 445.

135 FESTL, § 87 Rn.431.

Die Frage, wie es sich auswirkt, wenn der Arbeitgeber ohne Beteiligung des Betriebsrats freiwillige Leistungen gewährt, wurde durch das Bundesarbeitsgericht bereits beantwortet. Es konstatiert, dass das Mitbestimmungsrecht des Betriebsrats nicht dadurch ausgeschlossen wird, dass der Arbeitgeber bereits vor der Beteiligung des Betriebsrats Zahlungen erbringt, die er nicht mehr zurückfordern kann, so dass im Falle einer abweichenden Einigung mit dem Betriebsrat Kosten entstehen können, die den ursprünglich vorgesehenen Dotierungsrahmen übersteigen.[136]

Im entschiedenen Fall hatte der Arbeitgeber an ungefähr zehn Mitarbeiter „individuelle Sonderzahlungen" in unterschiedlicher Höhe und aus unterschiedlichen Erwägungen erbracht, ohne den Betriebsrat hierbei zu beteiligen. Das Bundesarbeitsgericht führt aus, dass hier – auch nach Zahlung an die Arbeitnehmer – das Mitbestimmungsrecht nicht untergegangen sei und noch ausgeübt werden könne. Dies gelte auch dann, wenn daraus folge, dass die Ausübung der Mitbestimmung zu höheren als den vom Arbeitgeber im Rahmen seines Gesamtbudgets geleisteten Zahlungen führe. In diesem Fall würden allerdings die vom Arbeitgeber für den „individuellen Sonderbonus" zur Verfügung gestellten Mittel, über deren Bemessung er mitbestimmungsfrei entscheiden könne,[137] nicht ausreichen, um auch die Ansprüche der nunmehr begünstigten Arbeitnehmer zu befriedigen. Es sei nämlich davon auszugehen, dass der Rückforderung von Zahlungen, die von der mitbestimmten Entscheidung über den Sonderbonus nicht mehr gedeckt seien, kaum überwindbare praktische und möglicherweise auch rechtliche Hindernisse entgegenstehen stünden. Dies führe unter Umständen dazu, dass der Arbeitgeber mit den für den Sonderbonus vorgesehenen Mitteln nicht auskomme, weil er nun noch weitere Zahlungen leisten müsse, die sich aus der mit dem Betriebsrat vereinbarten Verteilung ergäben. Im äußersten Fall könne sich dadurch der zur Befriedigung aller Ansprüche erforderliche finanzielle Aufwand verdoppeln, nämlich dann, wenn keiner der ursprünglichen Empfänger des Sonderbonus zum Kreise derjenigen gehöre, die nach der mitbestimmten Entscheidung begünstigt sein sollen. Eine solche zusätzliche Belastung des Arbeitgebers sei aber als Folge seines rechtswidrigen Vorgehens allein ihm zuzurechnen. Hierin liege keine Durchbrechung des Grundsatzes, dass der Betriebsrat bei der Festlegung des Dotierungsrahmens nicht mitzubestimmen habe. Ein Mitbestimmungsrecht könne in seinem Bestand und Umfang nicht davon abhängig sein, dass sich der Arbeitgeber betriebsverfassungskonform

136 BAG 14.6.1994, NZA 1995, 543, AP Nr. 69 zu § 87 BetrVG 1972 Lohngestaltung.

137 st. Rspr. vgl. NZA 1993, 561; AP Nr. 61 zu § 87 BetrVG 1972 Lohngestaltung.

verhalte. Vielmehr habe sich das Verhalten des Arbeitgebers nach den Vorgaben des Betriebsverfassungsgesetzes und damit auch nach den aus der Beachtung der Mitbestimmungsrechte folgenden Pflichten zu richten.

Im Ergebnis stellt das eine Fiktion dar: der Arbeitgeber wird für den Fall, dass er Leistungen ohne Mitbestimmung des Betriebsrats auskehrt, so behandelt, als hätte er das Geld noch nicht ausgegeben.

Auffällig an dieser Entscheidung des Bundesarbeitsgerichts ist, dass im Rahmen eines obiter dictum davon gesprochen wird, dass die mitbestimmte Entscheidung ergeben kann, dass ein anderer Personenkreis begünstigt wird, was dann dazu führt, dass der Arbeitgeber den Dotierungsrahmen erhöhen muss. Daraus ist zu lesen, dass der Betriebsrat wohl doch bei der Festlegung des Personenkreises mitzubestimmen hat. Dies ist im Wesentlichen Ausfluss der Frage, ob der Arbeitgeber die Zweckbestimmung der Leistung und damit mittelbar auch den Personenkreis mitbestimmungsfrei festlegen kann, worauf an anderer Stelle[138] noch näher eingegangen wird.

5. Beachtung des betriebsverfassungsrechtlichen Gleichbehandlungsgrundsatzes

Die ständige Rechtsprechung[139] billigt dem Arbeitgeber bei freiwilligen Leistungen zu, dass er über den Zweck der Leistung alleine bestimmen kann, weil dieser unmittelbar mit der Entscheidung über die Leistungserbringung verbunden ist. Mit der inhaltlichen Bestimmung legt der Arbeitgeber damit mitbestimmungsfrei den Leistungszweck fest; er kann z.B. eine Weihnachtsgratifikation, ein Urlaubsgeld oder sonstige übertarifliche Zahlungen versprechen und legt somit alleine den Leistungszweck, z.B. Bindung der Arbeitnehmer an den Betrieb, Förderung der Leistungsbereitschaft, Abbau von Fehlzeiten etc. fest. Damit hängt dann unmittelbar die Bestimmung des begünstigten Personenkreises zusammen.

Diese häufig zitierte ständige Rechtsprechung ist nicht ganz unumstritten. Es ist zu untersuchen, was das Bundesarbeitsgericht hier tatsächlich entschieden hat und inwiefern diese Rechtsprechung auch übertragbar ist.

Zunächst könnte sich eine Einschränkung der mitbestimmungsfreien Zweckbestimmung des Arbeitgebers aufgrund des betriebsverfassungsrechtlichen Gleichbehandlungsgrundsatzes gem. § 75 BetrVG ergeben.

---

138 § 2 B. II. 5. b), S. 36.

139 std. Rechtsprechung BAG, zuletzt BAG 13.12.2011, NZA 2012, 876, AP Nr. 57 zu § 77 BetrVG 1972 Betriebsvereinbarung.

Der Gleichheitssatz des Art. 3 Abs. 1 GG, nach dem alle Menschen vor dem Gesetz gleich sind, verbietet jegliche Ungleichbehandlung gleichliegender Fälle. Nach ihm ist Gleiches gleich und Ungleiches seiner Eigenart entsprechend verschieden zu behandeln.[140] Der Gleichbehandlungsgrundsatz in Art. 3 Abs. 2 GG verbietet eine ungleiche Behandlung von Männern und Frauen; das Benachteiligungsverbot des Art. 3 Abs. 3 GG verbietet jede Benachteiligung oder Bevorzugung wegen des Geschlechts, der Abstammung, der Rasse, der Sprache, der Heimat, der Herkunft, des Glaubens oder der religiösen oder politischen Anschauung. An diesen grundgesetzlich verankerten Grundsatz haben sich auch die Betriebsparteien im Rahmen vom Abschluss von Betriebsvereinbarungen als höherrangiges Recht zu halten. Dieser Grundsatz findet in § 75 Abs. 1 BetrVG nochmals seinen Niederschlag, der diese Grundsätze verbindlich für die Betriebsparteien regelt. Gem. § 75 Abs. 1 und 2 BetrVG sind die Betriebsparteien beim Abschluss ihrer Vereinbarungen an die Grundsätze von Recht und Billigkeit gebunden und damit auch zur Wahrung der grundrechtlich geschützten Rechte und zur Wahrung der geltenden Rechtsordnung, die das Arbeitsverhältnis gestaltet, verpflichtet.[141] Demzufolge beschränkt sich die Freiheit des Arbeitgebers hinsichtlich der Zweckgestaltung der Leistung auf die Beachtung des § 75 BetrVG und des darin verankerten betriebsverfassungsrechtlichen Gleichbehandlungsgrundsatzes. Dies ist relevant bei den Fragen der Zwecksetzung und der daraus folgenden Abgrenzung des Personenkreises. Hier muss regelmäßig der Gleichbehandlungsgrundsatz gem. § 75 BetrVG beachtet werden.[142]

Wie oben bereits erwähnt gilt auch hier: Die Einschränkung der Mitbestimmung des Betriebsrats liegt nicht darin, dass der Arbeitgeber allein über die Zweckbestimmung entscheiden kann. Die Einschränkung liegt vielmehr darin, dass der Betriebsrat kein Initiativrecht im Hinblick auf eine zusätzliche Leistung zu einem bestimmten Zweck hat. Der Arbeitgeber benötigt jedoch die Zustimmung des Betriebsrats zur Zweckbestimmung, ebenso wie er die Zustimmung zur Einführung der zusätzlichen Leistung benötigt. Diese Zustimmung kann er mit der Begründung verweigern, dass die Zweckbestimmung und der damit unmittelbar festgelegte Personenkreis gegen § 75 BetrVG verstößt. Der Zweck kann somit nicht vollständig alleine vom Arbeitgeber bestimmt werden, sondern muss sich im Rahmen des § 75 BetrVG bewegen, was im Zweifel von der Einigungsstelle geklärt werden muss. In der Praxis tauchen diese Probleme

140 st. Rspr. des BVerfG, vgl. z.B. BVerfGE 3, 135; 4, 155;50, 161; 51, 23; 78, 121.

141 BAG 12.04.2011, NZA 2011, 989, 990.

142 HaKo - BetrVG / Kohle, § 87 Rn. 122; GK/Wiese, § 87 Rn. 840.

häufig auf und es stellt sich immer die Frage, hat der Betriebsrat hier ein Mitbestimmungsrecht. Verdeutlicht werden soll dies anhand folgenden Beispiels:

Beispiel:

Evangelische Mitarbeiter erhalten einen Kleidergeldzuschuss bei Konfirmation eines Kindes.

Hierbei handelt es sich um eine Zwecksetzung, die eine nicht gerechtfertigte Ungleichbehandlung von Evangelen beinhaltet.

6. *Entgelt im engeren Sinne*

a) Die so häufig zitierte „ständige Rechtsprechung" des Bundesarbeitsgerichts, dass die Zweckbestimmung bei sogenannten freiwilligen Leistungen des Arbeitgebers mitbestimmungsfrei erfolgen kann, ist nicht ganz unumstritten. Dies folgt konsequenterweise aus der oben bereits dargestellten Historie der Entwicklung dieser Grundsätze[143]. Es existiert keine Entscheidung des Bundesarbeitsgerichts, in der begründet wird, warum die Mitbestimmungsfreiheit der drei Faktoren Ob, Umfang der Leistung und Zweck der Leistung auf sämtliche Leistungen des Arbeitgebers übertragen werden kann, nachdem sich die Urteile, aus denen die Grundsätze folgen, ausschließlich mit betrieblicher Altersversorgung befassen. Insbesondere die Reichweite dieser Einschränkung, v.a. bezogen auf Entgelt im engeren Sinne, also Entgeltleistung, die in unmittelbarem Bezug zur Arbeitsleistung steht, wurde weder in der Rechtsprechung, noch in der Literatur bisher eingehend erörtert. Es existiert allerdings eine Entscheidung des Bundesarbeitsgerichts aus dem Jahre 1981, in der es zu der Frage Stellung nimmt, ob der Wechsel von einer Einzelprämie zu einer Gruppenprämie der Mitbestimmung des Betriebsrats unterliegt. In dieser Entscheidung führt das Bundesarbeitsgericht aus, dass das im Rahmen eines Einigungsstellenverfahrens vom Betriebsrat begehrte Verlangen, eine zur Zeit gezahlte Einzelprämie künftig in eine Gruppenprämie zu verändern, nicht der Mitbestimmung des Betriebsrats unterliegt, er diesbezüglich kein Initiativrecht hat.

> „...die Freiwilligkeit der Leistung führt ...zu einer Einschränkung des Mitbestimmungsrechts. Bei freiwilligen Leistungen entscheidet der Arbeitgeber allein darüber, in welchem Umfang er finanzielle Mittel einsetzen, welchen Zweck er mit dieser Leistung verfolgen und welchen Personenkreis er deshalb begünstigen will."[144]

143 § 2 B. I. 2., S. 25.

144 zitiert aus: BAG 08.12.1981, AP Nr. 1 zu § 87 BetrVG 1972 Prämie.

Auch hier beruft sich das BAG wieder auf die „ständige Rechtsprechung des Bundesarbeitsgerichts“ und zitiert die drei Urteile zur betrieblichen Altersversorgung. Die im vorliegenden Fall vom Betriebsrat mit der Anrufung der Einigungsstelle angestrebte Umwandlung der Prämienregelung von der Individualprämie zu einer Gruppenprämie verändert nach Ansicht des Bundesarbeitsgerichts die Zweckbestimmung der Leistung und sei daher nicht von der Mitbestimmung umfasst. Eine nähere Begründung, warum es sich hier um eine freiwillige Leistung handelt und warum insbesondere die Zweckbestimmung mitbestimmungsfrei erfolgen kann, ist den Entscheidungsgründen nicht zu entnehmen. Zurecht wird daher dieser Beschluss von einigen Stimmen im Rahmen von Anmerkungen kritisiert.[145]

Zunächst wird darauf aufmerksam gemacht, dass der Begriff der „Freiwilligkeit“ geeignet sei, Verwirrung zu stiften. „Freiwillig“ sei jede Leistung des Arbeitgebers, die nicht auf gesetzlicher oder tariflicher Verpflichtung gründe. Freiwillig sei aber jeweils nur die Einführung; mit der Einführung entstünden Rechtsansprüche und die rechtliche Beurteilung dieser Ansprüche könne je nach der Art der Leistung ganz verschieden sein, z.B. für eine Leistungszulage anders als für Zusatzurlaub oder einen Versorgungsanspruch.[146]

Überdies bedürfe der Satz, „bei freiwilligen Leistungen entscheide der Arbeitgeber allein darüber, in welchem Umfang er Mittel einsetzen, welchen Zweck er mit der Leistung verfolgen und welchen Personenkreis er deshalb begünstigen wolle“ zwar im Hinblick auf die Reichweite bzgl. der Entschließungsfreiheit des Arbeitgebers, ob und wieweit er zusätzliche Leistungen an die Belegschaft erbringen wolle, keiner näheren Prüfung; er gelte jedoch nicht für alle Arten von Leistungen des Arbeitgebers. Wenn der Arbeitgeber zur Erhaltung einer Stammbelegschaft Mittel zur Errichtung von Werkmietwohnungen zur Verfügung stellen wolle, könne der Betriebsrat nicht durchsetzen, dass stattdessen zusätzliches Urlaubsgeld bezahlt werde. Die stets genannten Einschränkungen gälten somit für Sozialleistungen – mehr sage die sogenannte „ständige Rechtsprechung des BAG“ auch nicht.

Anders sei dies jedoch bei „Lohn im engeren Sinne“, das heißt bei Leistungen, die in unmittelbarer Austauschbeziehung zur Arbeitsleistung stehen. Dies folge aus dem Mitbestimmungsrecht des Betriebsrats in „Fragen der betrieblichen Lohngestaltung“ i.S.v. § 87 Abs. 1 Nr. 10 BetrVG. Betriebliche Lohngestaltung

145 Anmerkung von Hilger zu BAG 08.12.1981, AP Nr. 1 zu § 87 BetrVG 1972 Prämie; Hanau, EzA §87 BetrVG 1972 Leistungslohn Nr. 6, S. 84 a.

146 Anmerkung von Hilger zu BAG 08.12.1981, AP Nr. 1 zu § 87 BetrVG 1972 Prämie.

sei nach der ständigen Rechtsprechung des 1. Senats die Festlegung abstrakt-genereller Grundsätze zur Lohnfindung; es gehe dabei um die Festlegung von Strukturformen des Entgelts einschließlich ihrer näheren Vollziehungsformen. Die Mitbestimmung solle in diesem Bereich den Arbeitnehmer vor einer einseitig an den Interessen des Unternehmens orientierten willkürlichen Lohngestaltung schützen. Es gehe hierbei um die Angemessenheit und Durchsichtigkeit des betrieblichen Lohngefüges.[147] Für eine durch den Arbeitgeber allein zu treffende Entscheidung über den Zweck einer Leistung ließe der gesetzliche Tatbestand des § 87 Abs. 1 Nr. 10 BetrVG keinen Raum; der Zweck sei dadurch vorgegeben, dass es sich um Arbeitslohn handele. Insbesondere bei der in dem Beschluss des 1. Senats vorliegenden Lohnform – der Prämie – handele es sich um die klassische Form des Leistungslohns und somit um einen „Entlohnungsgrundsatz" i.S.d. § 87 Abs. 1 Nr. 10 BetrVG. Aber aufgrund der Vielfalt der möglichen Erscheinungsformen gebe es in Wahrheit keinen Entlohnungsgrundsatz „Prämienlohn", sondern es gebe eben zahlreiche Prämienlohnformen. Je nach Bezugsgröße bestünden nämlich erhebliche Unterschiede. So gebe es nicht nur eine Einzelprämie und eine Gruppenprämie, sondern auch Güte-, Ersparnis-, Termin- und sonstige Prämien sowie solche, die eine auf den Arbeitsbereich begrenzte Produktivitätssteigerung honorieren. Diese verschiedenen Formen würden sich gerade und vor allem nach ihrem Zweck unterscheiden. Anders als bei den Sozialleistungen sei die Bestimmung des Prämienzwecks keine „mitbestimmungsfreie" Vorgabe des Arbeitgebers. Vielmehr sei der Wechsel von einer Prämienform zu einer anderen eine Änderung des Entlohnungsgrundsatzes und nach dem eindeutigen Wortlaut des Gesetzes ein Mitbestimmungstatbestand. Die Bezugsgröße und die sonstige nähere Ausgestaltung des Prämienlohnes gehörten daher zu dessen „Modalitäten", auf die sich das Mitbestimmungsrecht des Betriebsrates erstrecke.[148]

Ohne nähere Begründung hat sich auch die Literatur dieser Auffassung weitgehend angeschlossen, indem sie entgegen dem Beschluss des Bundesarbeitsgerichts die Meinung vertritt, der Wechsel von einer Einzelprämie zu einer Gruppenprämie – gleichgültig ob er vom Betriebsrat oder vom Arbeitgeber initiiert sei – unterliege der Mitbestimmung des Betriebsrats.[149]

b) Bei der Bewertung, ob die mitbestimmungsfreien Grundsätze bei freiwilligen Leistungen anzuwenden sind oder nicht, muss differenziert werden. Der

147 Anmerkung von Hilger zu BAG 08.12.1981, AP Nr. 1 zu § 87 BetrVG 1972 Prämie.
148 Anmerkung von Hilger zu BAG 08.12.1981, AP Nr. 1 zu § 87 BetrVG 1972 Prämie.
149 FESTL § 87 Rn. 528; GK/Wiese, § 87 Rn. 906; Löwisch/Kaiser § 87 Rn. 226.

Wortlaut des § 87 Abs. 1 Nr. 10 BetrVG spricht nicht dafür, eine Einschränkung hinsichtlich der Zweckbestimmung der Leistung vorzunehmen und diese allein dem Arbeitgeber zu überlassen. Auch Sinn und Zweck der Regelung sprechen dagegen. Denn die Mitbestimmung soll in diesem Bereich den Arbeitnehmer vor einer einseitig an den Interessen des Unternehmens orientierten willkürlichen Lohngestaltung schützen. Es geht hierbei um die Gewährleistung der Angemessenheit und Durchsichtigkeit des betrieblichen Lohngefüges.[150] Der Zweck der Leistung ist dadurch vorgegeben, dass es sich um Arbeitslohn handelt. Wie oben bereits ausgeführt, könnte der Arbeitgeber anderenfalls willkürlich Zwecke festsetzten und dadurch die Mitbestimmung ad absurdum führen, sie wäre quasi sinnlos. Denn gerade durch die detaillierte Zweckbestimmung der Leistung wird der Personenkreis bestimmt, also wie verteilt wird, und es bleibt kein Raum mehr für die Verteilungskriterien.

Beispiel:

Der Arbeitgeber möchte eine Prämie in Höhe von € 250,- pro Jahr an alle Außendienstmitarbeiter zahlen, die das Produkt X vertreiben und einen Marktanteil von 25 % haben.

Hier würde der Arbeitgeber alleine festlegen:

- Personenkreis:
  alle Außendienstmitarbeiter, die das Produkt X vertreiben und einen Marktanteil von 25 % haben
- Zweck:
  Prämie, für Mitarbeiter auf dem Produkt X mit einem bestimmten Marktanteil
- Dotierungsrahmen:
  € 250 x Anzahl der ausgewählten Personen

Der Arbeitgeber würde alleine bestimmen, an wen und nach welchen Grundsätzen verteilt wird. Für die Mitbestimmung bliebe kein Regelungsspielraum mehr.

Auch die Historie der restriktiven Auffassung, die zu einer Einschränkung bei freiwilligen Leistungen führt, muss hier betrachtet werden, denn diese geht auf Beschlüsse zurück, die sich mit der betrieblichen Altersversorgung befassen. Hier ist der Zweck ein anderer als Arbeitslohn – nämlich betriebliche Altersversorgung – also eine neben dem Arbeitslohn gewährte soziale Leistung des Arbeitgebers, die nicht im unmittelbaren Austauschverhältnis zur Arbeitsleistung steht.

---

150 Anmerkung von Hilger zu BAG 08.12.1981, AP Nr. 1 zu § 87 BetrVG 1972 Prämie.

Wenn man generell sämtliche Entgeltleistungen des Arbeitgebers unter die Einschränkung der sog. „freiwilligen Leistungen“ fassen würde, liefe der Sinn und Zweck des Mitbestimmungsrechts des § 87 BetrVG leer. Denn durch die konkrete Zweckbestimmung wird mittelbar auch der Personenkreis festgelegt, sodass im Extremfall auch hinsichtlich der Verteilung kein Raum mehr für Mitbestimmung verbleibt. Dies hat das Bundesarbeitsgericht auch im Rahmen eines obiter dictum – wie oben bereits erwähnt – erkannt.[151] Denn dort wird vom Senat ausgeführt, dass eine Zahlung von Sonderboni ohne Mitbestimmung des Betriebsrats bei im Nachhinein erfolgter Mitbestimmung dazu führen kann, dass ein anderer Personenkreis begünstigt wird und der Dotierungsrahmen dadurch erhöht werden muss. Das Bundesarbeitsgericht geht also davon aus, dass der Betriebsrat bei der Ausübung der Mitbestimmung auch über den zu begünstigenden Personenkreis und somit den Zweck der Leistung mitbestimmt.

Die mitbestimmungsfreie Zweckbestimmung kann daher nur die allgemeine Zweckbestimmung – unter Beachtung des § 75 BetrVG – erfassen und darf nicht die detaillierte Ausgestaltung erfassen, da anderenfalls der Anwendungsbereich des § 87 Abs. 1 Nr. 10 BetrVG unzulässig eingeschränkt würde. Das bedeutet, dass Lohn im engeren Sinne, also eine Leistung, die im unmittelbaren Austauschverhältnis zur Arbeitsleistung steht, keiner weiteren Einschränkung unterliegt, da der Leistungszweck hier Arbeitslohn ist. Sofern es sich jedoch um Entgelt im weiteren Sinne handelt, also z.B. die Belohnung der Betriebstreue, ist der Arbeitgeber frei in der Festlegung dieser Zweckbestimmung.

Deshalb hat das Bundesarbeitsgericht auch zurecht bei der Frage der Anrechnung von übertariflichen Entgelten die Frage, ob Betriebszughörigkeit, Mutterschutzzeiten und langfristige Krankheit eine Anrechnung legitimieren, nicht der Zweckebene, sondern der mitbestimmungspflichtigen Ausgestaltung zugewiesen.[152]

III. Ergebnis

Bei der Einschränkung der Mitbestimmung des Betriebsrats nach Nr. 10 ist zu differenzieren:

Bei tarifungebundenem Arbeitgeber ist die Reichweite der Mitbestimmung des Betriebsrats weiter, da bei nahezu jeder noch so kleinen Veränderung bereits die Vergütungsstruktur geändert wird, und dies unterliegt der Mitbestimmung nach Nr. 10.

Bei tarifgebundenem Arbeitgeber ist die „freiwillige“ Leistung das, was über den TV hinausgeht. Bei freiwilligen Leistungen ist nach der Rechtsprechung des

151 BAG 14.06.1994, NZA 1996, 543, AP Nr. 69 zu § 87 BetrVG 1972 Lohngestaltung.
152 BAG 27.10.1992, AP Nr. 61 zu § 87 BetrVG 1972 Lohngestaltung.

Bundesarbeitsgerichts der Arbeitgeber frei in der Entscheidung ob, in welchem Umfang und zu welchem Zweck er eine freiwillige Leistung erbringen will und welchen Personenkreis er begünstigen will.

Dieser Grundsatz ist jedoch einzuschränken:

Bei tarifungebundenen Arbeitgebern unterliegt das „Ob" bereits der Zustimmungspflicht des Betriebsrats, denn der Arbeitgeber ändert dadurch in der Regel bereits die Vergütungsstruktur.

Im Rahmen der Zweckbestimmung kann der Arbeitgeber sowohl bei tarifgebundenen als auch bei tarifungebundenen Arbeitgebern nur die allgemeine Zweckbestimmung im Rahmen des § 75 BetrVG mitbestimmungsfrei festlegen – also die Frage, ob es sich um Entgelt im engeren Sinne handeln soll oder um eine Sozialleistung, die nicht im Austauschverhältnis steht, und bei letzterer dann auch die Zweckbestimmung derselben.

§ 3 Die Mitbestimmung gem. § 87 Abs. 1 Nr. 11 BetrVG

Während § 87 Abs. 1 Nr. 10 BetrVG ein Mitbestimmungsrecht bei der Festlegung des Entlohnungsgrundsatzes (zum Beispiel Zeitlohn oder Leistungslohn) einräumt, legt Nr. 11 die Mitbestimmung des Betriebsrats bei der Ausgestaltung der Entlohnungsgrundsätze **leistungsbezogener Entgelte** fest. Hinsichtlich der Eröffnung des Mitbestimmungsrechts gilt zunächst oben Ausgeführtes[153], das heißt ein ggf. bestehender Tarifvertrag hat Vorrang, sofern keine Öffnungsklausel enthalten ist. Des Weiteren muss es sich um einen kollektiven Tatbestand handeln. Die Vorschrift der Nr. 11 steht in einem engen Zusammenhang mit Nr. 10 und regelt eine besondere, aus Nr. 10 herausgehobene Frage, nämlich die Geldseite der Entlohnung.[154] Hiernach hat der Betriebsrat ein Mitbestimmungsrecht bei der Festsetzung der Akkord- und Prämiensätze und vergleichbarer leistungsbezogener Entgelte, einschließlich der Geldfaktoren. Dieses besondere und erweiterte Mitbestimmungsrecht des Betriebsrats gilt für alle Entgeltformen, bei denen eine unmittelbare Beziehung zwischen Leistung und Entgelt besteht[155].

A. Zweck der Vorschrift

Sinn und Zweck des erweiterten Mitbestimmungsrechts ergeben sich aus der Besonderheit der Bezahlung in Form des Leistungslohnes. Leistungslöhne

---

153 § 1 Teil 1, 1. Abschnitt, S. 10.

154 BAG 29.03.1977, AP Nr. 1 zu § 87 BetrVG 1972 Provisionen.

155 BAG 15.05.2001, AP Nr. 17 zu § 87 BetrVG 1972 Prämie.

bedeuten für den Arbeitnehmer einen Anreiz, durch größeren persönlichen Einsatz mehr als das normale Arbeitsentgelt zu verdienen.[156] Der Arbeitnehmer ist damit besonderen Belastungen ausgesetzt. Das erweiterte Mitbestimmungsrecht des Betriebsrats soll gewährleisten, dass die vom Arbeitnehmer erwarteten Zusatzleistungen sachgerecht bewertet und in einem angemessenen Verhältnis zu dem erzielbaren Mehrverdienst stehen, sodass der Arbeitnehmer vor Überforderung geschützt wird.[157]

B. Historie der Vorschrift

Die Mitbestimmung nach § 87 Abs. 1 Nr. 11 BetrVG ist im Gesetzgebungsverfahren in der 6. Wahlperiode im Jahre 1971 zur Änderung des BetrVG 1952 ausführlich diskutiert worden. Der Regierungsentwurf schlug hinsichtlich des § 87 Abs. 1 Nr. 11 folgende Formulierung der Nr. 11 vor:

> *„....Nr. 11: Festsetzung von Arbeitsentgelten, deren Höhe nach der persönlichen Leistung des Arbeitnehmers bemessen wird, insbesondere von Akkord- und Prämiensätzen, sowie die Festlegung der für die Ermittlung und Berechnung dieser Entgelte maßgebende Grundlagen.“*[158]

Die Begründung des Gesetzentwurfs führte dazu aus:

> *„...über das geltende Recht hinaus zieht Nr. 11 neben den Akkordentgelten alle leistungsbezogenen Entgelte wie z.B. Prämien oder Provisionen in das Mitbestimmungsrecht ein.*[159] *Ferner wird die in Rechtsprechung und Literatur umstrittene Frage klargestellt, dass sich das Mitbestimmungsrecht des Betriebsrats auf die Festlegung aller Bezugsgrößen erstreckt, die für die Ermittlung und Berechnung der leistungsbezogenen Entgelte von Bedeutung sind; so soll z.B. beim Akkordlohn ein Mitbestimmungsrecht des Betriebsrats sowohl hinsichtlich der Festlegung des Zeitfaktors als auch des Geldfaktors bestehen.....“*[160]

Dies wurde in den parlamentarischen Beratungen so auch bestätigt. Der Beschluss des 10.Ausschusses präzisiert den Regierungsentwurf noch dahingehend:

> *„..11. Festsetzung der Akkord- und Prämiensätze und vergleichbarer leistungsbezogener Entgelte, einschließlich der Geldfaktoren.“*[161].

---

156 GK/Wiese, § 87 Rn. 962.

157 FESTL § 87 Rn. 499; GK/Wiese § 87 Rn. 962; BAG 15.05.2001, AP Nr. 17 zu § 87 BetrVG 1972 Prämie.

158 BT-Drs. VI/1786, S. 18.

159 Begründung des Gesetzentwurfs BT-Drs. VI/1786, S. 49.

160 Begründung des Gesetzentwurfs BT-Drs. VI/1786, S. 49.

161 BT-Drs. VI/2729, S. 39.

Im Schriftlichen Bericht des Ausschusses für Arbeit und Sozialordnung (10. Ausschuss) über den von der Bundesregierung eingebrachten Entwurf eines Betriebsverfassungsgesetzes wird ausgeführt:

> *„...die Neufassung des Absatzes 1 Nr. 11 stellt eine Präzisierung der entsprechenden Bestimmung des Regierungsentwurfs über Festsetzung der Akkord- und Prämiensätze und vergleichbarer leistungsbezogener Entgelte, einschließlich der Geldfaktoren, dar. Dadurch soll klargestellt werden, dass nur die Ansätze von Akkord- und Prämienlöhnen und hiermit, d.h. nach ähnlichen Lohnfindungsmethoden vergleichbarer leistungsbezogener Entgelte, als abstrakt generelle Tatbestände dem Mitbestimmungsrecht des Betriebsrats unterliegen sollen, die ihrerseits erst als Grundlage für den individuellen Anspruch des einzelnen Arbeitnehmers dienen."*[162]

Die Judikatur des Bundesarbeitsgerichts hat daraus für dieses Mitbestimmungsrecht eine doppelte Zwecksetzung abgeleitet: Zum einen soll diese Mitbestimmung der Lohngerechtigkeit dienen und eine sachgerechte Bewertung der vom Arbeitnehmer erwarteten Zusatzleistung ermöglichen. Zum anderen soll vermieden werden, dass Leistungsanreize geschaffen werden, die zu einer Überforderung der Arbeitnehmer führen.[163]

C. Zeitlohn – Leistungslohn

Die Vergütung für die Arbeitsleistung kann nach unterschiedlichen Lohnfindungsmethoden erfolgen.

Die Vergütung kann zum einen als Zeitlohn erfolgen, d.h. nach Arbeitszeit bzw. Kalenderzeit (Monats-, Wochen-, Tages-, Schicht-, Stundenlohn). Hier bleibt die individuell unterschiedliche Leistung (Effektivität) der Arbeit des einzelnen Arbeitnehmers für die Bemessung der Arbeitsvergütung unberücksichtigt.

Zum Anderen kann die Vergütung in Form von Leistungslohn erfolgen, d.h. sie wird berechnet nach der individuell erbrachten Arbeitsleistung bzw. dem Arbeitsergebnis.[164] Genau auf diese Lohnform bezieht sich das Mitbestimmungsrecht nach § 87 Abs. 1 Nr. 11 BetrVG.

D. Mitbestimmung bei der Lohnhöhe

I. Umfang der Mitbestimmung gem. § 87 Abs. 1 Nr. 11 BetrVG

§ 87 Abs. 1 Nr. 11 BetrVG erstreckt das Mitbestimmungsrecht des Betriebsrats auch auf die Festsetzung der Geldfaktoren leistungsbezogener Entgelte.

162 Bericht des 10. Ausschusses zu BT-Drs. VI/2729, S. 29.

163 BAG, 15.05.2001, AP Nr. 17 zu § 87 BetrVG 1972 Prämie.

164 GK/Wiese § 87 Rn. 899; 963.

Das daraus erwachsende Problem besteht darin, dass durch die ausdrückliche Erwähnung des Geldfaktors dem Betriebsrat Einfluss auf die Entgelthöhe eröffnet worden sein könnte. Damit könnte dem Betriebsrat die Möglichkeit gegeben sein, auf die Entgeltpolitik des Unternehmens Einfluss zu nehmen und in die Verantwortung des Arbeitgebers für den wirtschaftlichen Erfolg des Unternehmens einzugreifen. Entscheidend für die Beurteilung, ob der Betriebsrat bei der Entgelthöhe mitbestimmen kann, ist die Auslegung des Begriffs „Geldfaktor". Der Streit hinsichtlich dieser Begrifflichkeit geht zurück auf die Zeit, in der noch das BetrVG 1952 galt. Damals sah die Mitbestimmung des Betriebsrats gem. § 56 Abs. 1 lit.g) BetrVG 1952[165] vor, dass dieser bei der Regelung von Akkord- und Stücklohnsätzen mitbestimmen konnte. Daraus wurde von der herrschenden Meinung[166] geschlossen, dass eine Mitbestimmung beim Geldfaktor des Akkordlohnes nicht gegeben sei, weil zum einen die Vorschrift selbst den Geldfaktor nicht ausdrücklich erwähnte, zum anderen das BAG[167] damals entschieden hatte, dass sich die Mitbestimmung nicht auf Fragen mit entgeltpolitischer Bedeutung erstrecke und der Geldfaktor entgeltpolitische Bedeutung habe. Eine Mindermeinung vertrat allerdings die Auffassung, dass der Betriebsrat beim Geldfaktor des Akkordlohnes mitzubestimmen habe, da der Geldfaktor und der unstreitig mitbestimmte Zeitfaktor miteinander austauschbare Funktionen übernähmen und ein mitbestimmter Zeitfaktor durch eine entsprechende Manipulierung des Geldfaktors obsolet gemacht werden könne[168].

Mit der Neufassung des Betriebsverfassungsgesetzes 1972 wurde der Geldfaktor ausdrücklich in die Nr. 11 mit aufgenommen, der Streit ist dennoch geblieben.

Vor allem *Richardi* ist der Auffassung, dass die Einbeziehung der Geldfaktoren in den Mitbestimmungstatbestand des § 87 Abs. 1 Nr. 11 BetrVG nicht dazu führe, dass die Grundaussage des Betriebsverfassungsgesetzes von 1952 geändert werde und der Betriebsrat nunmehr Einfluss auf die entgeltpolitischen

---

165 § 56 Abs. 1 lit.g) BetrVG 1952 in BGBl 1952, S. 688: *„Der Betriebsrat hat, soweit eine gesetzliche oder tarifliche Regelung nicht besteht, in folgenden Angelegenheiten mitzubestimmen:....g) Regelung von Akkord- und Stücklohnsätzen".*

166 Anmerkung von Hueck zu BAG 07.12.1962, AP Nr. 3 BetrVG 1952 Akkord; Dietz, § 56 Rn. 194; Galperin/Siebert, § 56 Rn. 82; Nipperdey/Säcker – Hueck/Nipperdey, Bd. II/2 S. 1382.

167 BAG 07.12.1962, AP Nr. 3 BetrVG 1952 Akkord.

168 vgl. vor allem Fitting/Kraegeloh/Auffarth, § 56 Rn. 41,43,45; weitere Nachweise bei Richardi, § 87 Rn. 907.

Fragen der Entgelthöhe haben solle.[169] Es solle dadurch nur sichergestellt werden, dass der Betriebsrat auch an der Festsetzung der Geldseite beteiligt wird, damit das System, nach dem das leistungsbezogene Entgelt bemessen werden solle, richtig durchgeführt werde.[170]

Andere Auffassungen gehen davon aus, dass dem Betriebsrat durch die Neufassung ein Mitbestimmungsrecht auch auf der Geldseite eingeräumt werde. Zum Teil wird hier über die Mitbestimmung beim Geldfaktor bzw. die Steigerungsbeträge hinaus auch ein Mitbestimmungsrecht über den Akkordrichtsatz bzw. das Prämienausgangsgeld angenommen.[171]

Das Bundesarbeitsgericht hat bereits früher darauf hingewiesen, dass ein Grundsatz, dass Lohnpolitik nicht auf der Betriebsebene betrieben werden dürfe, nicht ausdrücklich als ausnahmslos zu beachtende Vorschrift gesetzlich verankert sei.[172] Diesen Gedanken hat das Bundesarbeitsgericht in seiner Entscheidung vom 29.03.1977[173] fortgeführt und konstatiert, dass gemäß § 87 Abs. 1 Nr. 11 BetrVG dem Betriebsrat die Befugnis zustehe zwar nicht für den konkreten Einzelfall aber doch abstrakt-generell über die Entgeltsätze die Lohnhöhe mitzubestimmen. Dies begründete das Bundesarbeitsgericht mit dem Schutzzweck der Vorschrift. Sinn des leistungsbezogenen Entgelts sei es, hohe Leistungen des Arbeitnehmers zu erreichen. Dies sei mit einer besonderen Belastung verbunden. Die Bewertung der Leistung könne regelmäßig nicht mit mathematischer Genauigkeit vorgenommen werden, sondern enthalte einen Beurteilungsspielraum und unterliege oftmals der Schätzung. Nach Sinn und Zweck des § 87 Abs. 1 Nr. 10 und der damit angestrebten Lohngerechtigkeit und der ausdrücklichen Erwähnung der Geldfaktoren in § 87 Abs. 1 Nr. 11 BetrVG folge, dass dem Betriebsrat doch abstrakt-generell das Recht eingeräumt sei, auch über die Lohnhöhe mitzubestimmen. Denn nach dem Gesetzeszweck seien sämtliche Entgeltsätze, die das Arbeitsentgelt beeinflussen und die leistungsbedingt sind, erfasst. Deshalb könne nach Auffassung des Senats also nicht davon gesprochen werden, dass im Wege der Mitbestimmung keine Lohnpolitik erfolgen dürfe, dies sei dem Betriebsrat vielmehr eröffnet.

---

169 Richardi, § 87 Rn. 904; auch: Lieb, ZfA 1988, S. 413 ff.; Jost ZfA, 1993, S. 257, 271; Zöllner/Loritz/Hergenröder § 49 II 11.

170 Richardi, § 87 Rn. 904.

171 Moll, Mitbestimmung beim Entgelt, S. 45; Hanau, RdA 1973, 281 ff., 282; GK/Wiese § 87 Rn. 1004.

172 BAG 02.12.1960, AP Nr. 1 zu § 56 BetrVG Entlohnung Bl.3 R.

173 BAG 29.03.1977, AP Nr. 1 zu § 87 BetrVG 1972 Provision.

Das Bundesarbeitsgericht ließ jedoch zunächst offen, ob der Geldfaktor den Geldbetrag für die Ausgangs- bzw. Bezugsleistung und damit den Preis für die Arbeit im Leistungslohn bestimme oder nur das Verhältnis des Entgelts für die Leistung eines bestimmten Leistungsgrades zum bereits feststehenden Entgelt für die Ausgangs- oder Bezugsleistung.[174]

In seiner Entscheidung vom 13.09.1983[175] hat sich das Bundesarbeitsgericht dann dafür ausgesprochen, dass sich der Geldfaktor auf die Lohnhöhe für die Bezugs- oder Ausgangsleistung eines Leistungslohnsystems und damit auf den Preis für die Arbeit im Leistungslohn beziehe.[176] Das gelte auch für die Koppelung des Ausgangslohns an den jeweiligen Tariflohn, also dessen Dynamisierung.[177]

Dem ist zuzustimmen. Die historische Auslegung ergibt, dass sich die Mitbestimmung auf die Festlegung **aller Bezugsgrößen** erstreckt, die für die Ermittlung und Berechnung der leistungsbezogenen Entgelte von Bedeutung sind, also auch auf die Höhe, die letzten Endes ermittelt wird. Dies folgt aus der amtlichen Gesetzesbegründung zu § 87 Abs. 1 Nr. 11 BetrVG.[178] In aller Regel wird der Akkordrichtsatz auch durch Tarifverträge festgelegt, sodass der Rahmen für die Festsetzung abgesteckt ist. Sollte das jedoch nicht der Fall sein, so müsste bei Ablehnung der Mitbestimmung die Höhe der Leistungslöhne zwischen Arbeitgeber und Arbeitnehmer im Wege der Vertragsänderung jeweils neu ausgehandelt werden; damit wäre der Zweck des § 87 Abs. 1 Nr. 11 BetrVG, durch die Mitbestimmung des Betriebsrats einen kollektiven Schutz der Arbeitnehmer vor den mit Leistungslöhnen verbundenen besonderen Belastungen sicherzustellen, nicht mehr gewährleistet. Auch die Bedenken einer Zwangsschlichtung sind nicht berechtigt. Die Einigungsstelle kann die Höhe der Leistungslöhne nicht willkürlich festsetzen, sondern muss sich unter Berücksichtigung der Belange des Betriebes und der betroffenen Arbeitnehmer im Rahmen billigen Ermessens – also vergleichbarer Löhne – bewegen, vgl. § 76 Abs. 5 Satz 3 BetrVG.

Im Ergebnis kann der Betriebsrat somit über die Entgelthöhe, also den Geldfaktor, bei Leistungslöhnen vollumfänglich mitbestimmen. Der Betriebsrat hat im Rahmen von § 87 Abs. 1 Nr. 11 BetrVG auch für den gesamten Tatbestand

---

174 BAG 25.05.1982, AP Nr. 3 zu § 87 BetrVG 1972 Prämie.
175 BAG 13.09.1983, AP Nr. 1 zu § 87 BetrVG 1972 Provision.
176 bestätigt von BAG 16.12.1986, AP Nr. 8 zu § 87 BetrVG 1972 Prämie.
177 BAG 16.12.1986, AP Nr. 8 zu § 87 BetrVG 1972 Prämie.
178 BT-Drucks. VI/1786, S. 49.

ein Initiativrecht.[179] Dies gilt nur nicht für die Forderung zusätzlicher freiwilliger Leistungen, also wenn der Betriebsrat zusätzliche leistungsbezogene Entgelte einfordern würde; die Frage, nach welchen Entlohnungsgrundsätzen vergütet wird, fällt unter § 87 Abs. 1 Nr. 10 BetrVG und hier beschränkt sich das Initiativrecht des Betriebsrats auf die Umwandlung von z.B. Zeitlohn in Leistungslohn, nicht auf die Forderung eines zusätzlichen Leistungslohnes.[180] Folglich hat der Betriebsrat im Rahmen der Mitbestimmung nach § 87 Abs. 1 Nr. 11 BetrVG im Falle eines zusätzlichen Leistungsentgelts neben dem Zeitlohn kein Initiativ- sondern nur ein Zustimmungsrecht[181]. Denn der Sinn und Zweck der Mitbestimmung nach § 87 Abs. 1 Nr. 11 BetrVG besteht nicht darin, sich einen unbegrenzten Zugriff auf die Lohnpolitik zu sichern,[182] was möglich wäre, wenn der Betriebsrat im Rahmen der Nr. 11 zusätzlichen Leistungslohn fordern und dann über die Höhe desselben vollumfänglich mitbestimmen könnte. Allerdings gelten die Grundsätze zur Einschränkung der Mitbestimmung bei freiwilligen Leistungen - Entscheidungsfreiheit des Arbeitgebers über ob, Zweck, Dotierungsrahmen und begünstigter Personenkreis der Leistung - im Rahmen der Nr. 11 nicht, da damit der Schutzgedanke des Mitbestimmungsrechts nach Nr. 11 verloren ginge.[183]

II. Mitbestimmung der Lohnhöhe bei Akkord

Beim Akkordlohn richtet sich die Höhe des Arbeitsentgelts wie bereits beschrieben[184] ausschließlich nach der Arbeitsmenge. Die Arbeitsmenge ist somit Bezugsleistung. Da der Akkordlohn nicht den diese Arbeit betreffenden Schwerpunkt bildet, sei die Mitbestimmungsreichweite diesbezüglich nur kurz dargestellt.

Beim Zeitakkord umfasst das Mitbestimmungsrecht die Festsetzung des Zeit- und des Geldfaktors, das heißt die sogenannte Vorgabezeit als Berechnungsgrundlage sowie den damit korrespondierenden vorgegebenen Geldbetrag (=Geldfaktor). Auch beim Geldakkord umfasst das Mitbestimmungsrecht die Festsetzung der Akkordvorgabe – also den für die Leistungseinheit festgesetzten Geldwert. Der Betriebsrat hat weiterhin über den Verlauf der Akkordkurve mitzubestimmen (degressiver oder progressiver Akkord).

---

179 BAG 20.09.1990, EzA § 80 BetrVG 1972 Nr. 39 S. 3; FESTL § 87 Rn. 520; GK/Wiese § 87 Rn. 1006.

180 GK/Wiese, § 87 Rn. 996; BAG 13.09.1983, AP Nr. 3 zu § 87 BetrVG 1972 Prämie.

181 GK/Wiese, § 87 Rn. 996; BAG 13.09.1983, AP Nr. 3 zu § 87 BetrVG 1972 Prämie.

182 GK/Wiese, § 87 Rn. 996.

183 Moll, Mitbestimmung beim Entgelt, S. 63; Schang, S. 292.

184 § 1 C. II., S. 4.

Beim Zeitfaktor hat der Betriebsrat auch mitzubestimmen bei der Vornahme von Zeitstudien, die der Festlegung des Zeitfaktors vorausgehen[185] sowie bei der Festlegung von zusätzlichen Zeiten, z.B. Erholungs- und Verteilzeiten, soweit eine darauf bezogene tarifliche Regelung fehlt.[186]

Beim Geldakkord bezieht sich das Mitbestimmungsrecht auch auf die Ermittlung des Geldfaktors, d.h. den Lohn für die Bezugs- bzw. Ausgangsleistung.[187]

III. Mitbestimmung der Lohnhöhe bei Prämienlohn

1. Umfang der Mitbestimmung bei Prämienlohn

Wie oben bereits ausgeführt[188], dienen Prämien gleichfalls der Vergütung besonderer Leistungen des Arbeitnehmers. Hinsichtlich ihrer Einführung und arbeitstechnischen Ausgestaltung sowie des dabei anzuwendenden Verfahrens hat der Betriebsrat bereits ein Mitbestimmungsrecht gem. § 87 Abs. 1 Nr. 10 BetrVG. Demnach hat der Betriebsrat auch ein Initiativrecht, die Einführung von Prämienlohn statt Zeitlohn, also eine Umwandlung der bestehenden Entlohnungsgrundsätze, zu fordern[189]; das Mitbestimmungsrecht geht jedoch nicht soweit, dass der Betriebsrat zusätzlich zum Zeitlohn einen Prämienlohn verlangen kann, denn hierbei handelt es sich um eine freiwillige Leistung.[190]

Das erweiterte Mitbestimmungsrecht nach § 87 Abs. 1 Nr. 11 BetrVG schließt wie oben festgestellt auch die Geldseite bei Prämienlöhnen mit ein.[191] Ebenso unterfällt die Festsetzung der Prämiensätze der Mitbestimmung. Denn wie beim Akkord fallen alle Faktoren, auch die Geldfaktoren, die zur Ermittlung des Prämienentgelts benötigt werden, unter die Mitbestimmungspflicht.[192] Die Mitbestimmung setzt allerdings voraus, dass die Prämienvergütung für ein vom Arbeitnehmer beeinflussbares Leistungsergebnis erfolgt und die Leistung gemessen sowie mit einer Bezugsleistung verglichen wird, sodass die Höhe der Vergütung nach dem Verhältnis von tatsächlicher Leistung und Bezugsleistung ermittelt werden kann.[193]

---

185 FESTL § 87 Rn. 511 m.w.N.

186 FESTL § 87 Rn. 511 m.w.N.

187 FESTL § 87 Rn. 511 m.w.N.

188 § 1 C. III, S. 6.

189 GK/Wiese § 87 Rn. 996.

190 GK/Wiese § 87 Rn. 996; Richardi § 87 Rn. 909; BAG 13.09.1983, AP Nr. 3 zu § 87 BetrVG 1972 Prämie; § 3 D., S. 41.

191 § 3 D., S. 41.

192 Schang, S. 245.

193 GK/Wiese § 87 Rn. 986; FESTL § 87 Rn. 525; BAG 15.05.2001, AP Nr. 17 zu § 87 BetrVG 1972 Prämie.

2. Prämienausgangslohn

Die Prämienausgangsleistung und die Art ihrer Ermittlung ist bereits als Entlohnungsmethode nach § 87 Abs. 1 Nr. 10 BetrVG mitbestimmungspflichtig.

Für den für die Ausgangsleistung entsprechenden Prämiensatz als Geldfaktor im weiteren Sinne (=Prämienausganglohn) ergibt sich die Mitbestimmung nunmehr aus § 87 Abs. 1 Nr. 11 BetrVG.[194] Bei dem Ausgangslohn handelt es sich um den Betrag, der für die Ausgangsleistung als Preis gezahlt wird. Eine höhere Vergütung wird erst mit Übersteigen der Ausgangsleistung gezahlt; hierbei handelt es sich dann um die den einzelnen Leistungsstufen entsprechenden Steigerungsbeträge.

3. Leistungsstufen

Wenn der Prämienausgangslohn festgesetzt ist, müssen sodann die Mehrleistung, die prämienwürdig ist, sowie die entsprechenden Geldbeträge bzw. Prozentsätze, die dieser jeweils zugeordnet werden sollen, festgelegt werden. Dies sind die sog. Steigerungsbeträge und damit der Geldfaktor im engeren Sinne. Mit umfasst hiervon ist auch der Endbetrag, also der Prämienhöchstlohn.[195]

Die Mitbestimmung nach Nr. 11 bezieht sich nunmehr auf die festzusetzenden Steigerungsbeträge, die Entgeltbeträge auf der Y-Achse;[196] die Leistungseinheiten auf der X-Achse unterliegen bereits der Mitbestimmung nach Nr. 10. Daraus entsteht sodann die konkrete Prämienentgeltkurve.

4. Einzelfälle

Nachdem nunmehr die Reichweite der Mitbestimmung hinsichtlich der Prämien abstrakt dargestellt wurde, wird im folgenden untersucht, wie die Rechtsprechung in der Praxis damit umgeht und was tatsächlich als mitbestimmungspflichtige Prämie im Sinne der Nr. 11 angesehen wird.

Dafür sei zunächst einmal die Frage aufgeworfen, worin der Unterschied zwischen Akkord und Prämie liegt. Hier komme ich zu dem Ergebnis, dass es keinen wesentlichen Unterschied gibt. Der Akkord ist historisch bedingt das Leistungsentgelt, das im Produktionsgewerbe bezahlt wird, und die Prämie das Leistungsentgelt, das typischerweise – zusätzlich zu einem Grundgehalt in Form

---

194 BAG 13.09.1983, AP Nr. 3 zu § 87 BetrVG 1972 Prämie; FESTL § 87 Rn. 527; GK/Wiese § 87 Rn. 1004; **a.A.** H/S/W/G/N/R- Worzalla § 87 Rn. 557f.: auch die Leistungsseite nach Nr. 11.

195 Schang, S. 246; Moll, Mitbestimmung beim Entgelt, S. 62; GK/Wiese § 87 Rn. 1004.

196 FESTL §87 Rn. 527; GK/Wiese § 87 Rn. 1004 m.w.N.; BAG 13.09.1983, AP Nr. 3 zu § 87 BetrVG 1972 Prämie.

eines Zeitentgelts – vor allem im Vertriebsbereich bezahlt wird. Der einzige Unterschied besteht darin, dass bei der Prämie die Bezugs- /Ausgangsleistung in der Regel gerade nicht die Arbeitsmenge in einer vorgegebenen Zeit ist, sondern neben der Arbeitsmenge auch durch andere Faktoren bestimmt sein kann. Demzufolge kann eine Differenzierung insofern vorgenommen werden, als man Akkordlohn annimmt, wenn das Entgelt proportional mit der ausgebrachten Arbeitsmenge steigt und Prämienlohn dann vorliegt, wenn noch weitergehende Gestaltungserwägungen zur Festlegung einer nichtproportionalen Entlohnungskurve führen.[197]

Im Folgenden soll die Rechtsprechung des Bundesarbeitsgerichts zu einigen in der Praxis vorkommenden Prämien dargestellt werden:

a) Die Wettbewerbsprämie [198]*:*

Der dem Urteil des Bundesarbeitsgerichts zur Wettbewerbsprämie zugrundliegende Sachverhalt gestaltete sich wie folgt:

Außendienstmitarbeiter erhalten als Vergütung ein Fixum und eine Provision. Das Unternehmen möchte ein neues Preissystem (SPS) einführen. Dafür stellt es einseitig – ohne den Betriebsrat zu beteiligen – folgende Richtlinien für eine Wettbewerbsprämie auf:

Für den ***Abschluss von Neuverträgen*** *auf Basis des neuen Preissystems erhalten die Außendienstmitarbeiter über ein nach Maschinentypen aufgeschlüsseltes Punktesystem Prämien:*

Typ 1:	*DM 200,00*
Typ 2:	*DM 300,00*
Typ 3:	*DM 500,00*
Typ 4:	*DM 1.000,00*
Typ 5:	*DM 1.000,00*

usw...

Für jede ***Umstellung eines Vertrages****, die einen Prozentsatz von 30 % der im Verkaufsgebiet zum Zeitpunkt X aufgestellten Maschinen überschreitet, erhalten die Außendienstmitarbeiter eine Prämie in Höhe von DM 50,00.*

Für jede ***Rücknahme einer Kündigung*** *und* ***Fortführung*** *auf Basis des* ***neuen Systems*** *erhalten sie eine nach Maschinentyp gestaffelte Prämie zwischen DM 100 – 300. Bei Rücknahme sog. Großkündigungen (Kunden mit mehr als 10 Maschinen) wird zusätzlich eine Sonderprämie in Höhe von DM 1.500,00 bezahlt.*

Die Verkaufsleiter erhalten 20 % der Prämie der jeweiligen Verkäufer.

---

197 so auch Moll, Mitbestimmung beim Entgelt, S. 54.

198 BAG 10.07.1979, AP Nr. 2 zu § 87 BetrVG 1972 Lohngestaltung.

Das Bundesarbeitsgericht nimmt in dieser Entscheidung ein Mitbestimmungsrecht des Betriebsrats nach § 87 Abs. 1 Nr. 10 BetrVG hinsichtlich der Frage an, ob der „SPS-Prämienwettbewerb" überhaupt eingeführt werden soll und sodann hinsichtlich der allgemeinen Leistungsbedingungen wie etwa der Festsetzung der sog. „Eintrittsschwelle" (30 %), der sonstigen Anknüpfungspunkte für die Zahlung der Wettbewerbsprämie, sowie der Festlegung des Verteilschlüssels (Verhältnis Prämie Verkaufsleiter zu Verkäufer).

Das Bundesarbeitsgericht verneint aber ein Mitbestimmungsrecht hinsichtlich der betragsmäßigen Festsetzung der Prämiensätze gem. § 87 Abs. 1 Nr. 11 BetrVG. Nach Auffassung des Senats erstreckt sich die Mitbestimmung nicht auf die Festsetzung der Prämiensätze, da die Voraussetzungen des § 87 Abs. 1 Nr. 11 BetrVG nicht gegeben seien. Der Senat zieht zum Vergleich seine Entscheidung vom 29.03.1977[199] heran, in der er entschieden hatte, dass eine Abschlussprovision auch hinsichtlich der Entgeltsätze mitbestimmungspflichtig sei. Demgegenüber sei die hier vorliegende Wettbewerbsprämie jedoch kein Prämienlohn i.S.d. § 87 Abs. 1 Nr. 11 BetrVG, weil die Frage, welche Normalleistung von einem Verkäufer des hiesigen Unternehmens zu erwarten sei oder erwartet werden könne und welche Vergütung er dafür gerechterweise erhalten solle, keine Rolle spiele. Die regelmäßige vertragliche Arbeitsvergütung der Verkäufer, die sich aus Fixum und Provision zusammensetze, bleibe unberührt. Bei der Wettbewerbsprämie handele es sich nur um eine zeitlich begrenzte zusätzliche Vergütung mit dem Ziel, den Außendienst zu gezielten Verkaufsanstrengungen zu motivieren. Die festgesetzten Prämien würden sich nicht danach richten, was als Normalleistung und normale Vergütung angesehen werden müsse, sondern nach der besonderen unternehmerischen Zielsetzung.

Die Literatur setzt sich mit dieser Rechtsprechung nicht differenziert auseinander, sondern zitiert sie lediglich.[200]

b) Die Mengenleistungsprämie

In einem am 25.05.1982 entschiedenen Fall hat das Bundesarbeitsgericht ein Mitbestimmungsrecht des Betriebsrates bei der Anhebung des Prämiensatzes verneint.[201] In dieser Entscheidung definiert der erste Senat unter Berufung auf seine Entscheidung vom 28.07.1978[202] das leistungsbezogene Entgelt – also die Prämie – so, dass eine Leistung des Arbeitnehmers, gleichgültig, worin diese bestehe, gemessen und mit einer Bezugsleistung verglichen werde und dass sich die Höhe der Vergütung

199 BAG 29.03.1977, AP Nr. 1 zu § 87 BetrVG 1972 Provision.
200 FESTL, § 87 Rn. 532.
201 BAG 25.05.1982, AP Nr. 2 zu § 87 BetrVG 1972 Prämie.
202 BAG 28.07.1978, AP Nr. 2 zu § 87 BetrVG 1972 Provision.

in irgendeiner Weise nach dem Verhältnis der Leistung des Arbeitnehmers zur Bezugsleistung bemesse. Die vorliegende Mengenleistungsprämie sei solch ein leistungsbezogenes Entgelt, da für eine bestimmte Arbeitsaufgabe Planzeiten als Sollzeiten vorgegeben würden und die Unterschreitung der Sollzeit eine entgelterhebliche Leistung des Arbeitnehmers darstelle. Dies ist nach meinem Verständnis der klassische Akkordlohn, da hier der Anknüpfungspunkt eben gerade wieder die Zeit ist. Allerdings ist damit noch nicht die Frage beantwortet, was eigentlich als mitbestimmungspflichtiger Prämienlohn neben dem Akkord anzusehen ist.

Der Schwerpunkt der Entscheidung lag dann darin, zu thematisieren, ob der Geldfaktor der Mitbestimmung nach Nr. 11 unterliegt, wobei der Senat hier keine Entscheidung getroffen hat, da er das Mitbestimmungsrecht mit der Begründung wegen Vorliegens einer tariflichen Regelung verneint hat. Auch die Literatur hat sich mit dieser Entscheidung nicht auseinandergesetzt.

c) Die Leistungsprämie[203]

aa) In dieser Entscheidung hatte das Bundesarbeitsgericht einen Einigungsstellenspruch zu überprüfen. Der Entscheidung lag folgender Sachverhalt zugrunde:

Die von den Betriebsparteien eingesetzte Einigungsstelle beendete das Verfahren durch Spruch der Einigungsstelle gegen die Stimmen des Betriebsrats. Die Betriebsvereinbarung enthielt die Schaffung einer neuen Berechnungsgrundlage für leistungsbezogene Prämienentlohnung und enthielt u.a. folgende Regelungen:

Im gesamten gewerblichen Bereich wird im Prämienlohn gearbeitet. Der Prämienlohn setzt sich wie folgt zusammen:

- *Prämienausgangslohn in Höhe der jeweiligen tariflichen Lohngruppe*
- *Grundprämie in Höhe von 15 % des Prämienausgangslohnes*
- *Leistungsprämie in Höhe von 15 % des Prämienausgangslohnes, die gem. einer Anlage ermittelt wird*
- *bei Überschreiten des Betriebsergebnisses eine zusätzliche Prämie, max. 5 %*

Die Anlage zur Ermittlung der Leistungsprämie bestimmte zum Beurteilungszeitpunkt für die Ermittlung der Leistungsprämie folgendes:

Die Beurteilung der Prämienlöhne erfolgt innerhalb des 1. Quartals eines jeden Jahres mit Wirkung vom 1.4. bis zum 31.3. des Folgejahres.

Der Betriebsrat hatte beantragt, festzustellen, dass dieser Spruch der Einigungsstelle unwirksam sei, da die Betriebsvereinbarung keinen Prämienlohn regele. Die einzelnen Prämienarten würden nicht nach dem Verhältnis einer individuellen Leistung in einem miteinander korrespondierenden Bezugs- und Beurteilungszeitraum ermittelt.

---

203 BAG 15.05.2001, AP Nr. 17 zu § 87 BetrVG 1972 Prämie.

Das Bundesarbeitsgericht verneint für alle in diesem Einigungsstellenspruch geregelten Prämienarten das Vorliegen eines Prämienlohns i.S.d. Nr. 11 und auch das Vorliegen eines vergleichbaren leistungsbezogenen Entgelts. Akkord- und Prämienlöhne seien nach der Rechtsprechung des Senats – ohne weitere Nachweise – dadurch gekennzeichnet, dass ihre Höhe proportional[204] zu der Leistung des Arbeitnehmers sei und sich deshalb jede Änderung der Arbeitsleistung unmittelbar auf die Höhe des gezahlten Entgelts auswirke. Dazu bedürfe es der Ermittlung einer Normalleistung, die zur tatsächlichen Leistung des Arbeitnehmers in Bezug gesetzt werde. Deshalb seien vergleichbare leistungsbezogene Entgelte nach der ständigen Rechtsprechung des Senats solche Vergütungen, bei denen die Leistung des Arbeitnehmers gemessen und mit einer Bezugsleistung verglichen werde und bei denen sich die Höhe der Vergütung unmittelbar nach dem Verhältnis beider Leistungen zueinander bestimme. Dies entspreche dem Zweck des Mitbestimmungsrechts des Betriebsrats, da die Beteiligung nach § 87 Abs. 1 Nr. 11 BetrVG gewährleisten solle, dass die von Arbeitnehmern erwartete Zusatzleistung sachgerecht bewertet werde und in einem angemessenen Verhältnis zu dem erzielbaren Mehrverdienst stehe. Es solle auch vermieden werden, dass Leistungsanreize geschaffen würden, die zu einer Überforderung der Arbeitnehmer führten. Deshalb erstrecke sich das Mitbestimmungsrecht auch auf den Geldfaktor. Es fehle jedoch an einer Vergleichbarkeit einer leistungsbezogenen Vergütungsform mit Akkord- und Prämienlohn, wenn eine in der Vergangenheit kurzfristig gezeigte Mehrleistung später unabhängig von der dann jeweils aktuellen Arbeitsleistung die Höhe des Entgelts bestimme. In diesen Fällen fehle eine kontinuierliche Messung der Arbeitsleistung und ein darauf bezogener Leistungsanreiz und Leistungsdruck, über dessen Angemessenheit der Betriebsrat zum Schutze des Arbeitnehmers vor Überlastung mitbestimmen soll.

Demnach sei keine der von der Einigungsstelle geregelten Prämien gem. § 87 Abs. 1 Nr. 11 BetrVG mitbestimmungspflichtig. Die Grundprämie in Höhe von 15 % sowie die Budgetprämie stünden in keinerlei Zusammenhang mit einer besonderen Leistung der Arbeitnehmer.

Auch auf die Leistungsprämie sei § 87 Abs. 1 Nr. 11 BetrVG nicht anwendbar. Zwar handele es sich insoweit um ein leistungsbezogenes Entgelt, denn die zu honorierende individuelle Leistung werde an einer Normalleistung

---

204 Hier geht das BAG schon fälschlicherweise davon aus, dass sich die Höhe proportional entwickeln muss; dies ist gerade der Unterschied zwischen Akkord und Prämie; bei der Prämie ist die Bezugsleistung eine andere als die Menge in vorgegebener Zeit oder aber eine nicht proportionale (degressive) Steigerung; vgl. auch Moll, Mitbestimmung beim Entgelt, S. 55.

gemessen. Dieses sei jedoch nicht mit Akkord und Prämie vergleichbar. Denn die gezeigte und bewertete Leistung im Beurteilungszeitraum sei ohne Einfluss auf die Entgelthöhe in diesem Zeitraum. Die Höhe des Entgelts im Bezugszeitraum bestimme sich nicht nach dem Verhältnis der erbrachten zu einer Normalleistung.

Vielmehr erhalte der Arbeitnehmer entsprechend seinen Leistungen im ersten Quartal eine Prämie in den Folgequartalen unabhängig davon, ob die in diesen Zeiträumen erbrachte Leistung der im Beurteilungszeitraum gezeigten Leistung entspreche oder sie unter- oder überschreite. Die Leistungsprämie stehe ihm auf Grund der im Beurteilungszeitraum gezeigten Leistung sogar dann zu, wenn er im eigentlichen Bezugszeitraum zwar nicht tätig war, aber Anspruch auf Lohn hatte. Im Gegensatz dazu wirke sich eine im Beurteilungszeitraum gezeigte Leistung überhaupt nicht aus, wenn das Arbeitsverhältnis unmittelbar nach Ablauf des Erhebungszeitraums ende.

bb) Die herrschende Meinung in der Literatur schließt sich der Meinung des Bundesarbeitsgerichts an.[205] Nur *Klebe* ist anderer Auffassung. Er ist der Meinung, dass es für die Frage, ob ein vergleichbares leistungsbezogenes Entgelt vorliegt, nicht darauf ankomme, wie aktuell die Leistungsbeurteilung erfolge[206].

d) Tourenleiterprämien

Nach einer Entscheidung des Landesarbeitsgerichts Hamm[207] sind Prämien für Tourenleiter bei Überschreitung eines Solls keine Prämien im Sinne § 87 Abs. 1 Nr. 11 BetrVG, weil sie nicht nach dem konkreten Arbeitsergebnis ermittelt werden[208] Es handele sich vielmehr um Lohngestaltung nach Maßgabe des § 87 Abs. 1 Nr. 10 BetrVG. Solle also der als Ausgang für die Prämiengestaltung dienende Sollstand geändert werden, bestehe ein Mitbestimmungsrecht des Betriebsrats.

e) Umsatzbeteiligungsprämie

Im Gegensatz dazu sind nach einer Entscheidung des Arbeitsgerichts Ludwigshafen / Mainz Prämien für Außendienstmitarbeiter für das Überschreiten einer bestimmten „Sollvorgabe" leistungsbezogen und daher mitbestimmungspflichtig

205 FESTL, § 87 Rn. 531; Richardi, § 87 Rn. 890; GK/Wiese, § 87 Rn. 967.
206 DKK/Klebe, § 87 Rn. 281.
207 LAG Hamm, Urteil vom 18.12.1975 – 8 TaBV 62/75 n.v.
208 GK/Wiese § 87 Rn. 987.

gem. § 87 Abs. 1 Nr. 11 BetrVG.[209] Die Prämie wurde prozentual entsprechend des Überschreitens der „Sollvorgabe" gewährt.

f) Prämien ohne Leistungsbezug

Unbestritten ist, dass Prämien, die keinen Bezug zur Leistung des Arbeitnehmers haben, im allgemeinen Sprachgebrauch jedoch auch als Prämien bezeichnet werden, nicht dem Mitbestimmungsrecht nach Nr. 11 unterfallen. Hierunter fallen

- Treue-, Jubiläums-, Jahresabschlussprämien[210], denn diese werden aus einem bestimmten Anlass gezahlt und nicht wegen einer besonderen Leistung
- Anwesenheits- und Pünktlichkeitsprämien[211], da sie für eine vom Arbeitnehmer ohnehin geschuldete Leistung bezahlt werden

5. Eigene Ansicht

a) Zusammenfassung der Rechtsprechung

Bei eingehender Betrachtung der vorliegenden Rechtsprechung des Ersten Senats zur Mitbestimmung des Betriebsrats bei Prämien fällt auf, dass der Senat eine klare Definition dessen, was er unter Prämien im Sinne des § 87 Abs. 1 Nr. 11 BetrVG versteht, konsequent vermeidet. Vielmehr kommt er immer wieder auf die weitere in § 87 Abs. 1 Nr. 11 BetrVG enthaltene Entgeltform „vergleichbare leistungsbezogene Entgelte" zu sprechen und wiederholt die Kriterien dafür: Voraussetzung für das Vorliegen von „vergleichbarem leistungsbezogenem Entgelt" sei die Festsetzung einer Bezugs- oder Ausgangsleistung und die Inbezugsetzung der individuellen Leistung des Arbeitnehmers zu dieser Ausgangsleistung

Der Unterschied zwischen Akkord- und Prämienlohn besteht einfach und allein darin, dass beim Prämienlohn eine andere Bezugs- bzw. Ausgangsleistung als die Mengenerzeugung in vorgegebener Zeit gewählt wird oder dass als Bezugs- bzw. Ausgangsgröße Zeitaufwand und Arbeitsergebnis wegen der Gestaltung der Arbeit nicht mehr in einer linear proportionalen Abhängigkeit stehen.[212] Gemeinsam ist beiden Lohnformen, dass das Leistungsergebnis vom

---

209 ArbG Ludwigshafen/Mainz, DB 1978, Beilage Nr. 9, S.12; **a.A.** GK/Wiese § 87 Rn. 887.

210 GK/Wiese § 87 Rn. 987; DKK/Klebe § 87 Rn. 280; FESTL § 87 Rn. 528; Richardi § 87 Rn. 821.

211 GK/Wiese § 87 Rn. 987; DKK/Klebe § 87 Rn. 282; FESTL § 87 Rn. 501; Moll, Mitbestimmung beim Entgelt, S. 55.

212 Richardi, § 87 Rn. 882; DKK/Klebe § 87 Rn. 279.

Arbeitnehmer beeinflussbar ist, die Leistung gemessen und mit einer Bezugsleistung verglichen wird.

Das Bundesarbeitsgericht versucht nun – fast künstlich – jede in der Praxis als Prämie ausgewiesene Entgeltform, die (rein rechtlich betrachtet) keinen Akkord darstellt, der Mitbestimmung zu entziehen:

- Die Wettbewerbsprämie ist nach Auffassung des Bundesarbeitsgerichts keine Prämie, da keine Normalleistung (Bezugs- bzw. Ausgangsleistung) vorgegeben sei. Die Folge dieser Annahme des Bundesarbeitsgericht ist, dass die Normalleistung nicht Null sein darf, sondern genau definiert sein muss – im Hinblick auf den Inhalt als auch auf das Entgelt.
- Die Mengenleistungsprämie ist nach dem Bundesarbeitsgericht eine mitbestimmungspflichtige Prämie: hier handelt es sich jedoch bei Lichte betrachtet inhaltlich um Akkordlohn; denn Bezugsleistung ist hier die Erfüllung einer bestimmten Arbeitsaufgabe in vorgegebener Zeit (=Sollzeit). Bezugsleistung ist also die Zeit (die Arbeitsaufgabe ist nicht genau definiert). Dies ist gerade charakteristisch für den Akkordlohn.
- Bei der Leistungsprämie liegt demgegenüber nach Auffassung des Bundesarbeitsgericht wiederum keine mitbestimmungspflichtige Prämie vor, weil die Leistung in einem bestimmten Beurteilungszeitraum beurteilt werde, und die so ermittelte Prämie dann im Folgezeitraum – der nicht Beurteilungszeitraum ist – bezahlt werde. Es fehle also an der für eine Prämie erforderlichen Unmittelbarkeit zwischen Leistung und Entgelthöhe.

b) Historische Auslegung

Um die Reichweite der Mitbestimmung nach § 87 Abs. 1 Nr. 11 BetrVG hinsichtlich Prämien zu klären, ist zunächst genau auf den Wortlaut und die Entstehungsgeschichte der Norm einzugehen.

Der Gesetzgeber geht bei dem gewählten Wortlaut in § 87 Abs. 1 Nr. 11 BetrVG von drei leistungsbezogenen Entgeltformen aus, deren Geldfaktoren der Mitbestimmung unterliegen sollen:

- dem Akkordlohn
- dem Prämienlohn
- vergleichbaren leistungsbezogenen Entgelten

Nach § 56 Abs. 1 lit. g) BetrVG 1952 hatte der Betriebsrat bei der Regelung von Akkord- und Stücklohnsätzen mitzubestimmen.[213] Diese Formulierung führte

213 § 3 C., S. 41.

zu heftigen Kontroversen. Umstritten war insbesondere, ob die Mitbestimmung sich auch auf die Geldfaktoren bezog. Überwiegend wurde dies verneint mit der Begründung, dass materielle Arbeitsbedingungen nicht der notwendigen Mitbestimmung des Betriebsrats unterliegen.[214]

Durch § 87 Abs. 1 Nr. 11 BetrVG werden die Geldfaktoren jetzt ausdrücklich in die Mitbestimmung einbezogen. Außerdem wird sachgerecht nur noch von Akkordsätzen gesprochen und andererseits werden Prämiensätze besonders hervorgehoben; nach früherem Recht hatte die herrschende Meinung die Mitbestimmung beim Prämienlohn unter Ausschluss der Geldseite aus § 56 Abs. 1 lit. h) BetrVG 1952 abgeleitet.[215] Schließlich wurde das Mitbestimmungsrecht auf alle leistungsbezogenen Entgelte erweitert, die den Akkord- und Prämiensätzen vergleichbar sind. Daraus lässt sich schließen, dass der Gesetzgeber erkannt hat, dass die Leistungslohnform Prämie als vom Akkord unterschiedliche Lohnform in der Praxis zunehmend vorkommt und daher regelungsbedürftig ist.

c) Teleologische Auslegung

Es wurde mehrfach ausgeführt, dass Leistungslöhne für den Arbeitnehmer einen Anreiz bedeuten, durch größeren persönlichen Einsatz mehr als das normale Arbeitsentgelt zu verdienen. So sehr damit auch den individuellen Eigenschaften und Bedürfnissen Rechnung getragen werden kann, führt dies andererseits zu besonderen Belastungen des Arbeitnehmers; diese erfordern zum Einen die Festlegung der Methode, nach der das Arbeitsergebnis gemessen wird und die Festlegung der Methode der Entgeltberechnung; zum Anderen ist die Gewährleistung notwendig, dass auch die Ansätze der zu erbringenden Leistung materiell angemessen sind und die Leistung nicht zu einer Überforderung der Arbeitnehmer führt, zumal bei der Bewertung der Leistung immer ein gewisser Beurteilungsspielraum gegeben ist. Das Schutzinteresse des Arbeitnehmers vor Überforderung ist daher wesentlicher Zweck der Mitbestimmung nach Nr. 11.[216]

---

214 BAG 07.12.1962, AP Nr. 3 zu § 56 BetrVG Akkord Bl. 4; BAG 22.11.1963, AP Nr. 3 Bl.2; BAG 18.03.1964, AP Nr. 4 zu § 56 BetrVG Entlohnung Bl. 3 R; **a.A.** Fitting/Kraegeloh/Auffahrt § 56 Anm. 41, 43 m.w.N.

215 BAG 22.11.1963, AP Nr. 3 Bl. 2; BAG 18.03.1964, AP Nr. 4 zu § 56 BetrVG Entlohnung Bl. 3 R.

216 BAG 29.03.1977, 28.07.1981, AP Nr. 1,2 zu § 87 BetrVG 1972 Provision; BAG 13.09.1983, AP Nr. 3 zu § 87 BetrVG 1972 Prämie.

d) Zwischenergebnis

Vor diesem Hintergrund überzeugt die Auffassung des Ersten Senats[217] weder hinsichtlich der Wettbewerbsprämie noch hinsichtlich der Leistungsprämie.

Die Begründung, bei der Wettbewerbsprämie fehle es an einer Normalleistung, kann nicht überzeugen, da die Ausgangs- oder Bezugsleistung hier keinen Verkauf auf Basis des neuen Preissystems (also = 0) darstellt und mit € 0 vergütet wird (der Prämienausgangslohn also mit 0 € festgesetzt ist). Im Verhältnis dazu gibt es nunmehr die Steigerungsleistung, die prämienrelevant wird.

Auch das Argument, neben der Wettbewerbsprämie erhalte der Außendienstmitarbeiter seinen Grundlohn plus Provision, kann nicht begründen, dass deshalb in der Wettbewerbsprämie kein mitbestimmungspflichtiger Prämienlohn gesehen werden kann. Denn es ist durchaus vorstellbar und in der Praxis üblich, dass bei einem Arbeitnehmer mehrere Lohnformen gewählt werden. So bestätigt das Bundesarbeitsgericht auch in seiner späteren Entscheidung zur Anteils- und Leitungsprovision[218], dass entscheidendes Merkmal für den Prämienlohn sei, dass eine zusätzliche Leistung des Arbeitnehmers neben der Grundvergütung bezahlt werde.[219] Hier ist nicht die Rede davon, dass dies nur eine zusätzliche Leistung sein kann. Dass eine zusätzliche – neben dem Grundgehalt – erbrachte Zahlung auch „Lohn" im Sinne des § 87 Abs. 1 Nr. 10 BetrVG darstellt ist inzwischen unumstritten.[220]. Würde man die Möglichkeit der Mitbestimmung bei Prämiensätzen im Sinne der Nr. 11 nur auf die Fälle beschränken, in denen der Prämienlohn den Grundlohn darstellt, würde dies dazu führen, dass Nr. 11 umgangen werden könnte, indem ein niedriger Grundlohn im Zeitlohn bezahlt würde und zusätzlich dann eine mitbestimmungsfreie leistungsbezogene Prämie.

Darüber hinaus spricht auch der Sinn und Zweck des § 87 Abs. 1 Nr. 11 BetrVG für die Annahme der Mitbestimmung bei einer Wettbewerbsprämie. Denn auch diese enthält eine Anreizfunktion, die ggf. zu einer Überforderung der Arbeitnehmer führen kann und damit der Mitbestimmung gerade im Hinblick auf die Angemessenheit der Leistung und dem zu erzielenden Entgelt bedürfen. Auch in diesem Falle sind die Arbeitnehmer schutzwürdig im Sinne des Nr. 11.

Ebenso verhält es sich mit der Begründung, die Leistungsprämie sei keine mitbestimmungspflichtige Prämie im Sinne des § 87 Abs. 1 Nr. 11 BetrVG, da die Unmittelbarkeit zwischen Leistung und Entgelt fehle. Dieses Argument überzeugt nicht. Der Arbeitnehmer erbringt in einem – ihm bekannten –

---

217 § 3 D. II. 4. a), S. 51.

218 § 3 D. III. 2. a), S. 61; BAG 28.07.1981, AP Nr. 2 zu § 87 BetrVG 1972 Provision.

219 BAG 28.07.1981, AP Nr. 2 zu § 87 BetrVG 1972 Provision (B III 3 b).

220 § 2 A. I., S. 18.

Beurteilungszeitraum eine gewisse Leistung, die dann beurteilt und belohnt wird. Dass die Bezahlung erst in den nach dem Beurteilungszeitraum folgenden Monaten erfolgt, spielt keine Rolle. Denn die Prämie bleibt leistungsbezogenes Entgelt, dem eine Ausgangs- bzw. Bezugsleistung zugrunde liegt und deren Höhe sich nach einer Steigerungsleistung bemisst. Weder aus der Rechtsprechung, noch aus der Entstehungsgeschichte oder dem Sinn und Zweck der Nr. 11 ist ersichtlich, dass Beurteilungs- bzw. Bewertungszeitraum mit dem Zahlungszeitraum übereinstimmen müssen. Dies mag bei Akkordlohn so sein. Für diesen ist jedoch charakteristisch, dass genau die Zeit Bezugs- bzw. Ausgangsleistung ist. Das ist der wesentliche Unterschied zur Prämie, bei der gerade nicht eine bestimmte Zeitvorgabe Bezugs- bzw. Ausgangsleistung ist. Würde man dem Senat hier konsequent folgen, bedeutete dies, dass die Mitbestimmung nach Nr. 11 nie zum Tragen käme, wenn die Leistung nicht unmittelbar im Anschluss honoriert bzw. juristisch ausgedrückt: fällig wird. Man könnte sich der Mitbestimmung einfach entziehen, indem der Fälligkeitszeitpunkt auf einen späteren Zeitpunkt verschoben würde. Ein Argument hierfür kann weder aus der Entstehungsgeschichte, noch aus dem Sinn und Zweck der Vorschrift abgeleitet werden. Auch die Begründung, die Beurteilung unterbreche die Unmittelbarkeit, da diese nicht mehr vom Arbeitnehmer beeinflusst werden könne, überzeugt nicht. Jedem leistungsbezogenen Entgelt liegt ein Beurteilungsmoment (nämlich der Moment, in dem gemessen wird) zugrunde. Bei Akkordlohn kann dies natürlich punktgenau sein, da die Stückzahl in der vorgegebenen Zeit genau messbar ist. Die genaue Messbarkeit nimmt immer ab, wenn nicht mehr die Arbeitsmenge in vorgegebener Zeit Bezugs- bzw. Ausgangsleistung ist – also bei allen leistungsbezogenen Entgeltformen neben dem Akkord. Wenn dieser Begründung zu folgen wäre, würde dies ebenso dazu führen, dass eine Mitbestimmung nach § 87 Abs. 1 Nr. 11 BetrVG nur noch anzunehmen wäre, wenn die Bezugs- bzw. Ausgangsleistung eine Mengenleistung in vorgegebener Zeit ist – also nur noch bei Akkordlohn zum Tragen käme. Das ist schon vom Gesetzgeber ausdrücklich nicht gewollt; denn er hat – wie die Entstehungsgeschichte und die Gesetzesbegründung zeigt – neben dem Akkordlohn ausdrücklich die Prämie und sonstige vergleichbare leistungsbezogene Entgelte der Mitbestimmung nach § 87 Abs. 1 Nr. 11 BetrVG unterstellt.

6. *Ergebnis*

Somit stellt sich die Frage: Was ist nach der Rechtsprechung bzw. der Ansicht des Bundesarbeitsgerichts noch mitbestimmungspflichtiger Prämienlohn? Das Bundesarbeitsgericht beantwortet nicht die Frage, was überhaupt unter einer Prämie zu verstehen ist; in konsequenter Weise prüft es bei der Beurteilung der

Frage, ob Prämienlohn vorliegt, jedoch immer, ob ein vergleichbares leistungsbezogenes Entgelt vorliegt und verneint dies regelmäßig nicht überzeugend.

IV. Lohnhöhe bei vergleichbarem leistungsbezogenen Entgelt

Zu klären ist, was unter dem Begriff „vergleichbare leistungsbezogene Entgelte" zu verstehen ist. Vom Wortlaut des § 87 Abs. 1 Nr. 11 BetrVG ausgehend handelt es sich hierbei um leistungsbezogenes Entgelt, das mit Akkord- und Prämie vergleichbar ist. Das heißt, dass Voraussetzung für das Vorliegen vergleichbarer leistungsbezogener Entgelte zum Einen die Leistungsbezogenheit und zum Anderen das für die Höhe des Entgelts ausschlaggebende Verhältnis zu einer Bezugsleistung ist.

Wie oben bereits aufgeführt[221] verweist das Bundesarbeitsgericht bei der Frage, ob eine Prämie der Mitbestimmung nach Nr. 11 unterliegt, konsequent auf den Begriff der „vergleichbaren leistungsbezogenen Entgelte". Demnach sei ein dem Akkord- und Prämienlohn vergleichbares Entgelt eine Vergütungsform, bei der eine Leistung des Arbeitnehmers, gleichgültig worin diese besteht, gemessen und mit einer Bezugsleistung verglichen werde, und bei der sich die Höhe der Vergütung in irgendeiner Weise nach dem Verhältnis der Leistung des Arbeitnehmers zur Bezugsleistung bemesse[222].

Im Folgenden wird zunächst einmal dargestellt, wie die Rechtsprechung mit diesem Begriff umgeht und welche Entgeltformen darunter subsumiert werden.

1. Leistungszulagen

a) ntscheidungen des Bundesarbeitsgerichts

Das Bundesarbeitsgericht hatte in zwei Fällen zu entscheiden, ob es sich bei Leistungszulagen um vergleichbare leistungsbezogene Entgelte Im Sinne der Nr. 11 handelt. Beiden lag ein ähnlicher Sachverhalt zugrunde. In der Entscheidung vom 28.2.1984[223] hat das Bundesarbeitsgericht die Frage offengelassen, in der Folgeentscheidung vom 22.10.1985[224] wurde die Frage verneint.

Der ersten Entscheidung[225] lag folgender Sachverhalt zugrunde:

> *Bei dem tarifgebundenen Arbeitgeber existierte eine tarifliche Regelung, die besagte, dass Leistungszulagen an die Mitarbeiter im Zeitlohn gezahlt werden. Die Höhe der durchschnittlichen Leistungszulagen betrug demnach 16 %. Die Methode zur*

---

221 § 3 D. II. 4. a), S. 51.

222 BAG 22.10.1985, NZA 1986, 296.

223 BAG 28.02.1984, NZA 1984, 230 ff.

224 BAG 22.10.1985, NZA 1986,296.

225 BAG 28.02.1984, NZA 1984, S. 230 ff.

Leistungsbeurteilung war tariflich festgelegt, wobei der Tarifvertrag zuließ, dass andere Methoden zur Ermittlung oder Festsetzung von Leistungszulagen zwischen Arbeitgeber und Betriebsrat durch nicht erzwingbare Betriebsvereinbarung geregelt werden können.

Die streitenden Parteien hatten eine Betriebsvereinbarung abgeschlossen, in der geregelt war, dass einmal im Jahr der Gesamtprozentsatz der Leistungszulagen im Rahmen der Nr. 1 und 2 dieser Vereinbarung überprüft und neu vereinbart wird, und zwar unmittelbar nach der jährlichen Tariferhöhung. In einer weiteren Protokollnotiz war geregelt, dass die Parteien sich einig seien, dass eine generelle Leistungsbeurteilung einschließlich der Nachbeurteilung im Rahmen von maximal 0,7 % der Grundlohnsumme abzuwickeln ist. Für das Jahr 1978 vereinbarten die Parteien einen Gesamtzulagenprozentsatz von 27,7 %, für das Jahr 1979 beinhaltete die Einigung einen Gesamtzulagenprozentsatz von 28,4 % und im Jahr 1980 konnten sich die Parteien nicht einigen. Der AG war der Auffassung, dass eine Erhöhung nur um maximal 0,7 % erfolgen könne, der Betriebsrat forderte eine weitergehende Erhöhung und beschloss, die Einigungsstelle anzurufen. Diese erließ dann in der Sache selbst folgenden Spruch:

- *Der Gesamtzulagenprozentsatz wird auf 31,5 % gem. Anlage 7 Nr. 3 der Betriebsvereinbarung vom ...festgesetzt.*
- *die Erhöhung des Gesamtzulagenprozentsatzes wird zum ...wirksam und gezahlt.*

Diesen Spruch hat der Arbeitgeber angefochten. Das ArbG hat die Wirksamkeit des Spruches bejaht. Das LAG hat festgestellt, dass die Einigungsstelle unzuständig war und der Spruch unwirksam sei. Dies wurde vom BAG bestätigt.

Die Begründung des Bundesarbeitsgerichts setzt sich zunächst mit der Frage auseinander, ob es sich bei der Leistungszulage um ein leistungsbezogenes Entgelt im Sinne des § 87 Abs. 1 Nr. 11 BetrVG handelt und führt aus, jedenfalls sei die Leistungszulage nicht unmittelbar von der Leistung des Arbeitnehmers derart abhängig, dass die Leistung unmittelbar, direkt und kontinuierlich die Höhe der Leistungszulage bestimmt. Ob auch solche Leistungszulagen leistungsbezogene Entgelte im Sinne von § 87 Abs. 1 Nr. 11 BetrVG sind, wurde jedoch offen gelassen. Denn ein Mitbestimmungsrecht entfiele, da der Geldfaktor bereits tariflich geregelt sei.

Die Frage, ob in einer solchen Leistungszulage jedoch ein leistungsbezogenes Entgelt im Sinne von § 87 Abs. 1 Nr. 11 BetrVG vorliegt, hatte das BAG dann in der Folgeentscheidung[226] zu klären. Dieser Entscheidung lag folgender Sachverhalt zugrunde:

226 BAG 22.10.1985, NZA 1986, 296.

Bei dem tarifgebundenen Arbeitgeber bestand eine tarifliche Regelung, die den Arbeitnehmern im Zeitlohn eine Leistungszulage in einem (nicht festgelegten) Prozentsatz zu ihrem Tariflohn gewährte. Dabei regelte der Tarifvertrag, dass die Grundsätze zur Ermittlung von Leistungszulagen in einer Betriebsvereinbarung nach § 87 geregelt werden. Eine solche kam durch Spruch der Einigungsstelle zustande und enthielt die folgenden Regelungen:

„(2) Die Arbeitnehmer werden einmal jährlich im Zuge der folgenden vereinbarten Leistungsbeurteilung erfasst. Die Leistungsbeurteilung erfolgt jeweils zum 1. Januar eines jeden Jahres…

(3) Die Höhe der Leistungszulage richtet sich nach der persönlichen Leistung. Sie wird nach folgenden Merkmalen beurteilt:

- *Arbeitsgüte*
- *Arbeitsmenge / Arbeitstempo*
- *Arbeitseinsatz*

(4) Die Untergliederung dieser Merkmale und die Zuordnung von Punkten ergibt sich aus dem als Anlage beigefügten Beurteilungsbogen. Dieser ist Bestandteil der Betriebsvereinbarung.

(5) Für jeden Punkt der Leistungsbeurteilung, der über eine Gesamtpunktzahl von zehn Punkten hinausgeht, erhält der beurteilte Zeitlöhner in den Lohngruppen 1–6 1,6 % seines tariflichen Zeitslohnes, ab Lohngruppe 7 0,4 % seines tariflichen Zeitlohnes.

…“

In dem Beurteilungsbogen war vorgesehen, dass je Beurteilungsmerkmal 0–10 Punkte vergeben werden können.

Das Bundesarbeitsgericht hat die Frage, ob die Höhe der Leistungszulage der Mitbestimmung unterliegt, mit der Begründung verneint, die Leistungszulage sei kein vergleichbares leistungsbezogenes Entgelt im Sinne von § 87 Abs. 1 Nr. 11 BetrVG, bei der der Geldfaktor mitzubestimmen wäre. Unstreitig läge in der Leistungszulage ein leistungsbezogenes Entgelt, denn maßgebend für die Leistungszulage sei die eigentliche Arbeitsleistung des Arbeitnehmers, seine arbeitsrelevanten Fähigkeiten, Eigenschaften und Verhaltensweisen sowie das quantitative und qualitative Ergebnis seiner Arbeit. All diese Größen seien Leistungen. Auch der Sinn und Zweck spreche für die Annahme eines leistungsbezogenen Entgelts im Sinne der Nr. 11, denn von der Leistungszulage solle eine gewisse Anreizfunktion für den Arbeitnehmer ausgehen. Dennoch sei eine derart ausgestaltete Leistungszulage kein leistungsbezogenes Entgelt im Sinne von § 87 Abs. 1 Nr. 11 BetrVG, also kein mit Akkord und Prämie vergleichbares Entgelt, weil bei der hier vorliegenden Leistungszulage die Leistung des Arbeitnehmers nicht gemessen, sondern bewertet werde. Zwar möge der

Unterschied zwischen Messen und Bewerten fließend und schwer feststellbar sein. Aber auch hier sei eben nicht eindeutig, dass die so bewertete Leistung mit einer Normalleistung verglichen werde. Es sei nicht klar, an welchen Anforderungen sich die Bewertung der Leistung durch Vergabe einer unterschiedlich hohen Punktzahl orientieren soll. Es sei zwar davon auszugehen, dass eine gewisse Vorstellung darüber, was die „nicht besondere" Leistung sei, existiere.

Jedenfalls bräuchte nicht entschieden werden, ob es ausreiche, derart strukturierte Leistungszulagen als mit Akkord und Prämie vergleichbares leistungsbezogenes Entgelt anzusehen, da dies aus einem anderen Grunde schon nicht der Fall sei. Denn die Höhe der Vergütung des Arbeitnehmers bestimme sich nicht nach dem Verhältnis seiner gezeigten und bewerteten besonderen Leistung zu einer angenommenen Bezugsleistung. Der Arbeitnehmer, der während des Beurteilungszeitraums eine besondere Leistung erbringe, verdiene damit für seine im Beurteilungszeitraum erbrachte Leistung noch keine höhere Vergütung. Ein Anspruch auf eine höhere Vergütung erwachse erst in dem Moment, in dem einmal die gezeigte höhere Leistung zu einer entsprechenden Beurteilung führe und er zum anderen eine weitere Arbeitsleitung erbringe, die ohnehin zu vergüten sei und aufgrund des Beurteilungsergebnisses dann höher vergütet werde. Er erhielt die Leistungszulage auch für alle Stunden, für die auch ohne Arbeitsleistung aufgrund gesetzlicher oder tariflicher Bestimmungen der Tariflohn zu zahlen sei. Auf der anderen Seite erhalte der Arbeitnehmer, der während des ganzen Kalenderjahres eine besondere Leistung gezeigt habe und deswegen zum Beurteilungszeitpunkt eine entsprechende Zahl von Beurteilungspunkten erreicht habe, dann aber alsbald aus dem Arbeitsverhältnis ausscheide, die durch die besondere Leistung erhöhte Vergütung nur so lange, wie er nach dem Beurteilungszeitpunkt noch Vergütungsansprüche habe. Ihm stehe kein Anspruch auf „Nachzahlung" der aus der besonderen Leistung sich ergebenden Leistungszulage für die Vergangenheit zu. Die Leistungszulage sei damit nicht Entgelt für die gezeigte besondere Leistung. Die Vergütung des Arbeitnehmers für die erbrachte Leistung bemesse sich nicht nach dieser Leistung oder irgendeinem Verhältnis dieser Leistung zu einer vorausgesetzten Bezugsleistung, sondern allein nach denjenigen Merkmalen, die für die Berechnung der Vergütung im Beurteilungszeitraum maßgebend gewesen seien und die mit der in diesem Zeitraum erbrachten Leistung nichts zu tun hätten. Die Leistungszulage habe also wesentliche Merkmale des reinen Zeitlohnes, auch wenn ihre Höhe abhängig von einer in der Vergangenheit gezeigten Leistung sei.

Damit unterscheide sich die Leistungszulage wesentlich von leistungsbezogenen Entgelten in Form von Akkord- oder Prämienlohn. Bei diesen

Vergütungsformen bestimme die erbrachte Leistung die Höhe der Vergütung gerade für eben diese Leistung. Eine höhere Leistung führe unmittelbar zu einer bereits verdienten höheren Vergütung. Diese sei nicht davon abhängig, dass der Arbeitnehmer nach dem Erbringen der Leistung noch weiterarbeite. Dass die durch die Leistung verdiente Vergütung aus abrechnungstechnischen oder anderen Gründen erst später – unter Umständen auch erst am Jahresende – fällig werde, könne an dieser Beurteilung nichts ändern.

Diese Auffassung bestätigte das Bundesarbeitsgericht in einer weiteren Entscheidung aus dem Jahre 2001[227], der folgender Sachverhalt zugrunde lag:

> *Durch Spruch der Einigungsstelle wurde die Regelung getroffen, dass sich der Prämienlohn u.a. zusammensetzt aus einer Leistungsprämie in Höhe von 15 % des Prämienausgangslohnes im Betriebsdurchschnitt. Die Beurteilung für die Ermittlung der individuellen Leistungsprämie erfolgt innerhalb des 1. Quartals eines jeden Jahres mit Wirkung vom 1.4. bis zum 31.3. des Folgejahres. Auch hier führt das BAG zur Begründung aus, dieses Entgelt sei nicht mit Akkord und Prämie vergleichbar.*

Nach Auffassung des Bundesarbeitsgerichts sei die gezeigte und bewertete Leistung im Beurteilungszeitraum ohne Einfluss auf die Entgelthöhe in diesem Zeitraum. Die Prämien bestimmten sich nach dem Ergebnis und der Qualität der Arbeit von Gruppen einerseits und nach dem individuellen Arbeitseinsatz und der individuellen Arbeitssorgfalt andererseits. Die Beurteilungsmerkmale würden jeweils im ersten Quartal eines jeden Kalenderjahres bewertet und nach einem vorgegebenen Schlüssel in die individuelle Leistungsprämie umgerechnet. Dieses Ergebnis lege die Prämienhöhe mit Wirkung bis zum Ende des ersten Quartals des Folgejahres fest. Damit bestimme sich die Höhe des Entgelts im Bezugszeitraum nicht nach dem Verhältnis der erbrachten zu einer Normalleistung. Vielmehr erhalte der einzelne Arbeitnehmer entsprechend seinen Leistungen im ersten Quartal eine Prämie in den Folgequartalen unabhängig davon, ob die in diesen Zeiträumen erbrachte Leistung der im Beurteilungszeitraum gezeigten Leistung entspreche oder sie unter- oder überschreite.

Die Leistungsprämie stehe ihm auf Grund der im Beurteilungszeitraum gezeigten Leistung sogar dann zu, wenn er im eigentlichen Bezugszeitraum zwar nicht tätig sei, aber Anspruch auf Lohn habe. Im Gegensatz dazu wirke sich eine im Beurteilungszeitraum gezeigte Leistung überhaupt nicht aus, wenn das Arbeitsverhältnis unmittelbar nach Ablauf des Erhebungszeitraums ende.

---

227 BAG 15.05.2001, NZA 2001, 1154.

b) Eigene Ansicht

Zusammengefasst kommt das Bundesarbeitsgericht hier wieder mit wenig nachvollziehbarer Argumentation und durch Aufstellen neuer Voraussetzungen zu dem Ergebnis, dass ein Mitbestimmungsrecht bei der Höhe der Leistungszulage nicht besteht.

Die Argumentation, ein mit Akkord und Prämie vergleichbares leistungsbezogenes Entgelt läge nicht vor, weil die Leistung nicht gemessen, sondern bewertet werde, ist nicht überzeugend. Im Gegensatz zum Akkord kann bei der Prämie Anknüpfungspunkt für die Bemessung der Leistung nicht nur die Arbeitsmenge, die gemessen wird, sondern auch ein anderes Merkmal sein. Dieses ist jedoch ggf. zu bewerten, weil es gar nicht genau gemessen werden kann. Darüber hinaus sollte der Begriff der Vergleichbarkeit nicht verkannt werden. Vergleichbar heißt nicht gleich. Denn dann wäre die 3. Variante der geldfaktorbezogenen Mitbestimmung des § 87 Abs. 1 Nr. 11 BetrVG obsolet, wenn sich die Mitbestimmung nur auf Akkord beziehen soll. Vielmehr ist der Zweck (Schutzzweck) entscheidend, der den in einer Ausgangs- und Steigerungsleistung bestehenden Anreiz schützenswert eingrenzen soll.

Sofern das Bundesarbeitsgericht dann weiter anführt, dass der Leistungszulage keine Normalleistung / Bezugsleistung zugrundeliege, ist dies nicht nachvollziehbar. Die Einigungsstelle hat bewusst geregelt, dass für jeden Punkt der Leistungsbeurteilung, der über eine Gesamtpunktzahl von zehn Punkten hinausgeht, eine Leistungszulage bezahlt wird. Folgerichtig ist dann die Normalleistung, von der ausgegangen wird, die Erreichung von 10 Punkten; die Steigerungsleistung ist alles, was darüber hinausgeht.

Dem dann entscheidenden Argument des Bundesarbeitsgerichts, es liege kein dem Akkord und der Prämie vergleichbares Entgelt vor, denn die Höhe der Vergütung bestimme sich nicht nach dem Verhältnis der gezeigten und bewerteten Leistung zu einer Bezugsleistung, ist entgegenzuhalten, dass für die Annahme eines mit Akkord und Prämie vergleichbaren leistungsbezogenen Entgelts nicht der Bewertungszeitraum entscheidend sein kann – wie bereits oben bei der Leistungsprämie dargelegt[228]. Der Senat sieht in der Tatsache, dass die Leistungszulage auch für alle Stunden des normalen Tariflohnes gezahlt wird, einen wesentlichen Unterschied zum Akkord und Prämienlohn und ein wesentliches Merkmal des Zeitlohnes. Denn bei Akkord und Prämie bestimme die erbrachte Leistung die Höhe der Vergütung gerade für eben diese Leistung. Eine höhere Leistung führe unmittelbar zu einer höheren Vergütung. Dem ist entgegenzuhalten, dass

228 § 3 D. II. 4. d), S. 53.

jeder Leistung ein Messen bzw. Bewerten folgen muss, um sie greifen zu können. Auch bei Akkord wird die Stückzahl erst im Nachhinein gemessen. Folgt man dem Senat hier in aller Konsequenz, würde dies bedeuten, dass die Ausdehnung des Bewertungszeitraumes im Zusammenhang mit der dann nachträglich pro rata temporis erfolgenden Zahlung der Mitbestimmung entgegenstünde. Die Mitbestimmung wäre abhängig von der Gestaltung des Arbeitgebers. Hingegen ist auch bei Akkord und Prämie – genau wie bei der hier zu beurteilenden Leistungsprämie –nicht entscheidend, dass weiter gearbeitet wird. Wenn die Betriebsparteien in der Praxis keine Regelung finden, wie im Falle eines vorzeitigen Ausscheidens bzw. des Ausscheidens während des Bewertungszeitraumes mit den Zahlungen zu verfahren ist, dann heißt dies nicht, dass hier per definitionem kein dem Akkord und der Prämie vergleichbares leistungsbezogenes Entgelt vorliegt. Vielmehr bedeutet dies, dass die Betriebsparteien etwas nicht oder falsch geregelt haben. Üblicherweise ist in einer Betriebsvereinbarung geregelt, dass bei – zumindest unverschuldetem – Ausscheiden ein leistungsbezogenes Entgelt pro rata temporis zu zahlen ist. Anderenfalls käme dies einer Bestrafung gleich. Eine Regelung, die keinen Ausgleich pro rata temporis vorsieht, stellt nach der jüngeren Rechtsprechung des Bundesarbeitsgerichts sogar einen Verstoß gegen Art. 12 GG dar.[229] Es wird also aus dem Verstoß gegen ein Gesetz eine Auslegung für ein weiteres Gesetz gewonnen. Denn sofern keine pro rata temporis Zahlung geregelt ist, könnte darin ein Verstoß gegen Art. 12 GG liegen, aber dafür läge keine mitbestimmungspflichtige Prämie vor. Hierin liegt ein Zirkelschluss.

Der Senat versucht dann diese „Widersinnigkeit" zu entkräften, indem er konstatiert, die erst später – aus Abrechnungsgründen oder anderen Gründen – folgende Fälligkeit der durch die Leistung verdienten Vergütung ändere an der Beurteilung der Leistung nichts. Das heißt, der Senat knüpft daran an, dass ein Anspruch für die Vergangenheit nicht bestehe, sondern erst für die Zukunft begründet werde – und damit liegt kein mitbestimmungspflichtiger Tatbestand nach Nr. 11 vor; dies ändert aber doch nichts daran, dass trotzdem eine Vergleichbarkeit mit Akkord und Prämie gegeben ist. Denn die Fälligkeitsvoraussetzungen bewerten nicht die Eigenschaft der Entlohnungsform. Ausschlaggebend dafür ist vielmehr die Leistungsbezogenheit und das Verhältnis zur Bezugsleistung. Anderenfalls wäre die Fälligkeit als eine neue, zusätzliche Voraussetzung für die Vergleichbarkeit zu prüfen: für die Annahme eines vergleichbaren leistungsbezogenen Entgelts darf die Fälligkeit der Leistungsvergütung nicht nach der Leistungserbringung liegen. Wenn also eine Prämie oder

229 BAG 12.04.2011, NZA 2011, 989 ff.

Provision für vergangene Leistungen nicht in einem Betrag, sondern in den folgenden Monaten partiell ausgezahlt wird, ist dies ausschlaggebend und führt dann dazu, dass kein vergleichbares leistungsbezogenes Entgelt mehr vorliegt und eine Mitbestimmung entfällt. Diese Begründung des Senats ist wenig überzeugend.

2. *Provision*

Es stellt sich weiterhin die Frage, ob Provisionen als vergleichbares leistungsbezogenes Entgelt angesehen werden können. Auch hierzu hat sich das Bundesarbeitsgericht in mehreren Entscheidungen geäußert.

a) *Abschluss-, Anteils- und Leitungsprovision*

In dem entschiedenen Fall[230] hat der Arbeitgeber Außendienstangestellten eine Abschlussprovision für jeden selbst vermittelten Versicherungsvertrag[231] sowie eine Anteilsprovision für den Abschluss eines Versicherungsvertrages durch ihm unterstellte Außendienstangestellte sowie eine Leitungsprovision[232] an Organisationsleiter bezahlt.

Der Gesamtbetriebsrat war der Meinung, ihm stünde ein Mitbestimmungsrecht nach § 87 Abs. 1 Nr. 10 und 11 hinsichtlich der Festlegung des Besoldungsrahmens insgesamt sowie hinsichtlich der Festsetzung der Provisionen und Provisionssätze zu.

Das LAG hat entschieden, dass der Gesamtbetriebsrat bei der Bestimmung der Abschluss-, Anteils- und Leitungsprovision ein Mitbestimmungsrecht nach § 87 Abs. 1 Nr. 11 BetrVG hat. Auf die zugelassene Rechtsbeschwerde hat das BAG eine Mitbestimmung des Gesamtbetriebsrats nach § 87 Abs. 1 Nr. 11 BetrVG bejaht, die Sache aber zur anderweitigen Verhandlung und Entscheidung an das LAG zurückverwiesen, da die Bezugsgröße und das Verhältnis der Provisionen untereinander nicht feststünden und ihr Verhältnis zum Gehaltsfixum unklar seien.[233] Nachdem der Gesamtbetriebsrat vor dem LAG ein Mitbestimmungsrecht für alle Provisionsarten nur noch aus § 87 Abs. 1 Nr. 11 BetrVG zur Entscheidung gestellt hat, hat das LAG entschieden, dass eine Mitbestimmungsrecht nach § 87 Abs. 1 Nr. 11 BetrVG hinsichtlich der Abschlussprovision bestehe, nicht jedoch hinsichtlich der Anteils- und Leitungsprovision. Das BAG hat im Ergebnis die Entscheidung des LAG bestätigt.

Die Abschlussprovision sei leistungsbezogenes Entgelt und es bestehe ein Mitbestimmungsrecht des Betriebsrats bei der Festsetzung der Provisionssätze für die

---

230 BAG 28.07.1981, AP Nr. 2 zu § 87 BetrVG 1972 Provision.

231 einen bestimmten Promillesatz der jeweiligen Versicherungssumme.

232 fester Promillesatz des jährlichen Nettozuganges an bewerteten Versicherungssummen von der dem Organisationsleiter unterstellten Organisation.

233 BAG 29.03.1977, AP Nr. 1 zu § 87 BetrVG 1972 Provision.

Abschlussprovision.[234] Die Abschlussprovision sei „vergleichbares leistungsbezogenes Entgelt" im Sinne des § 87 Abs. 1 Nr. 11 BetrVG. Zwar sei zuzugeben, dass eine Abschlussprovision auch von Umständen abhänge, die der Außendienstangestellte nicht beeinflussen könne (Marktlage, Ruf des Unternehmens, Bereitschaft des Kunden zum Vertragsabschluss) und richtig sei auch, dass sich anders als bei Akkordlöhnen weder ein Zeitfaktor noch eine Normalleistung feststellen ließe. Es sei jedoch zu berücksichtigen, dass gerade die vom Außendienstangestellten zu erbringende Leistung notwendige Voraussetzung für den Abschluss sei. Darüber hinaus stelle die Versicherungswirtschaft bei den Abschlussprovisionen gerade auf den persönlichen Einsatz des Außendienstangestellten ab, die zu intensiven Bemühungen desselben führen solle.[235]

Für die im Versicherungsgewerbe an Außendienstmitarbeiter gezahlten Anteils- und Leitungsprovisionen bejahte der 1. Senat zwar das Vorliegen eines leistungsbezogenen Entgelts, verneint aber eine Vergleichbarkeit mit dem Akkord oder Prämienlohn. Denn wesentliches Merkmal des Akkordlohnes sei es, dass seine Höhe unmittelbar proportional zur Leistung des Akkordarbeiters sei. Seine Leistung, gemessen am Arbeitsergebnis in Form der produzierten Stückzahl oder der aufgewandten Zeit, bestimme unmittelbar die Höhe seines Lohnes. Eine Steigerung der Leistung oder ihr Absinken steigerte oder mindere den Akkordlohn im gleichen Verhältnis. Merkmal des Prämienlohnes sei es, dass mit der Prämie eine zusätzliche Leistung des Arbeitnehmers vergütet werde, wobei die Prämie neben der Grundvergütung gezahlt werde. Die Feststellung einer solchen zusätzlichen Leistung setze das Vorhandensein einer Größe voraus, zu der die Leistung des Arbeitnehmers in Bezug gesetzt werden könne. Nur auf Grundlage einer solchen Ausgangsgröße oder Bezugsleistung lasse sich die zusätzliche Leistung des Arbeitnehmers ermitteln und die Frage entscheiden, ob und in welchem Verhältnis zu dieser Größe die zusätzliche Leistung vergütet werden soll. Genau diese Notwendigkeit, eine Ausgangsgröße oder Bezugsleistung festzulegen, habe der Prämienlohn mit dem Akkordlohn gemeinsam. Damit sei dem Akkord- und dem Prämienlohn als typischem leistungsbezogenen Entgelt gemeinsam, dass sie die jeweilige entgelterhebliche Leistung des Arbeitnehmers messen und zu einer Bezugsleistung in Bezug setzten, wobei das Verhältnis der gemessenen Leistung zu dieser Bezugsleistung entscheidend für die

---

234 insofern sei der Senat an seine Entscheidung vom 29.03.1977, AP Nr. 1 zu § 87 BetrVG 1972 Provision gebunden.

235 BAG 29.03.1977, AP Nr. 1 zu § 87 BetrVG 1972 Provision (IV. 4 c); Aufgabe dieser Ansicht in der Folgeentscheidung zur Abschlussprovision 13.03.1984 (vgl. § 3 D. III. 2. b), S. 63) Abschlussprovision).

Höhe des leistungsbezogenen Entgelts sei. Und eben diesen Kriterien genüge die dortige Anteils- und Leitungsprovision nicht, da sie nicht einmal zwingend eine bestimmte Leistung des Empfängers der Anteils- oder Leitungsprovision voraussetze, sondern zu dieser Leistung nur insoweit in Beziehung stehe, als diese grundsätzlich geeignet sei, das Neugeschäft zu erhöhen. Der Umfang dieser Leistung werde weder festgestellt noch bewertet noch werde diese Leistung an einer Bezugsleistung gemessen.[236]

b) Abschlussprovision

In der Entscheidung vom 13.03.1984[237] hat sich das Bundesarbeitsgericht hinsichtlich des Mitbestimmungsrechts des Betriebsrats gem. § 87 Abs. 1 Nr. 11 BetrVG im Hinblick auf Abschlussprovisionen erneut geäußert, seine bisherige Auffassung aufgegeben und das Mitbestimmungsrecht verneint.

Zur Entscheidung stand die Frage, ob Provisionssätze der Mitbestimmung unterliegen. Der Arbeitgeber, der Kopiergeräte verkauft und vermietet, vergütete seine Außendienstmitarbeiter nach einem Provisionssystem. Dies war so ausgestaltet, dass jedes zu vertreibende Gerät mit Punktzahlen versehen war und hinter einem Punktwert ein DM Betrag stand. Hierbei war geregelt, dass die Kalkulationsbasis von 100 % 22 Punkten gleichzusetzten war.

Der Betriebsrat wollte mitbestimmen sowohl bei der Festlegung der Punktzahlen für die einzelnen Vertriebsobjekte als auch bei der Festsetzung des Punktwertes selbst.

*Der Senat kam zu dem Ergebnis, dass hinsichtlich der **Festsetzung des Punktwertes**, also des DM-Wertes je Provisionspunkt ein Mitbestimmungsrecht des Betriebsrats gem. § 87 Abs. 1 Nr. 11 BetrVG nicht bestehe.*

Zur Begründung bezieht sich der Senat hinsichtlich der **Festsetzung des Punktwertes** auf seine vorangegangene Entscheidung vom 28.07.1981[238] und begründet die Verneinung eines vergleichbaren leistungsbezogenen Entgelts im Sinne des § 87 Abs. 1 Nr. 11 BetrVG für die Abschlussprovision mit denselben Argumenten mit denen er zuvor die Vergleichbarkeit für die Anteils- und Leitungsprovision verneint hat. Auch für die Abschlussprovision fehle es an einer Bezugsleistung, zu der die Leistung des Außendienstmitarbeiters in ein Verhältnis gesetzt werde, das dann über die Höhe des Entgeltes Auskunft gebe. Auch die Abschlussprovision bemesse sich ausschließlich am Erfolg, der allein am getätigten Umsatz gemessen werde, gleich ob dieser wert- oder stückmäßig bestimmt werde. Zwar stelle auch die Abschlussprovision ein leistungsabhängiges

---

236 BAG 28.07.1981, AP Nr. 2 zu § 87 BetrVG 1972 Provision.

237 BAG 13.03.1984, AP Nr. 4 zu § 87 BetrVG 1972 Provision.

238 BAG 28.07.1981, AP Nr. 2 zu § 87 BetrVG 1972 Provision.

Entgelt dar. Diese Leistungsbezogenheit allein reiche jedoch nicht aus, um die in § 87 Abs. 1 Nr. 11 BetrVG näher geregelten Mitbestimmungsrechte des Betriebsrats zu eröffnen. Denn der Gesetzgeber habe nicht alle leistungsbezogenen Entgelte diesem Mitbestimmungsrecht unterstellt, sondern nur diejenigen Formen, die zusätzlich auch mit dem Akkord und der Prämie vergleichbar seien. Dazu genüge es nicht, dass sich die Vergütung überhaupt nach der so beschriebenen „Leistung" des Arbeitnehmers bestimmt. Voraussetzung sei vielmehr weiter, dass diese Leistung zu einer Bezugsleistung in Beziehung gesetzt werde und erst das Verhältnis der Leistung zur Bezugsleistung das Leistungsentgelt in seiner Höhe bestimme.[239] Auch die in der Punktetabelle enthaltene Bestimmung, dass der Kalkulationsbasis von 100 % Umsatzerfüllung 22 Punkte gleichzusetzten waren, gebe keine solche Bezugsleistung vor. Dies drücke lediglich die Vorstellung des Arbeitgebers darüber aus, welche Provision ein Vertriebsbeauftragter im Regelfall verdienen können soll.

An der genannten Kalkulationsbasis orientiere sich jedenfalls nicht die Höhe der den Vertriebsbeauftragten zu zahlenden Provisionen. Diese erhalten vielmehr eine Provision für jedes getätigte Geschäft, unabhängig davon, ob und in welchem Umfang sie im Monat diesen Wert von 22 Punkten über- oder unterschritten haben.

Hinsichtlich der **Festlegung der Punktezahl** für jedes Geschäft hat der 1. Senat hingegen ein Mitbestimmungsrecht des Betriebsrats bejaht. Das Mitbestimmungsrecht ergebe sich allerdings aus § 87 Abs. 1 Nr. 10 BetrVG, da die Festlegung der Punktezahl für das einzelne Geschäft zur Ausgestaltung der Provisionsregelung gehöre. Die Punktezahl sei nicht nur ein Faktor bei der Berechnung der mit einem Einzelgeschäft verdienten Provision, sie bestimme darüber hinaus auch das Verhältnis der Vergütung für die einzelnen provisionspflichtigen Geschäfte untereinander. Es sei eine Frage auch der innerbetrieblichen Lohngerechtigkeit, ob und inwieweit für einzelne Geräte für verschiedene Verträge unterschiedliche Punktzahlen gewährt werden sollten. Diese Punktzahl ergebe sich nicht lediglich als Rechenoperation aus dem Wert des jeweiligen Geschäftes, also aus dem Verkaufspreis des einzelnen Gerätes oder den Mieteinnahmen aus der einzelnen Vermietung. Vielmehr werde durch die Vergabe der Punktzahlen auch der Vertrieb einzelner Geräte gesteuert, indem der Arbeitgeber etwa den Verkauf bestimmter Geräte dadurch zu fördern versucht, dass einem solchen Geschäft eine hohe Punktzahl zugewiesen werde.[240]

239 BAG 13.03.1984, AP Nr. 4 zu § 87 BetrVG 1972 Provision.
240 BAG 13.03.1984, AP Nr. 4 zu § 87 BetrVG 1972 Provision.

c) Lösungsvorschläge in der Literatur

In der Literatur wird die Auffassung vertreten, dass Abschluss- und Vermittlungsprovision als vergleichbare leistungsbezogene Entgelte anzusehen seien.[241] Zwar würden diese Provisionen nur bezahlt, wenn auch der Erfolg eintrete, es also zum Abschluss des Geschäfts komme; andererseits bestehe doch ein enger Zusammenhang mit der persönlichen Leistung des Arbeitnehmers. Denn der Erfolg würde nicht eintreten, wenn der Arbeitnehmer nicht die entsprechende Leistung erbringen würde. Der Bezug zu einer Normalleistung sei keine weitere Voraussetzung für die Annahme, es läge ein vergleichbares leistungsbezogenes Entgelt vor. Denn sowohl der Festsetzung von Provisionssätzen als auch von Prämiensätzen lägen regelmäßig bestimmte Vorstellungen über eine „Normalleistung" zugrunde. Im Übrigen ließe Nr. 11 keine notwendige Anknüpfung an eine „Normalleistung" erkennen.[242]

d) Eigene Ansicht

Auch hier überzeugt die Auffassung des Bundesarbeitsgerichtes nicht. Dies folgt zum Einen aus dem Verständnis, dass das Gleichsetzen der 22 Punkte mit der Kalkulationsbasis von 100 % eine Bezugsleistung darstellt, die für die Annahme eines leistungsbezogenen Entgelts Voraussetzung ist. Darüber hinaus ergibt sich sowohl aus der teleologischen als auch aus der historischen Auslegung, dass die Abschlussprovision ein leistungsbezogenes Entgelt darstellen müsste.

aa) Beurteilung der Rechtsprechung

Der 1. Senat gibt seine Meinung zur Beurteilung der Frage, ob die Abschlussprovision vergleichbares leistungsbezogenes Entgelt im Sinne des § 87 Abs. 1 Nr. 11 BetrVG darstellt, mit nicht überzeugenden Argumenten auf. Denn das Gleichsetzen der 22 Punkte gegenüber der Kalkulationsbasis von 100 % stellt nichts anderes als die Bezugsleistung dar. Wie der Senat selbst ausführt:

> *„.....Dies drücke lediglich die Vorstellung des Arbeitgebers darüber aus, welche Provision ein Vertriebsbeauftragter im Regelfall verdienen können soll."*

Der Arbeitgeber geht folglich davon aus, dass die Normalleistung des Vertriebsbeauftragten darin besteht, 22 Punkte zu erreichen. 100 % sind somit erfüllt, wenn 22 Punkte erreicht werden.

---

241 FESTL § 87 Rn 533; DKK/Klebe Rn. 282.

242 FESTL § 87 Rn 533; Moll, Mitbestimmung beim Entgelt S. 72; Hanau FS Müller, S. 169, 185 ff.

Sofern der Senat dann begründet, dass sich an der genannten Kalkulationsbasis jedenfalls nicht die Höhe der den Vertriebsbeauftragten zu zahlenden Provisionen orientiere, sondern diese vielmehr eine Provision für jedes getätigte Geschäft erhalten, unabhängig davon, ob und in welchem Umfang sie im Monat diesen Wert von 22 Punkten über- oder unterschritten haben, ist diesen Ausführungen zwar zuzustimmen; nur: wenn der Vertriebsbeauftragte unter 22 Punkten bleibt, bekommt er weniger als 100 %, wenn er darüber hinaus kommt, erhält er mehr als 100 %. Genau so verhält es sich beim Akkordlohn: Erarbeitet der Arbeitnehmer eine höhere Stückzahl als die vorgegebene (100 %), bekommt er mehr, bleibt er unter der vorgegebenen Zahl bekommt er weniger.

Die Feststellung am Ende der Entscheidung, eine Mitbestimmung sei jedoch nach Nr. 10 gegeben, hat zur Folge, dass die Entgelthöhe nicht der Mitbestimmung unterliegt, sondern nur die Verteilungskriterien.[243] Die Rechtsprechung des Bundesarbeitsgerichts führt jedoch zu einem Systembruch. Es nimmt in konsequenter Weise mit nicht nachvollziehbaren Argumenten an, dass sämtliche in der Praxis vorkommenden leistungsbezogenen Vergütungsformen von der Mitbestimmung nach Nr. 11 ausgenommen sind, weil es sich nicht um vergleichbare leistungsbezogene Entgelte handele. Dadurch wird die Mitbestimmung des Betriebsrats geradezu ad absurdum geführt, denn jeder leistungsbezogenen Vergütung ist immanent, dass gerade die Verteilungskriterien und die daraus resultierende Leistung mittelbar das Gesamtvolumen und somit die Höhe des Entgelts bestimmen. Wenn das Volumen jedoch allein durch den Arbeitgeber festgelegt werden kann, bleibt auch kein Raum mehr für die Mitbestimmung bei den Verteilungskriterien nach Nr. 10, also dem Festlegen einer Ausgangsleistung, dem Verhältnis zur Steigerungsleistung, der Festlegung von Kriterien zur Zielerreichung etc.

bb) Teleologische Auslegung

Die generell vorgenommene Differenzierung zwischen leistungsbezogenem Entgelt auf der einen Seite (liegt meist vor) und der Vergleichbarkeit zu Akkord und Prämie auf der anderen Seite(wird meist abgelehnt) überzeugt nicht. Sobald ein leistungsbezogenes Entgelt vorliegt, besteht im Regelfall immer die Annahme einer Normalleistung und einer Steigerungsleistung, die besonders entlohnt werden soll. Und daraus ergibt sich folgerichtig die Vergleichbarkeit mit Akkord und Prämie.

---

243 § 2 B. I., S. 23.

Der Sinn und Zweck der erweiterten und auf den Geldfaktor erstreckten Mitbestimmung gem. § 87 Abs. 1 Nr. 11 BetrVG ergibt sich aus den besonderen Belastungen der Arbeitnehmer bei Zahlung leistungsbezogener Entgelte.[244] Die Beteiligung des Betriebsrats soll gewährleisten, dass die von den Arbeitnehmern erwartete Zusatzleistung sachgerecht bewertet wird und in einem angemessenen Verhältnis zu dem erzielbaren Mehrverdienst steht.[245] Darüber hinaus sollen die Arbeitnehmer auch vor einer Überbelastung geschützt werden[246] und damit auch vor gesundheitlichen Gefahren.[247]

Dieser Schutzzweck muss immer dann zum Tragen kommen, wenn leistungsbezogenes Entgelt vorliegt, weil immer dann eine Überforderung der Arbeitnehmer droht.

cc) Historische Auslegung

Auch die Entstehungsgeschichte der Norm führt zu einer anderen Betrachtungsweise. Wie oben[248] bereits ausgeführt, wurde im schriftlichen Bericht des Ausschusses für Arbeit und Sozialordnung (10. Ausschuss) über den von der Bundesregierung eingebrachten Entwurf eines Betriebsverfassungsgesetzes ausgeführt:

> *„...die Neufassung des Absatzes 1 Nr. 11 stellt eine Präzisierung der entsprechenden Bestimmung des Regierungsentwurfs über Festsetzung der Akkord- und Prämiensätze und vergleichbarer leistungsbezogener Entgelte, einschließlich der Geldfaktoren, dar. Dadurch soll klargestellt werden, dass nur die Ansätze von Akkord- und Prämienlöhnen und hiermit, d.h. nach ähnlichen Lohnfindungsmethoden vergleichbarer leistungsbezogener Entgelte, als abstrakt generelle Tatbestände dem Mitbestimmungsrecht des Betriebsrats unterliegen sollen, die ihrerseits erst als Grundlage für den individuellen Anspruch des einzelnen Arbeitnehmers dienen."*[249]

Tatbestand des § 87 Abs. 1 Nr. 11 BetrVG sollen somit Lohnfindungsmethoden sein, die eine ähnliche Lohnfindungsmethode wie Akkord- und Prämienlohn darstellen. Nachdem das Bundesarbeitsgericht immer offen gelassen hat, was eigentlich Prämienlohn im Unterschied zu Akkordlohn ist, kann als Maßstab zur Beurteilung der Ähnlichkeit in erster Linie nur der Akkordlohn herangezogen

---

244 BAG 29.03.1977, AP Nr. 1 zu § 87 BetrVG 1972 Provision; 13.09.1983, AP Nr. 3 zu § 87 BetrVG 1972 Prämie.

245 FESTL § 87 Rn. 499; GK/Wiese § 87 Rn. 962.

246 BAG 15.05.2001, AP Nr. 17 zu § 87 BetrVG 1972 Prämie.

247 FESTL § 87 Rn. 499.

248 § 3 B., S. 39.

249 Bericht des 10. Ausschusses zu BT-Drs. VI/2729, S. 29.

werden. Und entscheidend für den Akkordlohn ist, dass zunächst ein Akkordrichtsatz festgelegt werden muss. Den Akkordrichtsatz muss der Arbeitnehmer verdienen, wenn er die Normalleistung erbringt. Die Vorgabe für eine Leistungseinheit muss nun so festgesetzt werden, dass der Arbeitnehmer pro Stunde bei einer normalen Arbeitsleistung diesen Akkordrichtsatz erreicht (sind in einer Stunde 3 Leistungseinheiten zu schaffen, dann muss der Akkord € 3 betragen). Diese Festlegung unterliegt bereits der Mitbestimmung des Betriebsrats.

Ähnlich – und die Gesetzesbegründung spricht von ähnlichen Lohnfindungsmethoden – verhält es sich bei der Abschlussprovision. Auch hier hat der Arbeitgeber einen Akkordrichtsatz: 22 Punkte. Die Erreichung von 22 Punkten stellt nach der Auffassung des Arbeitgebers die Leistung des Außendienstmitarbeiters dar, die er normalerweise erbringen kann und dafür gibt es 100 %. Sofern der Mitarbeiter mehr Punkte erwirtschaftet erhöht sich seine Entlohnung. Ähnlich wie beim Akkord: wenn der Mitarbeiter mehr als drei Leistungseinheiten schafft, erhöht sich seine Entlohnung.

Insofern kann nicht nachvollzogen werden, warum in der hier zu beurteilenden Abschlussprovision keine ähnliche Lohnfindungsmethode und kein vergleichbares leistungsbezogenes Entgelt gesehen werden kann. Folglich ist die Abschlussprovision vergleichbares leistungsbezogenes Entgelt im Sinne des § 87 Abs. 1 Nr. 11 BetrVG.

dd) Zwischenergebnis

Aus dem Zweck und der Historie der Vorschrift ergibt sich, dass in der Abschlussprovision vergleichbares leistungsbezogenes Entgelt gesehen werden muss, welches der Mitbestimmung nach Nr. 11 unterliegt.

V. Ergebnis

Sowohl hinsichtlich Prämien als auch hinsichtlich der vergleichbaren leistungsbezogenen Vergütung überzeugen die Argumente des Bundesarbeitsgerichts nicht. Diese Rechtsprechung führt letzten Endes dazu, dass die Mitbestimmung des Betriebsrats bei jeglicher Vergütungsform, die abhängig von der Leistung des Arbeitnehmers ist, verneint wird. Denn dem 1. Senat des Bundesarbeitsgerichts folgend liegt in keinem Fall ein vergleichbares leistungsbezogenes Entgelt nach Nr. 11 vor, sodass der Betriebsrat auf die Höhe des Entgelts keinen Einfluss nehmen kann. Die Mitbestimmung nach Nr. 10 wird insofern eingeschränkt, als der Arbeitgeber den Dotierungsrahmen, also das Gesamtvolumen der Leistung, alleine vorgeben kann, sodass auch für Verteilungskriterien kein Raum mehr bleibt. Denn diese haben gerade bei leistungsabhängiger Vergütung konkrete Auswirkung auf das Gesamtvolumen. Hier bestimmt nämlich immer die messbare bzw. bewertete Leistung einzelner Arbeitnehmer am Ende das Volumen. Diese Beurteilung des Bundesarbeitsgerichts entspricht aber weder dem Gesetzeszweck noch der Gesetzesbegründung. Die Sorge, dass der Betriebsrat hier bei der Lohnhöhe unabhängig von der wirtschaftlichen Lage des Unternehmens und betriebswirtschaftlichen Erwägungen mitbestimmen kann, ist jedoch nicht begründet. Denn bei Bejahung der Mitbestimmung des Betriebsrats unterliegt die Letztentscheidungskompetenz dem Spruch der Einigungsstelle. Diese muss ihre Entscheidung innerhalb des ihr nach § 76 Abs. 5 Satz 3 BetrVG zustehenden Ermessensspielraums treffen.[250] Dabei hat die Einigungsstelle ihr Ermessen fehlerfrei auszuüben, das heißt es müssen alle Belange, nämlich die der Arbeitnehmer ebenso wie die des Betriebes angemessen berücksichtigt werden.[251] Ähnlich wie bei Sozialplänen ist somit auch die wirtschaftliche Vertretbarkeit ihrer Entscheidung zu berücksichtigen[252], was auch bedeutet, dass wirtschaftliche Gegebenheiten des Unternehmens zu berücksichtigen sind. Die Einigungsstelle wird sich auch danach richten müssen, wie sich der Rahmen des Üblichen bei leistungsbezogener Vergütung in vergleichbaren Branchen gestaltet.

Darüber hinaus ist die Sorge, dass der Betriebsrat bei freiwilligen Leistungen über deren Höhe mitbestimmen kann und eine solche auch fordern kann, unbegründet, weil es sich bei freiwilligen Leistungen, die nicht Entgelt im engeren Sinne sind, in der Regel nicht um leistungsbezogene Vergütung handelt. Folglich ist bei solchen Leistungen – auch nach hier vertretener Auffassung – das Ob und der Dotierungsrahmen ebenso wie die generelle Zweckbestimmung alleinige Entscheidung des Arbeitgebers.

Die wohl verbreitete Sorge, dass durch die Ausübung der Mitbestimmung bei der Entgelthöhe wirtschaftlich schädliche Lohnpolitik betrieben wird, ist daher nicht begründet.

§ 4 Die Mitbestimmung nach § 87 Abs. 1 Nr. 6 BetrVG

Gem. § 87 Abs. 1 Nr. 6 BetrVG hat der Betriebsrat bei der Einführung, Anwendung und Änderung von technischen Einrichtungen mitzubestimmen, wenn diese dazu geeignet sind, die Leistung oder das Verhalten von Arbeitnehmern zu überwachen.

Sofern also im Rahmen von Prämien- oder Provisionsmodellen innerhalb des Bewertungsprozesses technische Einrichtungen verwendet werden, hat der

250 FESTL, § 76 Rn. 88.
251 FESTL, § 76 Rn. 88.
252 FESTL, § 76 Rn. 87.

Betriebsrat auch diesbezüglich ein Mitbestimmungsrecht. Eine technische Einrichtung im Sinne von § 87 Abs. 1 Nr. 6 BetrVG ist dann dazu bestimmt, das Verhalten oder die Leistung zu überwachen,

> *„wenn die Einrichtung zur Überwachung objektiv und unmittelbar geeignet ist, ohne Rücksicht darauf, ob der Arbeitgeber dieses Ziel verfolgt und die durch die Überwachung gewonnenen Daten auch auswertet.“*[253]

Nach der Rechtsprechung reicht für die Mitbestimmung folglich lediglich die Eignung zur Überwachung aus; der Arbeitgeber muss die Einrichtung nicht tatsächlich zur Überwachung benutzen wollen. Regelungen zwischen Arbeitgeber und Betriebsrat müssen absichern, dass die Erhebung von Leistungs- oder Verhaltensdaten nicht zu einem persönlichkeitsgefährdenden Überwachungssystem führt. Die Inbetriebnahme einer Software, die Daten für die Berechnung leistungsabhängiger Vergütung verarbeitet, eröffnet das Mitbestimmungsrecht des Betriebsrats nach § 87 Abs. 1 Nr. 6 BetrVG

§ 5 Die Mitbestimmung nach § 87 Abs. 1 Nr. 13 BetrVG

Im Zusammenhang mit einer variablen Entgeltform, häufig in Form einer Zielvereinbarung niedergelegt, hängen bestimmte Ziele auch von der Erreichung von Gruppenzielen / Abteilungszielen ab. Gem. § 87 Abs. 1 Nr. 13 BetrVG hat der Betriebsrat ein Mitbestimmungsrecht bei den Grundätzen über die Durchführung von Gruppenarbeit. Hierbei ist zunächst zu klären, was unter mitbestimmungsrelevanter Gruppenarbeit zu verstehen ist.

Nach der Legaldefinition liegt Gruppenarbeit vor, wenn im Rahmen des betrieblichen Arbeitsablaufs eine Gruppe von Arbeitnehmern eine ihr übertragene Gesamtaufgabe im Wesentlichen eigenverantwortlich erledigt. Abgrenzungsmerkmal zur Einzelarbeit ist somit die Eigenverantwortlichkeit der Gruppe: Wenn es der Arbeitsgruppe überlassen bleibt, die Arbeitsschritte unter den einzelnen Gruppenmitgliedern aufzuteilen, handelt es sich um Gruppenarbeit.[254] Der Arbeitnehmer schuldet hierbei nicht nur die Erfüllung einer isoliert zu beurteilenden Arbeitsaufgabe, sondern Mitarbeit in einer Arbeitsgruppe.[255] Entscheidend ist für die Abgrenzung, dass die Eigenverantwortlichkeit – die tätigkeitsbezogen und nicht ergebnisbezogen ist – auch im Verhältnis zum Arbeitgeber bestehen muss. D.h. der Arbeitgeber muss den Mitgliedern der

253 BAG 09.09.1975, BB 1975, 1480, DB 1975, 2233.
254 FESTL § 87 Rn. 567.
255 BAG 20.04.1977, AP Nr. 4 zu § 611 Akkordkolonne.

Gruppe Entscheidungsbefugnis bei der Erledigung der täglichen Arbeit überlassen[256] und damit sein Direktionsrecht einschränken. Die Arbeitnehmer üben eine gewisse Teilautonomie aus, indem sie dazu berechtigt sind, notwendige Arbeitsschritte im Rahmen der betrieblichen Vorgaben selbständig zu planen und zu verteilen und Probleme innerhalb der Gruppe zu lösen.

Keine Gruppen bilden daher Arbeitnehmer, die nur vom Arbeitgeber zusammengefasst werden, um gemeinsam eine Arbeitsaufgabe zu lösen, denen aber keine Entscheidungskompetenzen für die Gestaltung ihrer Tätigkeiten eingeräumt werden.[257]

Das Mitbestimmungsrecht des Betriebsrats erstreckt sich – sofern Gruppenarbeit vorliegt – nur auf die Durchführung von Gruppenarbeit. Die Einführung und Beendigung ist aufgrund einer unternehmerischen Grundentscheidung mitbestimmungsfrei. Der Arbeitgeber entscheidet allein über

- ob
- in welchem Umfang (z.B. in welcher Abteilung)
- wie lange[258]

Gruppenarbeit geleistet wird

- wie die Arbeitsziele der jeweiligen Gruppe aussehen
- welche betrieblichen Aufgaben auf die Gruppe übertragen werden
- wie viele Gruppen zu bilden sind.[259]

Das Mitbestimmungsrecht erstreckt sich vornehmlich auf verfahrensrechtliche Regelungen zur Durchführung der Gruppenarbeit, d.h. das Verhältnis der Gruppenmitglieder untereinander und zur Geschäftsleitung, abstrakte Kriterien, nach der Gruppen gebildet werden sollen (Zusammensetzung), nicht jedoch über die konkrete Auswahl der Arbeitnehmer.[260]

Nach der Gesetzesbegründung sollen mitbestimmte Regelungen getroffen werden, die der Gefahr einer Selbstausbeutung durch Gruppendruck oder einer Ausgrenzung leistungsschwächerer Arbeitnehmer entgegenwirken.[261] Fraglich ist, ob dem Mitbestimmungstatbestand in Nr. 13 darüber hinaus ein eigener Anwendungsbereich zukommt, wenn man die Mitbestimmungstatbestände des

256 FESTL § 87 Rn. 568.

257 FESTL § 87 Rn. 568; Wiese in GK § 87 Rn. 1043.

258 GK/Wiese § 87 Rn. 1049; Richardi Rn. 954.

259 FESTL § 87 Rn. 572.

260 FESTL § 87 Rn. 572.

261 Begr. RegE BT-Dr. 14/5741, S. 61.

§ 87 Abs. 1 Nr. 1, 2, 3, 5 BetrVG betrachtet. Bei der Einführung von Gruppenarbeit können aber als Mitbestimmungsfragen z.B. Entlohnungsfragen i.S.v. § 87 Abs. 1 Nr. 10 oder 11 BetrVG aufgeworfen werden. Dieses Mitbestimmungsrecht kommt im Rahmen der variablen Vergütung dann zum Tragen, wenn Gruppenziele (Teamziele) vorgegeben werden; je nachdem, ob das Erreichen dieser Ziele mit Entgelt verbunden ist oder nicht, tritt die Frage der Durchführung der Gruppenarbeit als mitbestimmte Regelung neben die §§ 87 Abs. 1 Nr. 10 und 11 BetrVG bzw. § 94 Abs. 2 BetrVG.

§ 6 Die Mitbestimmung nach § 94 Abs. 2 BetrVG

Gem. § 94 Abs. 2 BetrVG bedarf die Aufstellung allgemeiner Beurteilungsgrundsätze der Zustimmung des Betriebsrates. Mitbestimmungspflichtig sind die Einführung, die Verwendung und die Beurteilungskriterien in ihrer Gesamtheit.[262]

Beurteilungsgrundsätze sind Regelungen, die eine Bewertung des Verhaltens oder der Leistung der Arbeitnehmer verobjektivieren und nach einheitlichen Kriterien ausrichten sollen.[263] Erreicht werden soll ein einheitliches Vorgehen bei der Beurteilung und ein Bewerten nach einheitlichen Maßstäben mit dem Ziel, eine Vergleichbarkeit von Beurteilungsergebnissen zu schaffen.[264]

Zu den (materiellen) Beurteilungsgrundsätzen gehört auch die Festlegung des Verfahrens (formale Kriterien), wie Beurteilungen zustande kommen (z.B. Fragebogen für Vorgesetzte mit Beurteilungsstufen, Festlegung einzelner Verfahrenselemente wie Arbeitsprogramme, Simulationen, Tests).[265]

Im Rahmen der variablen Vergütung kommt das Mitbestimmungsrecht nach § 94 Abs. 2 BetrVG regelmäßig beim Abschluss von Zielvereinbarungen oder bei Verwendung von Zielvorgaben in Betracht. Während § 94 Abs. 2 BetrVG grundsätzlich kein Initiativrecht des Betriebsrats vorsieht, kommt ein Initiativrecht des Betriebsrats nach §§ 87 Abs. 1 Nr. 10 oder 11 BetrVG in Betracht, wenn die Beurteilungsgrundsätze in unmittelbarem Zusammenhang mit Entlohnungsfragen stehen.[266]

---

262 FESTL, § 94 Rn. 28.

263 BAG 23.10.1984, AP Nr. 8 zu § 87 BetrVG 1972 Ordnung des Betriebes.

264 BAG 18.04.2000, AP Nr. 33 zu § 87 BetrVG 1972 Überwachung.

265 FESTL § 94, Rn. 30; Jedzig, DB 1996, 1337,1339 f.; Feldhoff, AiB 1996, 445, 452.

266 FESTL § 94 Rn. 28.

§ 7 Teilergebnis

Bei Prämien und Provision im Allgemeinen kann sich ein Mitbestimmungsrecht aus §§ 87 Abs. 1 Nr. 6, 10, 11 und 13 sowie aus § 94 BetrVG ergeben.

Sowohl bei der Mitbestimmung hinsichtlich Prämien also auch hinsichtlich der vergleichbaren leistungsbezogenen Vergütung gem. § 87 Nr. 11 BetrVG überzeugen die Argumente des Bundesarbeitsgerichts nicht. Diese Rechtsprechung des Bundesarbeitsgerichts führt letzten Endes dazu, dass die Mitbestimmung des Betriebsrats bei jeglicher Vergütungsform, die abhängig von der Leistung des Arbeitnehmers ist, verneint wird. Denn folgt man der Rechtsprechung, liegt in keinem Fall ein vergleichbares leistungsbezogenes Entgelt nach Nr. 11 vor, sodass der Geldfaktor der Mitbestimmung des Betriebsrats entzogen bleibt und somit vom Betriebsrat auf die Höhe des Entgelts kein Einfluss genommen werden kann.

Die Mitbestimmung nach Nr. 10 wird insofern eingeschränkt, als der Arbeitgeber den Dotierungsrahmen, also das Volumen der Leistung, alleine vorgeben kann, sodass auch für Verteilungskriterien kein Raum mehr bleibt. Denn diese haben gerade bei leistungsabhängiger Vergütung konkrete Auswirkung auf das Gesamtvolumen. Hier bestimmt nämlich immer die messbare bzw. bewertete Leistung einzelner Arbeitnehmer am Ende das Volumen.

Diese Beurteilung des Bundesarbeitsgerichts entspricht aus juristischer Sicht weder dem Gesetzeszweck noch der Gesetzesbegründung.

Die Sorge, dass der Betriebsrat hier bei der Lohnhöhe unabhängig von der wirtschaftlichen Lage des Unternehmens und betriebswirtschaftlichen Erwägungen mitbestimmen kann, ist nicht begründet. Denn letztendlich unterliegt die Letztentscheidungskompetenz dem Spruch der Einigungsstelle. Und diese muss sich im Rahmen ihres Ermessens bewegen. Dabei hat die Einigungsstelle ihr Ermessen fehlerfrei auszuüben, d.h. es müssen alle Belange, nämlich die der Arbeitnehmer ebenso wie die des Betriebes angemessen berücksichtigt werden.[267] Ähnlich wie bei Sozialplänen ist somit auch die wirtschaftliche Vertretbarkeit ihrer Entscheidung zu berücksichtigen[268], was auch bedeutet, dass wirtschaftliche Gegebenheiten des Unternehmens zu berücksichtigen sind ebenso wie der Rahmen des Üblichen bei leistungsbezogener Vergütung in vergleichbaren Branchen. Im Übrigen ist das Mitbestimmungsrecht bei freiwilligen Leistungen, die nicht Entgelt im engeren Sinne sind, im Hinblick auf das Ob, dem Dotierungsrahmen und der generellen Zweckbestimmung eingeschränkt.

267 FESTL, § 76 Rn. 88.

268 FESTL, § 76 Rn. 87.

Durch die Ausübung der Mitbestimmung bei der Entgelthöhe kann der Betriebsrat in begrenztem Rahmen Einfluss auf die Lohnpolitik des Betriebes nehmen. Dass damit eine wirtschaftlich schädliche Lohnpolitik betrieben wird, ist angesichts der Entscheidungskompetenz der Einigungsstelle nicht begründet.

Teil 2: Zielvereinbarung

Zielvereinbarungen und daran anknüpfende Entgeltbestandteile sind im modernen Arbeitsleben zur Ausgestaltung der variablen Vergütung inzwischen gängige Praxis. „Die Welt“ berichtete beispielsweise, dass nun sogar die Bonusregelungen der Vorstände der Deutschen Bank erneuert wurden. Die Eigenkapitalrendite spiele nun keine Rolle mehr. Die Vorstände müssen sich zukünftig vielmehr an einem „breiten Kanon von Zielen“ messen lassen. Ziele, die hierbei eine Rolle für die Bonusauszahlung spielen, seien die Kundenzufriedenheit, die Wertsteigerung der Aktie einschließlich der Dividende sowie das Image der Bank bei Analysten, Medien und Politikern. Weitere Faktoren seien die Mitarbeiterzufriedenheit, das Kostenmanagement, die Kapitalquote und der Gewinn.[269]

Zielvereinbarungen basieren auf unterschiedlichen Rechtsgrundlagen und kommen in den unterschiedlichsten Formen vor. So kann eine Zielvereinbarung auf Tarifvertrag, Betriebsvereinbarung oder Arbeitsvertrag beruhen und an die persönliche Leistung des Arbeitnehmers, die Leistung einer Arbeitnehmergruppe oder die wirtschaftliche Leistungsfähigkeit des Unternehmens anknüpfen. Während die Ziele in der Regel von Beurteilungsperiode zu Beurteilungsperiode neu zwischen Arbeitnehmer und Arbeitgeber vereinbart werden, wird der Zielvereinbarungsprozess zunehmend auch durch Rahmenregelungen kollektiv geregelt, entweder in Betriebsvereinbarungen oder Tarifverträgen.

Beispiel:

„Arbeitnehmer, deren Arbeitsaufgabe die Erreichung von vereinbarten oder festgelegten besonderen Zielen umfasst, können entsprechend der Zielerreichung eine Leistungsprämie erhalten. Leistungsprämien können auch an Gruppen von Arbeitnehmern gewährt werden.“[270]

Nahezu ungeklärt ist, wie weit in diesem Zusammenhang das Mitbestimmungsrecht des Betriebsrats reicht, obgleich es mannigfaltige Berührungspunkte mit den oben behandelten Themenkreisen aus §§ 87 und 94 BetrVG gibt.

Es finden sich in der Praxis eine Vielzahl von Betriebsvereinbarungen, die sich mit diesem Thema befassen. Ausgehend davon soll vorliegend zunächst der Meinungsstand zur Mitbestimmung des Betriebsrats vor dem Hintergrund der Zielvereinbarung abgebildet werden. Sodann wird der typische Inhalt von kollektiven Regelungen anhand von Praxisbeispielen aufgezeigt werden, um

---

269 Die Welt, 21. Mai 2013, S. 14.

270 vgl. § 6 Abs. 6 des Tarifvertrages der Versorgungsindustrie (TV-V).

anschließend bewerten zu können, welche der Regelungen in einer Rahmenregelung erzwingbar sind und wo es sich lediglich um freiwillige Regelungen handelt.

Die Rechtsprechung hat sich mit diesem Thema noch kaum befasst, da solche kollektiven Regelungen noch relativ neu sind und meistens auch sog. „Schlichtungsverfahren bei Meinungsverschiedenheiten" enthalten, um ggf. auftretende Konflikte und Meinungsverschiedenheiten intern regeln zu können. Somit bleiben die Probleme innerbetrieblicher Natur. Da völlig ungeklärt ist, mit welcher rechtlich bindenden Wirkung eine solche Stelle entscheiden kann, wird hierauf ein besonderes Augenmerk gelegt werden.

§ 8 Zielvereinbarung im individualrechtlichen Sinne

Die Zielvereinbarung ist eine mündliche oder schriftliche Abrede, bei der Arbeitgeber und Arbeitnehmer die Erreichung bestimmter Ziele in einem bestimmten Zeitraum vereinbaren. Die Zielvereinbarung ist von der Zielvorgabe abzugrenzen.[271]

Zu unterscheiden sind zunächst zwei Elemente im Zielvereinbarungsprozess. Zum einen werden zwischen den einzelnen Arbeitnehmern und dem Arbeitgeber individualrechtliche Zielvereinbarungen abgeschlossen, die eine Konkretisierung des Arbeitsvertrages darstellen. Darüber hinaus gibt es in der Praxis die kollektive Rahmenregelung, die Einzelheiten des Zielvereinbarungsprozesses regelt.

Zunächst ist daher zu untersuchen, wie individualrechtliche Zielvereinbarungen gestaltet werden können und welchen Grenzen sie unterliegen. Anschließend daran wird dann die Frage geklärt, inwieweit eine kollektive Rahmenregelung weitere Elemente des Zielvereinbarungsprozesses regeln kann und ob diese gegebenenfalls auch über eine Einigungsstelle erzwungen werden können.

A. Inhaltliche Gestaltung zielgestützter Entgeltzahlung

Die Ausgestaltung von Zielen geht in der Praxis teilweise sehr weit. So können zum einen Unternehmensziele vereinbart werden, entweder in Form von Ergebnis- oder Geschäftszielen wie Deckungsbeiträgen, Kosten oder Renditen, zum anderen vertriebsorientierte Ziele wie Marktanteile, Auftragsvolumen oder Umsatz. Des Weiteren werden häufig auch kundenorientierte Ziele vereinbart, wie z.B. verringerte Reklamationen oder erhöhte Kundenzufriedenheit[272]. Hier

---

271 § 1 C. V., S. 8.
272 Schang, S. 109.

spricht man in der Regel von quantitativen Zielen. Daneben finden sich häufig auch sogenannte qualitative Ziele, wie beispielsweise die Erhöhung der Kundenzufriedenheit oder die attraktive Vermarktung des Produkts. Das Landesarbeitsgericht Köln[273] hatte einen Vertrag zu beurteilen, der das Ziel „Entwicklung und Einführung einer Gebrauchtwagenbörse im Internet" erreichen sollte.

Ein Beispiel für den Inhalt einer (allerdings nicht arbeitsrechtlichen, sondern gesellschaftsrechtlichen) Zielvereinbarung ist die aktuelle Vereinbarung der Telekom-Vorstände. Diese unterliegen einem durch den Aufsichtsrat bewilligten Vergütungssystem, bei dem die Mitarbeiterzufriedenheit eines der Kriterien darstellt, die den variablen Anteil der Vorstandsgehälter beeinflusst. Die Palette der zu erreichenden Ziele reicht von Umsatz und operativem Ergebnis bis hin zur Frage, ob die Vorstände im Einklang mit dem Konzernleitbild handeln. Die Kriterien sind hierbei aufgeteilt in die Variable I, in der kurz- und langfristige Ziele kombiniert werden, und Variable II, die sich auf langfristige Merkmale konzentriert. Bei allen drei Fragen, die der Aufsichtsrat aus der Mitarbeiterbefragung zur Bewertung herangezogen hat, blieben die Werte unter den Vorgaben. So waren z.B. nur 53 % der Telekom Mitarbeiter der Meinung, dass ihr Arbeitsumfang mit dem geforderten Qualitätsanspruch vereinbar sei; die Zielvorgabe lag bei 62 %.[274]

Zielgestützte Entgeltzahlungen bedürfen in jedem Fall einer ausdrücklichen Vereinbarung; es ist nicht zulässig, eine bestehende Festvergütung einseitig zu flexibilisieren, da die Änderung der Entgeltform in eine Leistungsabhängigkeit der Vergütung einen Eingriff in den Kernbestand des Arbeitsverhältnisses darstellt, der für den Arbeitnehmer nachteilig und nicht mehr vom Direktionsrecht des Arbeitgebers gedeckt ist.[275] In der Regel wird die Zielvereinbarung durch eine einvernehmliche individualrechtliche Rahmenregelung oder eine kollektive Rahmenregelung auf Betriebsebene eingeführt; sofern sich Arbeitgeber während des laufenden Arbeitsverhältnisses entscheiden, auf ein Zielvereinbarungssystem umzustellen, um die Motivationsanreize zu erhöhen, geschieht dies meist durch eine entsprechende Erhöhung des maximal erreichbaren Bonus gegenüber der bisherigen Festvergütung.

Die individualrechtliche zielgestützte Entgeltgestaltung stellt sich in der Praxis bei Zielvereinbarungen meist so dar, dass im Arbeitsvertrag nicht bereits die vollständige Rahmenregelung enthalten ist, sondern lediglich geregelt ist, dass ein bestimmter Anteil variabel erfolgt und dann jedes Jahr neue „Zielvereinbarungen" geschlossen werden, nach deren Voraussetzungen sich die Bezahlung

---

273 LAG Köln, Urteil vom 23.05.2002, NZA-RR 2003, 305, 307.

274 Financial Times Deutschland, 20.04.2011, S. 2.

275 Hümmerich / Reufels – Mengel, § 1 Rn. 1452; Grimm/Windeln, Zielvereinbarungen, S. 6 f.; Mengel, Erfolgs- und leistungsorientierte Vergütung, Rn. 284.

der Variablen richtet. Auch bei der konkreten Zielvereinbarung handelt es sich um einen Vertrag, der den Arbeitsvertrag konkretisiert.[276] Dieser Vereinbarung ist auch weiterhin arbeitsvertraglicher Charakter beizumessen und kein werkvertragsähnlicher. Denn eine Garantie, dass vereinbarte Ziele erreicht werden, gibt es gerade nicht.[277] Hinzu kommt, dass die persönliche Abhängigkeit des Arbeitnehmers durch den Abschluss einer Zielvereinbarung gerade nicht berührt wird; der Arbeitnehmer wird gerade nicht zum Werkunternehmer, wenn er einen besonderen Erfolg verspricht.[278]

Bei der arbeitsvertraglichen Gestaltung gibt es in der Praxis unterschiedliche Herangehensweisen.. Eine Variante besteht darin, dass ein „Jahreszielgehalt" vereinbart wird, welches sich aus zwei Komponenten zusammensetzt: dem Fixum und einem variablen Bestandteil, der sich nach der Zielvereinbarung richtet. Der variable Teil kann der Größe nach genau definiert sein (nachfolgendes Beispiel 1 und 2), kann offen bestimmt werden (nachfolgendes Beispiel 3 und 4), oder aber im Arbeitsvertrag gar nicht näher geregelt sein.

Eine andere Variante stellt eine Vereinbarung dar, die nicht von Jahreszielgehalt spricht, sondern einen Bonusanspruch regelt, der von einer Zielerreichung abhängig ist. Hierfür werden in der Praxis die unterschiedlichsten Begrifflichkeiten gewählt (Prämie, Provision, Bonus, Tantieme etc.).

Beispiel 1:

Das Jahreszielgehalt beträgt brutto € 80.000,- und setzt sich zusammen aus

– einem festen Jahresgrundgehalt von brutto	*€ 60.000,–*
– einer variablen Vergütung von brutto	*€ 20.000,–*

Beispiel 2:

Das Jahreszieleinkommen setzt sich wie folgt zusammen:

Jahresfixgehalt	*€ 80.000,–*
+ Variable 1 gemäß gültigem Provisionsplan	*€ 20.000,–*
+ Variable 2 (5 % vom Jahresfixgehalt	
+ Variable 1)	*€ 10.000,–*
= Jahreszieleinkommen	*€ 110.000,–*

276 Hergenröder, AR – Blattei SD 1855, Rn. 8.

277 Hergenröder, AR – Blattei SD 1855 Rn. 9.

278 Hergenröder, AR – Blattei SD 1855 Rn. 9; nach Ansicht von Trittin, AiB 2002, 90 findet durch ergebnisorientiere Arbeit ein Kernelement des Werkvertrages Eingang in den Arbeitsvertrag.

Beispiel 3:

Das arbeitsvertraglich vereinbarte Jahreszieleinkommen setzt sich wie folgt zusammen:
- aus einem in Monatsteilbeträgen zahlbaren festen Grundgehalt

und

- aus einem gemäß Zielerreichung zahlbaren variablen Gehaltsbestandteil.

Beispiel 4:

Der Mitarbeiter erhält ein monatliches Bruttogehalt in Höhe von € 3.500,–. Darüber hinaus nimmt der Mitarbeiter an dem jeweils gültigen Provisionsplan teil.

Neben dieser Benennung von Summen oder einfach nur der Möglichkeit, ein „Extra" zu erhalten, sind regelmäßig keine weiteren Regelungen im Arbeitsvertrag zur Zielvereinbarung enthalten. Die konkrete Ausgestaltung der Zielvereinbarung erfolgt dann meist zu Beginn der Zielerreichungsperiode anhand einer separaten Zielvereinbarung für den jeweiligen Beurteilungszeitraum.

In diesem Zusammenhang treten mehrere Fragen auf:

- Wo liegen die rechtlichen Grenzen der Zielvereinbarung bzw. Zielvorgabe?
- Wie wird die Zielerreichung festgestellt?
- In welchem Umfang sind krankheitsbedingte oder sonstige Fehlzeiten oder § 313 BGB maßgeblich?
- Wie ist die Rechtslage, wenn der Arbeitgeber trotz vertraglicher Vereinbarung keine Zielvereinbarung abschließt bzw. Zielvorgaben macht?
- Ist es zulässig, die Auszahlung des zielgestützten Entgelts vom Bestehen des Arbeitsverhältnisses abhängig zu machen (Bindungs- oder Stichtagsklausel)?
- Bestehen Anpassungspflichten der Ziele während der laufenden Zielperiode, z.B. aufgrund veränderter Rahmenbedingungen?

Diese Fragen sind Gegenstand literarischer Diskussionen und bisher nur vereinzelt durch die Rechtsprechung behandelt worden[279].

B. Rechtliche Grenzen

Um die Reichweite der Mitbestimmung des Betriebsrats genau beurteilen zu können, ist zunächst auf die Lösung oben angeführter Fragen sowie auf die rechtlichen Grenzen der Zielvereinbarung bzw. Zielvorgaben einzugehen. Denn diese implizieren auch die Grenzen der kollektiven Mitbestimmung. Sofern sich im Arbeitsvertrag Regelungen zu einer zielabhängigen Vergütung befinden,

---

279 BAG 14.11.2012 AP Nr. 315 zu § 107 BGB.

stellt dieser und dessen rechtliche Grenze eine weitere Schranke neben den allgemeinen Gesetzen im Hinblick auf die Zulässigkeit kollektiver Regelungen dar.

I. Kollision Arbeitsvertrag – Tarifvertrag

1. Meinungsstand in der Literatur

Bei tarifunterworfenen Arbeitsverhältnissen besteht die Schwierigkeit bei der wirksamen Einführung flexibler Arbeitsentgelte in der zumeist tariflich vorgegebenen Festvergütung. Sollten diese nun individualrechtlich durch eine Vereinbarung über Zielvereinbarung oder Zielvorgabe verändert werden, entsteht eine Kollision zwischen Arbeitsvertrag und Tarifvertrag. Die ist grundsätzlich nach dem Günstigkeitsprinzip zu lösen. In dieser Konstellation stellt sich jedoch die Frage, was für den Arbeitnehmer tatsächlich günstiger ist.

> *Beispiel:*
>
> *Das fixe Tarifgehalt beträgt 100. Die Arbeitsvertragsparteien treffen eine teilflexible Entgeltabrede, wonach der Arbeitnehmer zwischen 85 und 135 erzielen kann und das Entgelt bei durchschnittlicher Arbeitsleistung 110 betragen soll.*[280]

Für einen solchen Fall wird die Auffassung vertreten, dass die individualvertragliche Abrede günstiger für den Arbeitnehmer ist als die tarifliche Regelung. Dies soll insbesondere dann gelten, wenn man sich der sogenannten subjektiven Interpretation des Günstigkeitsprinzips anschließt, die besagt, dass die Bewertung des Günstigeren zum einen davon abhängt, ob der Arbeitnehmer eine Wahlmöglichkeit hatte (Selbstbestimmungsrecht) und auf der zweiten Stufe prüft, ob unter Beachtung des Sozialstaatsgebotes und unter Berücksichtigung seiner konkretisierten Ausformung im Kollektivvertragssystem diese abweichende individualrechtliche Vereinbarung als sozialstaatskonform im Sinne der sozialstaatlichen Grundrechtsgewährung gem. Art. 9 Abs. 3 GG zu beurteilen ist.[281]. Anders sieht das *Brors*[282], die davon ausgeht, dass die Flexibilisierung des Arbeitsentgelts für den Arbeitnehmer nachteilig sei.

2. Meinungsstand in der Rechtsprechung und Literatur

Die herrschende Meinung in der Literatur löst dieses Problem wie folgt: eine Vereinbarung flexibler Entgeltbestandteile im Rahmen bestehender Tarifbindung sei nur wirksam, wenn feststehe, dass der Arbeitnehmer stets die tarifliche

---

280 Annuß, NZA 2007, 290, 291.

281 Heinze, NZA 1991, 329 ff.

282 Brors, RdA, 2004, 273.

Mindestvergütung erhalte.[283] Werde ein zwingendes Mindestgehalt nicht durch die feste Vergütung abgedeckt, so müsse die variable Vergütung bis zur Höhe des Mindestgehalts garantiert sein.[284] Dies gelte zum einen für bereits bestehende Arbeitsverhältnisse, da gegen den Willen des Arbeitnehmers eine Änderung weder in Form der Direktionsrechtsausübung noch durch Änderungskündigung mit dem Ziel der Einführung eines Zielbonussystems erfolgen könne.[285]

Ebenso sieht es das LAG Berlin[286]. Vorgenanntes gelte auch für neu abzuschließende Arbeitsverträge; zwar könne grundsätzlich die vollständige Vergütung als variabel vereinbart werden. Dabei müsse aber sichergestellt sein, dass der Arbeitnehmer unter normalem Einsatz seiner Arbeitskraft durch die variable Vergütung ein angemessenes Gehalt erzielen könne. Wenn die Unmöglichkeit der Erzielung eines angemessenen Gehalts gegeben sei, sei der Vertrag in der Regel sittenwidrig und somit nichtig, mit der Folge, dass die übliche Vergütung (also Tariflohn) gem. § 612 Abs. 2 BGB zu zahlen sei[287] und zwar ohne Saldierung des in manchen Monaten über das Mindestgehalt hinausgehenden variablen Vergütungsanteils zur Kompensation der in anderen Monaten durch Leistung nicht erreichten Mindestvergütung.[288]

3. *Zwischenergebnis*

Aus Gründen der Rechtssicherheit und des Arbeitnehmerschutzes ist davon auszugehen, dass zwar selbstverständlich der gesamte Betrag der Vergütung variabel ausgestaltet werden kann. Es muss aber einen garantierten Gehaltsbestandteil geben, der in jedem Fall – auch bei Nichterreichung der variablen Voraussetzungen – bezahlt wird. Folglich ist für den Arbeitnehmer eine größere Festvergütung, nicht aber eine nur mögliche Größe aus Fest- und variabler Vergütung günstiger. Eine Umstellung kann nur erreicht werden, wenn man den Arbeitnehmern ein Wahlrecht einräumt und gewährleistet ist, dass es einen garantierten Gehaltsbestandteil gibt, der der Höhe nach einer üblichen Vergütung entspricht.

283 Annuß, NZA 2007, 290, 291; Mauer, NZA 2002, 540, 542.
284 Heinze, NZA 1991, 329 ff.
285 Heinze, NZA 1991, 329 ff.
286 LAG Berlin 03.11.1986, AP Nr. 14 zu § 65 HGB.
287 LAG Berlin 03.11.1986, AP Nr. 14 zu § 65 HGB.
288 BAG 22.09.1975, AP Nr. 8 zu § 65 HGB.

II. Kollision Arbeitsvertrag – Betriebsvereinbarung

Ähnlich stellt sich die Situation dar, wenn die Arbeitnehmer im Arbeitsvertrag eine Festvergütung vereinbart haben und der Arbeitgeber nunmehr mit dem Betriebsrat eine Regelung abschließt, die das Arbeitsentgelt flexibilisiert.

Beispiel:

Die Arbeitnehmer hatten die arbeitsvertragliche Regelung, die vorsah, dass sie 100 als Fixum haben und weitere 10 Variabel. Der Arbeitgeber möchte unter dem neuen Motto „Alles oder Nichts" folgendes Modell mit dem Betriebsrat vereinbaren:

Die Arbeitnehmer preisen einen Teil ihres Fixums, der zwischen 0–20 liegt, in ihren variablen Anteil ein, sodass ein neues Verhältnis zwischen Fixum und Variabler entsteht, d.h. bei einer Einpreisung von 20 entsteht ein neues Verhältnis zwischen Fixum und Variabler, nämlich 80 zu 30, statt 100 zu 10. Bei einer besonderen Zielerreichung kann sich dann der variable Anteil sogar verdoppeln.

Auch hier stellt sich die Frage, was gilt, wenn der Betriebsrat sich darauf einlässt, ein solches „Alles oder Nichts" Modell im Rahmen einer Betriebsvereinbarung abzuschließen. Bei Anwendung des Günstigkeitsprinzips stellt sich wiederum die Frage, welche Regelung ist nunmehr günstiger?

Hier gelten dieselben Grundsätze wie vorstehend bei der Kollision Arbeitsvertrag – Tarifvertrag. Darüber hinaus muss sich die Gestaltung der Betriebsvereinbarung im Rahmen der arbeitsvertraglich zulässigen Grenzen bewegen. Denn es kann in einer Betriebsvereinbarung nicht wirksam geregelt werden, was im Arbeitsvertrag gesetzlich nicht zulässig ist, mit Ausnahme von betriebsvereinbarungsdispositivem Gesetzesrecht.

Beispiel:

Im Arbeitsvertrag ist ein Jahreszielgehalt vereinbart, wobei davon 30 % in Abhängigkeit der Zielerreichung variabel sind. Die Ziele sollen jedes Jahr neu vorgegeben werden.

Arbeitgeber und Betriebsrat vereinbaren nunmehr auf kollektiver Ebene z.B. als Ziel, dass der Mitarbeiter 400 Kunden im Monat besuchen muss (was tatsächlich nicht möglich ist).

Individualrechtlich handelt es sich hierbei um ein nicht mehr erreichbares Ziel für den Mitarbeiter. Vorgegebene Ziele müssen allerdings objektiv erreichbar sein.[289] Anderenfalls entspräche eine solche Zielvorgabe nicht billigem Ermessen und würde sich nicht mehr im Rahmen des Direktionsrechts des Arbeitgebers bewegen. Daher kann auch auf kollektiver Ebene ein solches Ziel nicht wirksam vereinbart werden.

---

289 Horcher, BB 2007, 2065; BAG 10.12.2008, NZA 2009, 256.

Auch die Betriebsparteien haben sich demzufolge innerhalb der individualrechtlichen Grenzen zu bewegen. Allerdings können die Arbeitsvertragsparteien ihre vertraglichen Absprachen ausdrücklich oder konkludent dahingehend gestalten, dass sie einer Abänderung – ggf. auch zu Lasten des Arbeitnehmers – durch betriebliche Normen unterliegen.[290] In diesem Fall wären die Einzelarbeitsverträge „betriebsvereinbarungsoffen". Allerdings gilt auch hier, dass die Ziele objektiv erreichbar sein müssen, denn eine andere Regelung wäre auch in einer Betriebsvereinbarung unzulässig.

III. Maßstab der Sittenwidrigkeit

Die rechtliche Zulässigkeit von Zielvereinbarungen und Zielvorgaben bemisst sich nach den allgemeinen Grundsätzen. Demnach sind jedenfalls Ziele, die auf eine gesetzeswidrige oder sittenwidrige Handlung gerichtet sind unzulässig.[291]

Bei der Frage der Sittenwidrigkeit ist nicht zwischen Zielvereinbarung und Zielvorgabe zu unterscheiden, da es sich in beiden Fällen um Rechtsgeschäfte im Sinne von § 138 BGB handelt. Für die Beurteilung der Grenzen einer Flexibilisierung des Arbeitsentgelts durch Zielvereinbarung / Zielvorgabe im Rahmen der Sittenwidrigkeit muss zunächst unterschieden werden zwischen tarifunterworfenen Arbeitsverhältnissen und Arbeitsverhältnissen außerhalb bestehender Tarifbindung, weil bei bestehender Tarifbindung bereits tarifliche Gehälter vorgegeben sind, die einen Anhaltspunkt darstellen können. Sofern Tarifbindung vorliegt, entsteht das Problem der Kollision von Tarifvertrag und Arbeitsvertrag, der wie vorstehend beschrieben zu lösen ist.[292]

Sofern eine Tarifbindung nicht vorliegt, stellt sich die Frage, ob die gesamte Vergütung variabel ausgestaltet werden kann. Diese Frage wird in der Rechtsprechung[293] und Literatur[294] bei der Kontrolle nach § 138 BGB unter dem Stichwort rechtliche Äquivalenz diskutiert. Unklar bleibt jedoch, ob die Kürzung des Gesamtlohnes auf 50 % oder nur auf 70 % erfolgen darf; darüber hinaus bleibt offen, was Bezugspunkt für die Berechnung ist, der Tariflohn oder das übliche Gehalt bestimmt durch den Tariflohn.

---

290 BAG 05.03.2013, BeckRS 2013, 69155.

291 Bauer / Diller / Göpfert, BB 2002, S. 882, 884.

292 § 8 B. I. 3., S. 81.

293 LAG Berlin, 20.02.1998, NZA - RR 1998, 392; BAG 10.10.1990, NJW 1991, 86.

294 Tschöpe, DB 2002, 1830; Mauer, NZA 2002, 540, 543.

1. Die Trennung von Sittenwidrigkeit und Inhaltskontrolle
Für die Beurteilung der Frage der Sittenwidrigkeit ist zunächst festzuhalten, dass zwischen der Sittenwidrigkeitskontrolle und der Inhaltskontrolle (Angemessenheitskontrolle) zu trennen ist[295]. Der Maßstab sowie die Voraussetzungen für die Sittenwidrigkeit sind anders als bei der Angemessenheitskontrolle gem. §§ 242, 305 ff. BGB. Für § 138 BGB ist die Sittenwidrigkeit zum Zeitpunkt des Vertragsschlusses entscheidend[296]; bei der Angemessenheitskontrolle gem. §§ 242, 305 ff. BGB kommt es auf den Zeitpunkt der richterlichen Kontrolle an.

2. Auffälliges Missverhältnis
Voraussetzung für die Annahme der Sittenwidrigkeit einer Vergütungsabrede ist, dass Leistung und Gegenleistung in einem auffälligen Missverhältnis stehen. Dabei ist jedoch fraglich, wann die maßgebliche Schwelle der Sittenwidrigkeit überschritten wird. Nach *Riesenhuber/v.Steinau-Steinrück* sei darauf abzustellen, ob der Fixanteil und Zielanteil des Lohns bei normaler Arbeitsleistung ein noch tolerables Minimum – mit der BAG Rechtsprechung wohl etwa 70 % der nach Tarif und Markt üblichen Vergütung[297] – nicht unterschreiten.[298]

Annuß hingegen stellt darauf ab, dass für die Bestimmung der Sittenwidrigkeit allein maßgeblich sei, mit welchem Einkommen bei gewöhnlichem Lauf der Dinge gerechnet werden könnte.[299] *Brors* geht davon aus, dass die Gesamtvergütung aus Grundvergütung und Zielvereinbarung in einem Jahr nicht geringer sein dürfe als zwei Drittel des Tariflohns, da in diesem Fall im Synallagma zwischen Arbeitskraft und Gehalt ein so auffälliges Missverhältnis entstehe, womit die Vergütung gem. § 138 BGB sittenwidrig sei[300]. An deren Stelle trete dann gem. § 612 Abs. 2 BGB die übliche Vergütung, also der Tariflohn.

Mengel[301] ist hingegen der Auffassung, die von Brors gewählte Konzeption überzeuge nicht und scheitere vor allem in den Fällen, in denen dem Arbeitnehmer keine tarifliche Vergütung, sondern ein individuell ausgehandeltes Gehalt gezahlt

---

295 so auch Brors, RdA 2004, 273, 274.
296 Staudinger /Seibl, § 138 Rn. 94 mwN.
297 BAG 22.04.2009, NZA 2009, 837 ff.; BAG 22.03.1989 – 5 AZR 151/88 n.v.; 04.02.1981, AP Nr. 45 zu § 242 BGB Gleichbehandlung; 11.01.1973, AP Nr. 30 zu § 138 BGB.
298 Riesenhuber/v.Steinau-Steinrück, NZA 2005, 785, 791; ist aber widersprüchlich, da die Autoren vorher davon ausgehen, dass eine vollständige variable Ausgestaltung – also ohne Fixanteil – zulässig ist.
299 Annuß, NZA 2007, 290,291; so wohl i.E. auch Mauer, NZA 2002, 540.
300 Brors, RdA 2004, 273, 275.
301 Hümmerich/Reufels – Mengel, § 1 Rn. 1459.

werde. Arbeitnehmer mit Zielvereinbarungen seien meist in höheren Positionen, teilweise auch in Spitzenpositionen tätig, der Maßstab der tariflichen Vergütung tauge daher nur in den seltensten Fällen. Darüber hinaus sei die in einer Zielvereinbarung versprochene finanzielle Leistung ein add-on zur vereinbarten Gehaltszahlung und könne deshalb nicht in eine Gesamtbetrachtung des Bruttoverdienstes als ein irgendwie geartetes „Muss“ einbezogen werden.[302] Insofern sei weder eine Billigkeitskontrolle noch eine Sittenwidrigkeitskontrolle vorzunehmen.

Die arbeitsgerichtliche Rechtsprechung[303] hat ebenfalls mit Blick auf den Tariflohn eine Zweidrittel Grenze gezogen. Für den Fall, dass weniger gezahlt werde, handele es sich um eine sittenwidrige Vereinbarung. Zum Anderen Teil stellt die Rechtsprechung auf die marktübliche Vergütung ab, wobei das Bundesarbeitsgericht angenommen hat, dass erst bei einer 50 %igen Unterschreitung Sittenwidrigkeit vorliege. Es solle für die Feststellung keine generell verbindlichen Grenzen geben.[304]

3. *Maßstab für Betriebsvereinbarung*

Der vorstehend beschriebene Maßstab der Sittenwidrigkeit kann auf die Wirksamkeit einer kollektiven Regelung (Betriebsvereinbarung) übertragen werden. Denn auch die Betriebsvereinbarung findet ihre Grenzen in § 138 BGB und dem daraus folgenden Sittenwidrigkeitsmaßstab.

4. *Zwischenergebnis*

Entgegen der Auffassung von *Mengel* unterliegen auch Zielvereinbarungen einer Sittenwidrigkeitskontrolle. Zielvereinbarungen werden in der heutigen Zeit gerade nicht mehr nur mit Arbeitnehmern in Spitzenpositionen geschlossen, sondern sind in fast allen Hierarchieebenen anzutreffen. Und auch das Argument, Zielvereinbarungen seien ein add-on zur Gehaltszahlung überzeugt nicht; denn selbst wenn dies so wäre, müsste sich die Höhe des Gehalts zumindest am Maßstab der Sittenwidrigkeit messen lassen, sodass die Gesamtvergütung inklusive der Zielvereinbarung erst recht nicht sittenwidrig sein kann.

Die Zweidrittel - Grenze ist eine realistische Richtschnur für den Maßstab der Sittenwidrigkeit. Sofern der Tariflohn nicht die richtige Bezugsgröße ist, ist von der üblichen Vergütung in der Branche / dem Bereich / der Position auszugehen. Dies kann anhand von Marktanalysen erarbeitet werden. Jedoch ist jeder Fall einzeln zu betrachten, sodass eine starre Grenze nicht festgeschrieben werden kann.

---

302 Hümmerich/Reufels - Mengel,§ 1 Rn. 1460.

303 BAG 22.03.1989 – 5 AZR 151/88 n.v.; 04.02.1981, AP Nr. 45 zu § 242 BGB Gleichbehandlung; 11.01.1973, AP Nr. 30 zu § 138 BGB.

304 BAG 23.05.2001, BeckRS 2009, 52775.

IV. Die Billigkeits- und Inhaltskontrolle

Eine weitere rechtliche Grenze, der Zielvereinbarung und Zielvorgabe unterliegen könnten, ist die Inhalts- bzw. Billigkeitskontrolle.

1. Abgrenzung Billigkeitskontrolle – Inhaltskontrolle

Bei der Prüfung der Billigkeitskontrolle bzw. Inhaltskontrolle muss zunächst durch Auslegung ermittelt werden, ob es sich um eine einseitige Zielvorgabe oder um eine beidseitig ausgehandelte Zielvereinbarung handelt. Denn *Brors*[305] weist zutreffend darauf hin, dass hier zunächst zwischen der echten Inhaltskontrolle und der allgemeinen Billigkeitskontrolle zu differenzieren ist[306], da jeweils unterschiedliche Prüfungsmaßstäbe herangezogen werden und andere Voraussetzungen vorliegen müssen.

Bei der Billigkeitskontrolle geht es gem. § 315 Abs. 3 BGB darum, dass die Ausübung des vorbehaltenen einseitigen Leistungsbestimmungsrechts des Arbeitgebers dahingehend überprüft wird, was im Einzelfall gerade noch zulässig ist (§ 106 GewO). Hingegen wird bei der Inhaltskontrolle die Wirksamkeit einer vertraglich fixierten Regelung geprüft.

Demzufolge ist Voraussetzung für eine Billigkeitskontrolle, dass überhaupt ein einseitiges Leistungsbestimmungsrecht des Arbeitgebers besteht. Dies kann nur im Fall der Zielvorgabe sein, denn nur dann kann der Arbeitgeber einseitig die Ziele vorgeben und somit die Leistung bestimmen, an deren Erbringung er Entgelt knüpft. Bei der Zielvereinbarung hingegen, in der die Parteien einzelne Voraussetzungen für die Zahlung vereinbaren, nämlich die Erreichung von bestimmten Zielen, ist der Arbeitgeber an diese Voraussetzungen gebunden und hat sein einseitiges Leistungsbestimmungsrecht (Direktionsrecht) aufgegeben.

Eine Billigkeitskontrolle erfolgt daher nur bei Zielvorgaben. In Abhängigkeit von der rechtlichen Gestaltung ergeben sich folglich unterschiedliche Maßstäbe für die rechtlichen Grenzen. Ob die Parteien eine Zielvorgabe oder eine Zielvereinbarung abgeschlossen haben, ergibt sich wie oben bereits ausgeführt aus der Auslegung des Vertrages.[307]

2. Billigkeitskontrolle von Zielvorgaben

Bei Zielvorgaben – also einseitiger Zielvorgabe durch den Arbeitgeber – müssen sich diese im Rahmen des Weisungsrechts des Arbeitgebers halten und

305 Brors, RdA 2004, S. 275.

306 ErfK/Preis, § 305–310 BGB Rn. 5.

307 § 1 C. V., S. 8.

allgemein angemessen sein, d.h. billigem Ermessen gem. § 315 BGB, § 106 GewO entsprechen.[308] Denn gem. § 106 GewO kann der Arbeitgeber Inhalt, Ort und Zeit der Arbeitsleistung nach billigem Ermessen näher bestimmen. Zum Inhalt der Arbeitsleistung gehört auch die Vorgabe, bestimmte Ziele erreichen zu müssen. Die Grenze dieses Weisungsrecht liegt darin, dass der Arbeitgeber die Ausübung nach billigem Ermessen vornehmen muss. Die Wahrung billigen Ermessens setzt voraus, dass die wesentlichen Umstände des Falles abgewogen und die beiderseitigen Interessen angemessen berücksichtigt werden.[309] Ob dies geschehen ist, unterliegt der gerichtlichen Kontrolle. Das Bundesarbeitsgericht hat jüngst erneut eine denkbar weite Formel vorgelegt. Verlangt wird eine

> *„Abwägung der wechselseitigen Interessen nach den verfassungsrechtlichen und gesetzlichen Wertentscheidungen, den allg. Wertungsgrundsätzen der Verhältnismäßigkeit und Angemessenheit sowie der Verkehrssitte und Zumutbarkeit. Das gebietet eine Berücksichtigung und Verwertung der Interessen unter Abwägung aller Umstände des Einzelfalls. Hierzu gehören im Arbeitsrecht die Vorteile aus einer Regelung, die Risikoverteilung zwischen den Vertragsparteien, die beiderseitigen Bedürfnisse, außervertraglichen Vor- und Nachteile, Vermögens- und Einkommensverhältnisse sowie soziale Lebensverhältnisse, wie familiäre Pflichten und Unterhaltsverpflichtungen“* [310]

Unabhängig von der Frage, ob diese Formel insoweit zu weitreichend ist, als sie pauschal außervertragliche Vor- und Nachteile einbezieht und im Ergebnis dadurch ermöglicht wird, umfassend die Belange der Arbeitnehmer zu berücksichtigen, ist es jedenfalls unbillig, wenn der Arbeitgeber allein seine Interessen durchzusetzen versucht.[311] Der Arbeitgeber hat im Rahmen des Weisungsrechts die Grundrechte des Arbeitnehmers zu beachten[312] und muss insbesondere auf familiäre Belange Rücksicht nehmen.[313] Demnach unterliegen auch Zielvorgaben, also die einseitige Bestimmung der Ziele durch den Arbeitgeber in Ausübung seines Direktionsrechts der gerichtlichen Billigkeitskontrolle,[314] das heißt der Ausübungskontrolle der vorbehaltenden

308 Hümmerich/Reufels – Mengel, § 1 Rn. 1456.

309 BAG 24. 4. 1996, AP BGB § 611 Direktionsrecht Nr. 48.

310 BAG 28.08.2013, NZA-RR 2014, 181 ff. mit Ergänzung auf Seite 184 in Rn. 41; BAG 21. 7. 2009, EzA TVG § 4 Luftfahrt Nr. 18.

311 BAG 19.05.1992, NZA 1992, 978 ff.

312 BAG 10. 10. 2002, AP KSchG 1969 § 1 Verhaltensbedingte Kündigung Nr. 44.

313 BAG 23. 9. 2004, AP BGB § 611 Direktionsrecht Nr. 64.

314 BAG 12.12.2007, NZA 2008, 409 ff.

Leistungsbestimmung[315]. Die einseitigen Zielvorgaben unterliegen jedoch keiner Inhaltskontrolle in dem Sinne, dass die Wirksamkeit einer inhaltlich fixierten Regelung überprüft wird.

In der Praxis bedeutet dies, dass die im Rahmen einer Zielvorgabe gesetzten Ziele insbesondere für den Arbeitnehmer nicht unerreichbar sein dürfen.[316] Insgesamt soll der Arbeitnehmer ein angemessenes Gehalt erzielen können.[317] Eindeutig ist die einseitige Leistungsbestimmung unbillig, wenn sie in den Kernbereich des ausgehandelten Arbeitsvertrages eingreift und dadurch die Voraussetzungen einer Änderungskündigung unterläuft.[318] Verglichen mit den oben ausgeführten Grundsätzen zur Sittenwidrigkeit gem. § 138 BGB[319] muss die Grenze hier aber höher sein, da das „angemessene" Ergebnis im Rahmen des § 106 GewO höher ist als das vertretbare Minimum im Rahmen des § 138 BGB.[320] Die Rechtsprechung ist hier uneinheitlich:

- In einer Entscheidung war eine 15 %ige Unterschreitung des Tarifgehalts nicht ausreichend für die Unbilligkeit[321]
- In einer anderen Entscheidung haben 20 % Unterschreitung ausgereicht[322]
- Eine 31 % ige Unterschreitung des üblichen Gehalts sollte dagegen in einem bestimmten Fall wiederum nicht unbillig sein[323]

Es empfiehlt sich hier, auf die zeitlich letzte Entscheidung des Bundesarbeitsgerichts aus dem Jahr 2002 abzustellen, welche von einer 20 % igen Unterschreitung für den Maßstab der Unbilligkeit ausgegangen ist. Jedenfalls ist dies als grober Anhaltspunkt heranzuziehen, die Einzelfallbetrachtung darf allerdings nicht außer Acht gelassen werden.

In jedem Fall ist eine Leistungsbestimmung nicht mehr billig, wenn der Arbeitgeber selbst die Zielerreichung verhindert.

---

315 Brors, RdA, 2004, 273, 275.

316 Bauer/Diller/Göpfert, BB 2002, 882, 884; Riesenhuber/v.Steinau-Steinrück, NZA 2005, 785,788; Hümmerich/Reufels – Mengel § 1 Rn. 1456.

317 LAG Berlin 3.11.1986 – 9 Sa 65/86, DB 1987, 1899.

318 BAG 15.05.2013, AP BGB § 315 Nr. 111; Brors, RdA, 2004, 273, 276.

319 § 8 B. III., S. 81.

320 Brors, RdA, 2004, 273, 276.

321 BAG 21.04.1993, AP Nr. 34 zu § 3 KSchG.

322 BAG 07.08.2002, AP Nr. 81 zu § 315 BGB.

323 BAG 13.05.1987, AP Nr. 4 zu § 305 BGB Billigkeitskontrolle.

Beispiel:

Wirtschaftliche Erwägungen veranlassen den Fußballverein, den Spieler nicht mehr so einzusetzen und so die Prämie zu sparen.[324]

Unbillig ist es auch, wenn der Arbeitgeber die versprochene Prämie nicht zu zahlen braucht, da er die vertraglich als Bezugspunkt vereinbarten Unternehmensgewinne verlagert[325] oder Aufträge so vergibt, dass der Arbeitnehmer die Prämienhöhen nicht erreichen kann[326].

3. Inhaltskontrolle von Zielvereinbarungen gem. §§ 305 ff. BGB?

a) Anwendbarkeit der §§ 305 ff. BGB

Bei der Inhaltskontrolle gem. §§ 305 ff. BGB wird im Gegensatz zur Billigkeitskontrolle eine bestehende Vertragsvereinbarung anhand rechtlicher Wertungen überprüft.[327]

Die Vereinbarung, welche die Erreichung von Zielen innerhalb einer bestimmten Zielperiode aufschiebend bedingt, die zu erreichenden Ziele und deren Gewichtung beschreibt und die von den Arbeitsvertragsparteien gemeinsam festzulegen ist – und zwar im Rahmen der oben genannten beidseitigen und einvernehmlichen Zielvereinbarung – unterliegt jedenfalls keiner allgemeinen Billigkeitskontrolle gem. §§ 106 GewO, 315 Abs. 3 BGB[328]; denn die Billigkeitskontrolle setzt tatbestandlich voraus, dass die Leistung – also in diesem Fall die Entlohnung – einseitig bestimmt werden kann. Bei der Zielvereinbarung haben die Parteien aber gerade vereinbart, unter welchen Voraussetzungen die Zahlung erfolgt, sodass der Arbeitgeber dies nicht mehr einseitig bestimmen kann, sondern sich daran halten muss.[329]

Eine solche Vereinbarung könnte einer Inhaltskontrolle gem. §§ 305 ff BGB unterliegen. In Rechtsprechung und Literatur wird mitunter nicht oder nicht abschließend erörtert, ob die Zielvereinbarung einer Inhaltskontrolle gemäß dem Recht der AGB zu unterziehen ist.

---

324 Brors, RdA 2004, 273, 276; offen gelassen vom BAG 19.01.2000, AP Nr. 19 zu § 611 Berufssport.

325 LAG Hamm, 23.02.2001, NZA-RR 2001,525.

326 Sachverhaltsbeispiel aus BAG 07.08.2002, AP Nr. 81 zu § 315 BGB.

327 Brors, RdA 2004, 273, 277; Preis, Grundfragen der Vertragsgestaltung im Arbeitsrecht, S. 147.

328 BAG 12.12.2007, NZA 2008, S. 409 ff.; Annuß, NZA 2007, 290; Schaub/Linck § 77 Rn. 4.

329 Brors, RdA, 2004, 273, 276.

Zwar gibt es Einzelentscheidungen beispielsweise zu der Frage, ob eine Erhöhung der Arbeitszeit befristet[330], ob eine Bonuszahlung unter einen Freiwilligkeitsvorbehalt gestellt[331] oder ob eine Bonuszahlung von einem Stichtag abhängig gemacht werden darf[332]. Das Bundesarbeitsgericht hat auch entschieden, dass ein Widerrufsvorbehalt sämtlicher übertariflicher Leistungen nicht dem Recht der AGB standhält.[333] Darüber hinaus hat das Bundesarbeitsgericht in einer jüngeren Entscheidung geurteilt, dass eine Regelung, die es dem Arbeitgeber ermöglicht, die tatsächliche Höhe der variablen Vergütung nach billigem Ermessen unter Beachtung bestimmter Faktoren und der Erreichung vereinbarter Ziele zu bestimmen, nicht gegen das Transparenzgebot des § 307 Abs. 1 Satz 2 BGB verstößt.[334] In allen Entscheidungen, mit Ausnahme der zuletzt zitierten, waren die streitgegenständlichen Formulierungen jedoch direkt Gegenstand des Arbeitsvertrages und eben nicht einer konkret ausgehandelten Zielvereinbarung. Lediglich in der Entscheidung vom 14.11.2012[335] wurde ein Partnervergütungssystem in Form von Allgemeinen Geschäftsbedingungen beurteilt. Damit war in den meisten Fällen die Frage, ob es sich bei der Vereinbarung überhaupt um Allgemeine Geschäftsbedingungen im Sinne der §§ 305 ff. BGB handelt, gar nicht zu erörtern.

Das Bundesarbeitsgericht und Teile der Literatur sind der Auffassung, dass bei einer Zielvereinbarung die Grundsätze über die freie Entgeltvereinbarung uneingeschränkt Anwendung finden[336], mit der Folge, dass lediglich die Grenzen der Sittenwidrigkeit[337] zum Tragen kommen. Die Zielvereinbarung soll allerdings dem Transparenzgebot gem. §§ 307 Abs. 3 Satz 2 i.V.m. 307 Abs. 1 Satz 2 BGB unterliegen[338]. Diese Auffassung ist widersprüchlich. Denn sofern eine Inhaltskontrolle nicht stattfindet und es sich um eine freie Entgeltvereinbarung handelt, kann auch das Transparenzgebot gem. §§ 307 Abs. 3 Satz 2 i.V.m. 307 Abs. 1 Satz 2 BGB nicht zur Anwendung kommen. Es könnte höchstens eine Ausübungskontrolle über § 242 BGB vorgenommen werden.[339] Voraussetzung

330 BAG 27.07.2005, NZA 2006, 40.
331 BAG 24.10.2007, AP Nr. 32 zu § 307 BGB.
332 BAG 24.10.2007, AP Nr. 32 zu § 307 BGB.
333 BAG 11.10. 2006, NZA 2007, S. 87.
334 BAG 14.11.2012, BeckRS 2013, 65960, NZA 2013, 1150 ff.
335 BAG 14.11.2012, BeckRS 2013, 65960, NZA 2013, 1150 ff.
336 BAG 12.12.2007, NZA 2008, 409 ff; Bauer/Diller/Göpfert, BB 2002, 882, 884 f.
337 § 8 B. III., S. 82.
338 BAG 12.12.2007, NZA 2008, 409 ff.
339 § 8 B. IV. 3., S. 87.

für eine Überprüfung am Recht der AGB ist, dass es sich bei der Zielvereinbarung um eine Allgemeine Geschäftsbedingung handelt; dafür müsste es sich bei der Zielvereinbarung um eine für eine Vielzahl von Verträgen vorformulierte Vertragsbedingung handeln, § 305 Abs. 1 Satz 1 BGB. Dies ist schon problematisch, weil eine Zielvereinbarung meist gerade nicht für eine Vielzahl von Fällen formuliert, sondern einzeln ausgehandelt wird. Eine Anwendung kommt daher lediglich über § 310 Abs. 3 Nr. 2 BGB in Betracht. Demnach finden die §§ 305 c Abs. 2, 306, 307–309 BGB Anwendung auf vorformulierte Vertragsbedingungen zwischen Unternehmer und Verbraucher, wenn diese nur zur einmaligen Verwendung bestimmt sind und soweit der Arbeitnehmer keinen Einfluss auf ihren Inhalt nehmen kann. Da die Verbrauchereigenschaft des Arbeitnehmers inzwischen anerkannt ist[340], bleibt zu klären, ob die Zielvereinbarung als echte Individualabrede nicht der Anwendung des Rechts der AGB unterliegen.

b) Zielvereinbarung als echte Individualabrede?

Sofern es sich bei der Zielvereinbarung um eine ausgehandelte, nicht der AGB-Kontrolle unterliegende Individualabrede handeln würde, wären die Grundsätze der freien Entgeltvereinbarung uneingeschränkt anwendbar. In diesem Fall wären die Parteien bis zur Grenze der Sittenwidrigkeit gem. § 138 BGB frei in der Gestaltung.[341] Es könnte lediglich eine Ausübungskontrolle über § 242 BGB vorgenommen werden, indem die Befugnis, sich auf rechtswirksam vereinbarte Rechtspositionen zu berufen, begrenzt würde. Diese Grenze ist in der Regel bei strukturellen Störungen der Vertragsparität zu ziehen, wenn der Inhalt des Vertrags eine Seite ungewöhnlich belastet und als Interessenausgleich offensichtlich ungeeignet ist; dies betrifft im Wesentlichen die Hauptleistungspflichten des Vertrages, also das Entgelt und die Leistung, und erfordert eine Gesamtschau der vertraglichen Regelungen.[342]

Ein Aushandeln oder Einflussnehmen im Sinne von § 305 Abs. 1 Satz 3 bzw. § 310 Abs. 3 Nr. 2 BGB erfordert ein wirkliches Aushandeln, das heißt mehr als verhandeln. Der Arbeitgeber muss den Kern der Klausel deutlich und ernsthaft zur Disposition des Arbeitnehmers stellen und ihm die Möglichkeit einräumen, den Inhalt der fraglichen Klausel beeinflussen zu können.[343] Übertragen auf die Zielvereinbarung bedeutet dies, dass sie dann nicht nach dem Recht der AGB zu überprüfen ist, wenn der Arbeitnehmer selbst mitentscheiden könnte,

---

340 BAG 25. 5. 2005, NZA 2005, 1111.

341 § 8 B. III., S. 82.

342 ErfK/Preis, § 305–310 BGB, Rn. 24.

343 ErfK/Preis, § 305–310 BGB, Rn. 24; BAG 27.07.2005, AP Nr. 6 zu § 307 BGB.

welche Ziele vereinbart werden. Es müsste ernsthaft zur Disposition stehen, ob der Unternehmenserfolg ein Ziel darstellt oder eher die verbesserte Kundenzufriedenheit. Der Arbeitnehmer müsste mitentscheiden können, welcher Grad der Zielerreichung erforderlich ist um seinen variablen Gehaltsbestandteil zu erlangen.

In der Praxis stellt das den weitaus selteneren Fall dar. Denn die tatsächlichen Verhältnisse spiegeln das Gegenteil wider. Die Ziele werden in aller Regel vom Konzern vorgegeben und dann in den Unternehmen auf die einzelnen Hierarchieebenen weitergegeben. Wie *Berwanger*[344] treffend sagt:

> *„Es darf als empirisch gesichert bezeichnet werden, dass Ziele in der heutigen Praxis in vielen Fällen tatsächlich weitgehend vorgegeben und nicht vereinbart werden."*[345]

Das Tatsächliche kollidiert hier somit mit dem nach rechtlicher Auslegung Ermittelten. Zwar kann eine Vertragsauslegung ergeben, dass die Parteien geregelt haben, dass die Ziele „vereinbart" werden; dieses Vereinbaren reicht jedoch aufgrund der praktischen tatsächlichen Handhabung in der Regel nicht dafür aus, um die Voraussetzung des echten „Aushandelns" im Sinne von § 305 Abs. 1 Satz 3 BGB bzw. § 310 Abs. 3 Nr. 2 BGB zu erfüllen. Denn dafür muss mehr als bloßes Verhandeln vorliegen.[346]

Demzufolge ist die Inhaltskontrolle nach dem Recht der AGB nicht deshalb ausgeschlossen, weil es sich bei der Zielvereinbarung um einzelne ausgehandelte Vertragsbedingungen handelt.[347]

c) Unangemessene Benachteiligung im Rahmen der Zielvereinbarung?

Ob die Zielvereinbarung nunmehr anhand von § 307 BGB einer Kontrolle unterliegt, richtet sich in erster Linie danach, welche arbeitsrechtlichen Besonderheiten zu beachten sind, § 310 Abs. 4 Satz 2 BGB. *Brors* diskutiert dies am Leitbild der arbeitsrechtlichen Risikoverteilung und ist der Auffassung, dass eine Zielvereinbarung den Arbeitnehmer unangemessen benachteilige, wenn Ziele vereinbart würden, auf deren Erreichen der Arbeitnehmer keinen Einfluss habe. Hier ist eine Parallele zur Zielvorgabe erkennbar, die in einem solchen Fall der Billigkeitskontrolle nicht mehr standhalten würde.[348] So ist *Brors* der Auffassung, dass Ziele unzulässig seien, die die Vergütung beispielsweise an die Erreichung eines

---

344 Berwanger, BB 2004, 552.

345 Berwanger, BB 2004, 552.

346 Horcher, BB 2007, 2065, 2066; BAG 27.07.2005, NZA 2006, 40, 44.

347 im Ergebnis so auch Däubler, ZIP 2004, 2209, 2211.

348 § 8 B. IV. 2., S. 85.

bestimmten Aktienkurses knüpfen, da der Arbeitnehmer hier keinerlei Einfluss auf die Marktteilnahme habe. Entscheidendes Kriterium sei der „Gleichlauf von Einfluss und Risiko".[349] *Annuß* hingegen hält eine derart weitgehende Inhaltskontrolle von Zielvereinbarungen für verfehlt. Sei die Grenze zur Sittenwidrigkeit nicht überschritten, so sei es alleine Sache der Arbeitsvertragsparteien, die Angemessenheit der Gegenleistung zu beurteilen und sie nach gemeinsamem Gutdünken zu strukturieren. Wie generell im Privatrechtsverkehr, so stehe auch im Arbeitsrecht nichts entgegen, die Höhe der Vergütung zumindest teilweise an solchen Umständen festzumachen, die von keiner Partei des Arbeitsvertrags oder allein vom Arbeitgeber gesteuert werden können.[350]

Im Ergebnis kann *Annuß* gefolgt werden, jedoch mit der Einschränkung, dass man sich bei der Beurteilung des Maßstabes der Sittenwidrigkeit an der Rechtsprechung des Bundesarbeitsgerichts (mindestens 70 % des Tarifgehalts) orientiert. Folglich müssen mindestens 70 % des Tarifgehalts garantiert sein und zwar unabhängig davon, ob das Unternehmen den Aktienkurs erreicht hat oder nicht.

Die Definition von *Annuß*, Sittenwidrigkeit sei anzunehmen, je nach dem mit welchem Einkommen bei gewöhnlichem Lauf der Dinge gerechnet werden kann, ist an dieser Stelle zu ungenau. Sofern eine klare Grenze für die Sittenwidrigkeit gezogen wird, ist kein Grund ersichtlich, warum darüber hinaus gehende Vergütungsbestandteile nicht auch von – nicht durch den Arbeitnehmer beeinflussbaren – Zielen sollen abhängen können.

d) Transparenzgebot

In jedem Fall müssen sowohl die Rahmenregelung im Arbeitsvertrag als auch die konkrete Zielvereinbarung für den Arbeitnehmer transparent sein; dies scheint in der Literatur auch unbestritten.[351] Für Vereinbarungen, die der AGB Kontrolle unterliegen, ergibt sich dies aus §§ 307 Abs. 1 Satz 2 BGB.[352] Transparenz bedeutet, dass ein durchschnittlicher Arbeitnehmer erkennen kann, was mit der Abmachung gemeint ist; die Klausel darf auch keine falschen Erwartungen oder Vorstellungen wecken, indem sie beispielsweise wichtige Punkte nicht regelt.[353]

---

349 Brors, RdA 2004, 273, 280.

350 Annuß, NZA 2007, 290, 291.

351 Däubler, ZIP 2004, 2209, 2212 .

352 Däubler, ZIP 2004, 2209, 2212; Rieble, Sonderbeil. NZA H.3/2000 (noch ausgehend vom AGBG), 41; BAG 11. 10. 2006, NZA 2007, 87 (Widerrufsvorbehalt); 27.7.2005, NZA 2006, 40 (zur Befristung von Bonusregelung).

353 Däubler, ZIP 2004, 2209, 2212.

Besonderer Bedeutung kommt der Transparenz bei sogenannten überfordernden Zielen zu.

Beispiel:

Der Außendienstmitarbeiter hat eine 37,5 Stundenwoche. Aufgrund eines Personalabbaus werden Mitarbeiter im Außendienst entlassen. Er bekommt als Ziel 15 % Umsatzsteigerung.

Realistisch betrachtet dürfte der Außendienstmitarbeiter – sofern er in der Vergangenheit zeiteffizient gearbeitet hat – dieses Ziel nur erreichen können, wenn er mehr Arbeitszeit aufwendet. Diese Folge müsste jedoch in der Zielvereinbarung enthalten sein. Anderenfalls würde die Vereinbarung das Transparenzgebot verletzten.

Darüber hinaus kommt das Transparenzgebot insbesondere bei den sogenannten weichen Zielen zum Tragen (beispielsweise Verbesserung der Personalführungskompetenz; Erhöhung der Teamfähigkeit; Verbesserung des Internetauftritts etc.). In solchen Fällen fehlt es augenscheinlich an der Transparenz. Ob das Ziel am Ende der Beurteilungsperiode erreicht wurde oder nicht hängt von der Willkür des Beurteilenden ab, denn solche weichen Ziele sind gerade nicht messbar. Dennoch kommen die Vereinbarungen solch weicher Ziele in der Praxis zuhauf vor. Die Lösung zur transparenten Gestaltung kann nur darin bestehen, dass ein objektives Verfahren eingeführt wird, im Rahmen dessen am Ende des Beurteilungszeitraums eine Überprüfung durch verschiedene Personen, in letzter Konsequenz auch durch einem neutralen Dritten (Sachverständiger o.ä.), erfolgt. Dieser entscheidet dann letztendlich über die Erreichung des Ziels.[354] Ohne ein solches Verfahren wäre die Vereinbarung wegen Verstoßes gegen das Transparenzprinzip unwirksam.

4. *Maßstab für Betriebsvereinbarung?*

Sofern sich Fragen im Zusammenhang mit dem Abschluss und der Wirksamkeit einer Betriebsvereinbarung zum Zielvereinbarungsprozess stellen, wird man zu dem Ergebnis kommen, dass die Grenzen der Billigkeits- und Inhaltskontrollen auch hier gelten. Zwar finden die Vorschriften der §§ 305 ff. BGB gem. § 310 Abs. 4 BGB nicht auf Betriebsvereinbarungen Anwendung. Die Wirksamkeit von Betriebsvereinbarungen orientiert sich aber am Grundgesetzt. Denn die Betriebsparteien sind beim Abschluss ihrer Vereinbarungen gem. § 75 Abs. 1 und 2 BetrVG an die Grundsätze von Recht und Billigkeit gebunden und damit auch zur Wahrung der grundrechtlich geschützten

354 ähnlich auch Däubler, ZIP 2004, 2209, 2213.

Freiheitsrechte verpflichtet[355]. Demzufolge ist eine Betriebsvereinbarung nichtig, wenn sie gegen das für Rechtsnormen geltende, in Art. 20 Abs. 3 GG geregelte Bestimmtheitsgebot verstößt. Dies ist der Fall, wenn aus der Betriebsvereinbarung nicht hinreichend erkennbar ist, welche Rechtsfolgen an ein bestimmtes Verhalten geknüpft werden und es somit an der durch das Bestimmtheitsgebot bezweckten Vorhersehbarkeit der Rechtsfolgen und an der durch eine ex ante-Regelung gewährten Gerechtigkeit fehlt.[356]

Folglich kann auch eine Betriebsvereinbarung, die dem Transparenzgebot nicht entspricht, wegen Verstoßes gegen Art. 20 Abs. 3 GG nichtig sein.

5. *Zwischenergebnis*

Die Zielvereinbarung unterliegt demnach einer eingeschränkten AGB Kontrolle. Die Ziele an sich unterliegen – sofern sie ausnahmsweise tatsächlich „verhandelt" werden – als echte Entgeltabrede nur der Grenze der Sittenwidrigkeit. Im Übrigen werden sowohl die konkrete Zielvereinbarung als auch die Rahmenvereinbarung gemäß dem Recht der AGB, insbesondere im Hinblick auf das Transparenzgebot, unter Berücksichtigung der arbeitsrechtlichen Besonderheiten zu kontrollieren sein.

Im Rahmen der Wirksamkeitsüberprüfung einer Betriebsvereinbarung findet sich die Grenze des Transparenzgebots in dem im Grundgesetz verankerten Bestimmtheitsgrundsatz des Art. 20 Abs. 3 GG wieder.

V. S.M.A.R.T. Kriterien

In der Praxis ist es zur Regel geworden, in kollektiven Rahmenregelungen über den Zielvereinbarungsprozess die Grundsätze des Projektmanagements für Zielvereinbarungen zu übernehmen. Demnach müssen Ziele S.M.A.R.T. sein.

S.M.A.R.T. ist ein Akronym für „Specific Measurable Accepted Realistic Timely" und dient im Projektmanagement als Kriterium zur eindeutigen Definition von Zielen im Rahmen einer Zielvereinbarung.[357] Es gibt auch abweichende Auflösungen des Akronyms, so wird im Zeitmanagement z.B. das Akronym: „Specific Measurable Achievable Realistic Timely" verwendet, wobei *achievable* in der deutschen Übersetzung zumeist mit *anspruchsvoll* übersetzt wird, da die Ziele im Zeitmanagement eher persönliche, also sowohl berufliche also auch

355 BAG 12.04.2011, NZA 2011, 989 ff.

356 LAG Düsseldorf 14.12.2005 – 12 (13) Sa 1262/05 n.v.

357 Doran, G. T. (1981). There's a S.M.A.R.T. way to write management's goals and objectives. Management Review, Volume 70, Issue 11(AMA FORUM), pp. 35–36 bei Wikipedia, S.M.A.R.T.(Projektmanagement).

private Ziele sind. Das *anspruchsvoll* greift hier den Sinn des englischen *achievable* auf, welches in diesem Zusammenhang meint, dass ein zu geringes Ziel nicht motivierend ist.

Im Deutschen kann man es beispielsweise so übersetzen:

S	Spezifisch	Ziele müssen eindeutig definiert sein (nicht vage, sondern so präzise wie möglich).
M	Messbar	Ziele müssen messbar sein (Messbarkeitskriterien).
A	Akzeptiert	Ziele müssen von den Empfängern akzeptiert werden/sein (auch: angemessen, attraktiv oder anspruchsvoll)
R	Realisierbar	Ziele müssen erreichbar sein.
T	Terminierbar	Zu jedem Ziel gehört eine klare Terminvorgabe, bis wann das Ziel erreicht sein muss.

Ein Ziel ist nur dann S.M.A.R.T., wenn es diese fünf Bedingungen erfüllt. Für die Beurteilung der rechtlichen Wirksamkeit ist hingegen allein auf die voranstehenden rechtlichen Kriterien abzustellen.

VI. Einzelfälle

1. Unterbliebene Zielvereinbarung oder Zielvorgabe?

In der Praxis stellt sich immer wieder die Frage, wie hinsichtlich der variablen Entgeltbestandteile zu verfahren ist, wenn eine Zielvereinbarung oder Zielvorgabe unterblieben ist und somit keine Ziele zur Bemessung des Entgelts vorhanden sind.[358] Für die Lösung dieses Problems ist vor allen Dingen die Unterscheidung zwischen Zielvereinbarung und Zielvorgabe wichtig. Denn bei einer Zielvorgabe hat der Arbeitnehmer keine Mitwirkungspflichten für das Zustandekommen der Zielvorgabe; die Initiativlast trägt allein der Arbeitgeber. Sofern eine Vorgabe bzw. Festlegung von Zielen bei Zielvorgaben unterbleibt, soll nach einer in Rechtsprechung und Literatur vertretenen Auffassung gem. §§ 315 Abs. 3 Satz 2 die Festlegung von Zielen durch Urteil erfolgen.[359]

Bei einer unterbliebenen Zielvereinbarung schuldet der Arbeitgeber gem. §§ 280 Abs. 1 und 3 BGB i.V.m. §§ 283 Satz, 252 BGB Schadensersatz, wenn

358 zu dieser Frage: Gaul/Rauf, DB 2008, 869 ff.; zur Folge hinsichtlich der Berechnung des Insolvenzgeldes: BSG 23.03.2006, BB 2006, 1864 ff.; Schmiedl, BB 2006, 2417 ff.

359 LAG Hessen 29. 1. 2002, AiB 2002, 575 ff; ArbG Düsseldorf 13. 8. 2003, DB 2004, 1103; Küttner/Griese, Personalhandbuch 2013, Zielvereinbarung, Rn. 14; Mauer, NZA 2002, 540; Brors, RdA 2004, 273; Riesenhuber/v. Steinau-Steinrück, NZA 2005, 785.

die Zielvereinbarung aus seinem Verschulden nicht zu Stande gekommen ist.[360] Denn der arbeitsvertragliche Anspruch des Arbeitnehmers auf einen variablen Gehaltsbestandteil gemäß einer Zielvereinbarung verpflichtet den Arbeitgeber, mit dem Arbeitnehmer Verhandlungen über den Abschluss einer Zielvereinbarung zu führen und ihm realistische Ziele für die jeweilige Zielperiode anzubieten.[361] Dieser Verpflichtung kommt der Arbeitgeber erst dann nach, wenn er dem Arbeitnehmer im Rahmen seines Angebots zum Abschluss einer Zielvereinbarung Ziele nennt, die der Arbeitnehmer erreichen kann.[362] Der Umfang des zu ersetzenden Schadens richtet sich nach §§ 249, 252 BGB. Bei der Höhe des Schadens ist Grundlage für die abstrakte Schadensermittlung nach § 252 Satz 2 BGB die für den Fall der Zielerreichung zugesagte variable Vergütung,[363] wobei diese Bestimmung eine § 287 ZPO ergänzende Beweiserleichterung enthält. Danach ist grundsätzlich davon auszugehen, dass der Arbeitnehmer vereinbarte Ziele erreicht hätte, wobei der Arbeitgeber dem entgegenstehende Umstände vortragen und beweisen müsste, wenn sie als Mitverschulden des Arbeitnehmers Berücksichtigung finden sollen.

Trotz unterbliebener Zielvereinbarung kann ein Schadensersatzanspruch des Arbeitnehmers entfallen, wenn dem Arbeitnehmer durch Nichtabschluss der Zielvereinbarung kein Schaden entsteht, weil auch bei unterstellter Zielvereinbarung und Erreichen aller festgelegten Ziele die Festsetzung des Leistungsbonus durch den Arbeitgeber auf „Null“ billigem Ermessen entsprach.[364]

2. Anpassungspflicht

An Relevanz hat die Frage der Zielanpassung während der laufenden Beurteilungsperiode gewonnen, beispielsweise weil die Ziele aufgrund unerwarteter wirtschaftlicher Rahmenbedingungen nicht mehr erreichbar sind. Hier wird nach allgemeiner Auffassung davon ausgegangen, dass eine Anpassung der Ziele im Rahmen einer Zielvereinbarung nach den Grundsätzen des Wegfalles der Geschäftsgrundlage, § 313 BGB zu erfolgen habe.[365] Jedoch ist die entscheidende

---

360 BAG 12.12.2007, NZA 2008, 409 ff., BAG 10.12.2008, NZA 2009, 256 ff.

361 BAG 12.05.2010, NZA 2010, 1009 ff.

362 BAG 10.12.2008, NZA 2009, 256 ff.

363 BAG 10.12.2008, NZA 2009, 256 ff.

364 BAG 20.03.2013, BeckRS 2013, 69230.

365 Mauer, NZA 2002, 540, Riesenhuber/v.Steinau-Steinbrück, NZA 2005, 785, Annuß, NZA 2007, 290; LAG Düsseldorf, 30.04.2009, BB 2009, 2037 ff.; **a.A.** Heiden, DB 2009, 2714, 2715, der einen allgemeinen Korrekturanspruch der durch die unterjährige Änderung belastete Partei annimmt.

Frage noch nicht verlässlich gelöst, unter welchen Voraussetzungen ein Wegfall der Geschäftsgrundlage im Einzelfall anzunehmen ist. Das beurteilt sich danach, welche Risiken die Arbeitsvertragsparteien im Hinblick auf mögliche Veränderungen mit der vertraglichen Regelung übernommen haben bzw. inwieweit mit der Zielvorgabe eine Risikoverteilung erfolgt ist. Denn § 313 BGB ist nicht anwendbar, wenn sich durch die Störung ein Risiko verwirklicht, das eine Partei zu tragen hat.[366] Folglich kommt es auch hier darauf an, ob Gegenstand der Zielvereinbarung eine einseitige Zielvorgabe durch den Arbeitgeber (Risiko beim Arbeitgeber) oder eine Zielvereinbarung (beiderseitige Risikoverteilung) darstellt. Fehlt eine solche Regelung, muss die Qualität der Ziele Hinweise für eine richtige Risikoabgrenzung geben.

Nach herrschender Auffassung in der Literatur kommt es folglich darauf an, ob das Risiko in der Sphäre beider Parteien oder nur der des Arbeitgebers liegt. Nur im ersteren Falle habe der Mitarbeiter einen Anspruch auf Anpassung nach den Grundsätzen über die Störung der Geschäftsgrundlage.[367] Weiter geht *Köppen,* die generell eine Pflicht des Arbeitgebers zu einer unverzüglichen Zielkorrektur annimmt.[368]

Sofern die Ziele im Rahmen einer Zielvereinbarung aus Gründen, die der Arbeitnehmer nicht zu vertreten hat – z.B. mangelnde Stellenbesetzung, Absatzschwierigkeiten, Managementfehler –, nicht mehr erreichbar sind, muss eine Anpassung erfolgen; anderenfalls wird die Zielerreichung für den Arbeitnehmer unmöglich, sodass ein Schadensersatzanspruch gem. § 280 Abs. 1 BGB entstehen kann.

3. *Zielvereinbarung ohne Arbeitsleistung*

In Einzelfällen kann auch die Frage Schwierigkeiten bereiten, welche Auswirkung die Nichterbringung der Arbeitsleistung – beispielsweise das Ruhen des Arbeitsverhältnisses aufgrund von Elternzeit und Pflegezeit, Betriebsratstätigkeit oder krankheits- bzw. urlaubsbedingte Fehlzeiten – auf die Entgeltzahlung aus Zielvereinbarung bzw. Zielvorgabe haben.

Für den Fall der krankheitsbedingten Ausfälle existiert eine gesetzliche Regelung. Gem. § 3 EFZG ist der Arbeitnehmer im Krankheitsfall für die Dauer von sechs Wochen so zu stellen, als hätte er seine Arbeitsleistung in der fraglichen Zeit in gleicher Weise wie sonst erbracht. Daher muss sich der Arbeitnehmer auf

---

366 Palandt/Grünberg, § 313 Rn. 19.

367 Bauer / Diller / Göpfert, BB 2002, 882, 884; Mauer, NZA 2002, 540, Riesenhuber/v. Steinau-Steinbrück, NZA 2005,785; Annuß, NZA 2007, 290.

368 Köppen, DB 2002, 374,379.

hypothetische Zielerreichung berufen können, da anderenfalls eine Verletzung dieses Grundsatzes erfolgen würde.[369] Eine Kürzung während der Krankheit gem. § 4 a EFZG kommt nach überwiegender Auffassung jedenfalls dann nicht in Frage, wenn die Zahlung der Vergütung an die Leistung des Arbeitnehmers anknüpft.[370] Dasselbe muss für Zeiten der Betriebsratstätigkeit und Zeiten der urlaubsbedingten Abwesenheit gelten. Denn auch in diesen Fällen erfolgt gemäß den gesetzlichen Vorschriften grundsätzlich eine Fortzahlung der Vergütung.

Im Falle von Betriebsratstätigkeit ist der Arbeitgeber gem. § 37 Abs. 2 BetrVG verpflichtet, das Mitglied des Betriebsrats ohne Minderung des Arbeitsentgeltes freizustellen. Sofern in einem solchen Fall variable Vergütungsbestandteile, die zielvereinbarungsgestützt sind, gekürzt würden, läge darin eine unzulässige Benachteiligung von Betriebsräten gem. § 78 Satz 2 BetrVG. Daher muss das Betriebsratsmitglied so gestellt werden, wie es ohne Ausübung der Betriebsratstätigkeit stünde.

Sofern Arbeitnehmer urlaubsbedingte Abwesenheitszeiten aufweisen, haben sie grundsätzlich einen Anspruch auf Zahlung von Urlaubsentgelt gem. § 11 BUrlG. Demnach ist der durchschnittliche Arbeitsverdienst der letzten dreizehn Wochen vor dem Beginn des Urlaubs für die Berechnung des Urlaubsentgelts zugrunde zu legen. Zum Arbeitsentgelt gehört der tatsächlich verdiente Lohn, auch Prämienlohn, sofern er als Vergütung für die geleistete Arbeit gezahlt wird.[371] Genau das ist bei zielgestützten Entgeltvereinbarungen der Fall, denn hier erfolgt die Zahlung für geleistete Arbeit. Etwas anderes gilt für einmalige Prämien, die keine laufende Arbeitsleistung honorieren. Diese bleiben unberücksichtigt.[372] Demzufolge ist die Leistung aus Zielvereinbarung mit reinem Entgeltcharakter weiter zu bezahlen und nicht zu kürzen.

Etwas anderes gilt im Falle von Pflegezeit und Elternzeit. In diesen Fällen ruht das Arbeitsverhältnis, demzufolge ruhen auch die gegenseitigen Hauptleistungspflichten. Daher kann das Entgelt aus Zielvereinbarung für jeden Monat, in dem das Arbeitsverhältnis ruht, anteilig gekürzt werden.

---

369 so auch Mauer, NZA 2002,540; Riesenhuber/v. Steinau-Steinbrück, NZA 2005,785; Annuß, NZA 2007,290; **a.A:** Bauer / Diller / Göpfert, BB 2002, 882, 884, die davon ausgehen, Ansprüche bestünden nur nach Maßgabe der tatsächlich erreichten Ziele, da Vergütung nur im Zielerreichungsfall geschuldet sei.

370 Riesenhuber/v.Steinau-Steinbrück, NAZ 2005, 785, Annuß, NZA 2007, 290; ErfK/Dörner § 4a EFZG Rn. 8.

371 ErfK/Gallner § 11 BurlG, R.6.

372 BAG 19.09.1985, AP Nr. 21 zu § 13 BUrlG.

4. Bindungsklauseln in Zielvereinbarungen

Häufig sind in Vereinbarungen zu zielgestützten Zahlungen Regelungen enthalten, die eine Auszahlung vom Bestehen des Arbeitsverhältnisses abhängig machen. Es stellt sich die Frage, ob eine solche Vereinbarung im Rahmen einer Zielvereinbarung zulässig ist.

a) Rechtliche Zulässigkeit

aa) Das Bundesarbeitsgericht[373] hat hierzu in einem Fall am Rande Stellung genommen, in welchem eine Vereinbarung an ein Bestehen des Arbeitsverhältnis zu einem bestimmten Stichtag anknüpfte. Allerdings hat das Bundesarbeitsgericht diese Vereinbarung bereits deshalb für unwirksam erachtet, weil eine Bonusauszahlung zunächst zugesagt und sodann unter einen Freiwilligkeitsvorbehalt gestellt wurde. Eine solche Vereinbarung sei unwirksam, weil sie gegen das Transparenzgebot verstoße.

Es handelte sich um folgende vertragliche Vereinbarung:

„3. Vergütung

Für Ihr Arbeitsverhältnis gelten die Tarifverträge für das private Bankgewerbe. Ihre Bruttogehaltsvereinbarung ist außertariflich und beträgt jährlich: EUR 49 200. Dieser Betrag wird Ihnen jeweils am 15. d.M. in 12 monatlichen Teilbeträgen in Höhe von EUR 4100 gezahlt. Mit Ihrem Gehalt sind alle von Ihnen geleisteten Überstunden abgegolten.

Darüber hinaus erhalten Sie einen gewinn- und leistungsabhängigen Bonus, der im ersten Jahr Ihrer Betriebszugehörigkeit EUR 7700 nicht unterschreiten wird und im Frühjahr des Folgejahres zur Auszahlung kommt. Danach nehmen Sie an dem in unserem Hause üblichen Bonussystem teil. Die Zahlung des Bonus erfolgt in jedem Falle freiwillig und begründet keinen Rechtsanspruch für die Zukunft.

Der Anspruch auf Zahlung eines Bonus entfällt, wenn Sie am 1. 4. des Auszahlungsjahres nicht mehr in einem ungekündigten Arbeitsverhältnis mit unserem Hause stehen.

Bei Beginn des Vertragsverhältnisses im Laufe eines Kalenderjahres werden alle Vergütungen zeitanteilig berechnet.“

Das Arbeitsverhältnis endete auf Grund einer Kündigung des Kl. vom 29. 6. 2004 mit Ablauf des 30. 9. 2004. Der Kläger klagte seinen Bonus für die Monate Januar bis September 2004 ein. Der Arbeitgeber hat sich auf die Stichtagsklausel berufen.

Die Klausel ist nach Auffassung des Bundesarbeitsgerichts unwirksam, da sie widersprüchlich sei. Die Vereinbarung, wonach die Zahlung des Bonus in jedem Fall freiwillig erfolge und keinen Rechtsanspruch für die Zukunft begründe, verstoße

373 BAG 24.10.2007, AP Nr. 32 § 307 BGB.

gegen das Transparenzgebot gem. § 307 Abs. 1 BGB und sei deshalb unwirksam. Denn die Klausel stehe im Widerspruch zu der vorherstehenden Klausel, dass der Arbeitnehmer einen gewinn- und leistungsabhängigen Bonus erhalte, der im ersten Jahr der Betriebszugehörigkeit € 7.700, – nicht unterschreite. Hiermit hätten die Parteien eine Verpflichtung des Arbeitgebers zur Bonuszahlung begründet. Aufgrund der unklar gefassten Vertragsklausel bestünde die Gefahr, dass der Arbeitnehmer davon abgehalten werde, seinen Bonusanspruch geltend zu machen; hierin ist die unangemessene Benachteiligung zu sehen, die den Arbeitnehmer trifft.

Auch die Stichtagsklausel sei zu weit gefasst und benachteilige den Arbeitnehmer unangemessen. Zwar nimmt der Senat keine Stellung dazu, ob die vom Bundesarbeitsgericht für Rückzahlungsklauseln bei Sonderzahlungen entwickelten Grundsätze anzuwenden seien[374] (erhält ein AN eine Gratifikation am Ende des Jahres von zwischen € 100 und einem Bruttomonatsgehalt, ist eine Bindung bis zum 31.3. des Folgejahres zulässig[375]; erhält er eine Gratifikation, die ein zweifaches Bruttomonatsgehalt nicht erreicht, kann er jedenfalls nicht über den 30.6. des Folgejahres gebunden werden, wenn er bis dahin mehrere Kündigungsmöglichkeiten hatte.[376]) Vielmehr stellt er hier darauf ab, dass die Klausel nicht zwischen einer vom Arbeitnehmer ausgesprochenen Kündigung und einer vom Arbeitgeber ausgesprochenen Kündigung differenziere. Die Klausel stelle auch nicht darauf ab, ob der Vertragspartner die Kündigung veranlasst habe oder diese seinem Verantwortungsbereich zuzuordnen sei. Hierin sei jedenfalls bei der vorliegenden Bonuszahlung, bei der sehr viel dafür spreche, dass sie Entgelt für Leistung darstelle, eine unangemessene Behandlung des Arbeitnehmers zu sehen, welche die Klausel insgesamt unwirksam mache.

In einer neueren Entscheidung urteilte das Bundesarbeitsgericht, dass es eine unangemessene Benachteiligung iSv. § 307 Abs.1 Satz 1 BGB darstellt, wenn eine variable Vergütung oder deren Höhe in Allgemeinen Geschäftsbedingungen daran gebunden wird, dass der Arbeitnehmer auch nach Ablauf des Geschäftsjahres weiter für das Unternehmen tätig ist.[377] Eine solche Klausel sei unwirksam und benachteilige den Arbeitnehmer unangemessen. Denn sie stehe im Widerspruch zum Grundgedanken des § 611 Abs. 1 BGB, indem sie dem Arbeitnehmer bereits erarbeiteten Lohn entzieht. Sie verkürzt außerdem in nicht zu rechtfertigender Weise die nach Art. 11 Abs. 1 GG geschützte Berufsfreiheit des Arbeitnehmers,

374 BAG 21.05.2003, AP Nr. 250 § 611 BGB Gratifikation; BAG 27.10.1978, AP Nr. 99 § 611 BGB Gratifikation.

375 BAG 21.05.2003, AP Nr. 250 zu § 611 BGB Gratifikation.

376 BAG 27.10.1978, AP Nr. 99 zu § 611 BGB Gratifikation.

377 BAG 14.11.2012, AP Nr. 315 zu § 107 BGB.

weil sie die Ausübung seines Kündigungsrechts unzulässig erschwere.[378] Damit nimmt das Bundesarbeitsgericht Bezug auf seine vorstehend zitierte Entscheidung.

Das Bundesarbeitsgericht ist somit der Auffassung, dass Stichtagsklauseln – jedenfalls im Hinblick auf Vergütungen, die Entgelt für Leistung darstellen – unwirksam sind.

bb) In der Literatur besteht Uneinigkeit in der Frage, ob der Entgeltanspruch, der sich aus einer Zielvereinbarung ergibt, davon abhängig gemacht werden kann, dass das Arbeitsverhältnis an einem bestimmten Stichtag noch besteht.

Zum einen wird vertreten – entsprechend der vorangestellten Auffassung des BAG – dass solche Klauseln einen Verstoß gegen das Recht der AGB gem. §§ 305 ff. BGB darstellen. Wie oben bereits festgestellt[379], unterliegen Zielvereinbarungen einer eingeschränkten AGB Kontrolle.

Einige Stimmen in der Literatur vertreten die Auffassung, dass ein Ausscheiden des Arbeitnehmers bzw. eine Kündigung vor Ablauf der Zielperiode generell nicht zu einem Verlust des gesamten Anspruchs auf Zielvergütung führen dürfe.[380] Bei einer solchen Zahlung handele es sich um Arbeitsentgelt für erbrachte Gegenleistung, daher sei eine Stichtags- oder Rückzahlungsklausel unzulässig.

Eine differenzierende Gegenauffassung geht davon aus, dass Stichtags- oder Rückzahlungsklauseln zulässig seien, sofern die Höhe der Zielvergütung allein von unternehmensbezogenen vom Arbeitnehmer nicht zu beeinflussenden Zielen abhängig ist; sofern der Anspruch aber im Wesentlichen von der Leistung des Arbeitnehmers abhängt, seien diese Klauseln unzulässig.[381] Dies sei darin begründet, dass in ersterem Fall der Zweck der Leistung in der Bindung an den Betrieb – Betriebstreue – begründet sei.

cc) Eine Bindungsklausel oder Stichtagsklausel, die das Bestehen eines Arbeitsverhältnisses zu einem bestimmten späteren Zeitraum voraussetzt, um die Zahlung von Geldleistungen, die von der Erreichung von Zielen abhängig sind, zu erhalten, ist nach hier vertretener Auffassung unabhängig von der Frage der Wahrung des Transparenzgebots nicht zulässig.

Bei einer erfolgsabhängigen Zahlung handelt es sich stets um Entgelt für Arbeitsleistung[382]. Auch wenn hier der Zweck der Betriebstreue und Arbeitnehmermotivation eine Rolle spielen, ist dennoch die Hauptvoraussetzung

---

378 vgl. auch BAG 24.10.2007, AP Nr. 32 zu § 307 BGB.

379 § 8 B. IV. 3., S. 87.

380 Preis, Der Arbeitsvertrag, II Z 5 Rn. 28; Lindemann / Simon BB 2002, 1807, 1813.

381 Riesenhuber/v. Steinau-Steinbrück, NZA 2005, S. 785, 790.

382 BAG 12.04.2011, NZA 2011, 989 ff.

die Erbringung einer bestimmten Leistung. Sofern diese erbracht wird, muss auch das dafür synallagmatisch verpflichtend zu zahlende Entgelt geleistet werden und darf nicht noch von dem Bestehen des Arbeitsverhältnisses zu einem bestimmten Zeitpunkt abhängen. Denn gem. § 611 BGB ist der Arbeitgeber zur Erbringung der Gegenleistung verpflichtet, soweit der vorleistungsverpflichtete Arbeitnehmer seinerseits die ihm obliegende Arbeitsleistung erbracht hat. Die Auszahlung verdienten Entgelts ist daher nicht von der Erfüllung weiterer Zwecke abhängig.[383] Etwas anderes kann nur gelten, wenn die zusätzliche Leistung einen reinen freiwilligen Zuwendungscharakter hat, also keinerlei Zusammenhang mit einer leistungsbezogenen Vergütung besteht.[384]

Konsequent betrachtet ist das nicht der Fall, wenn die Ziele ausschließlich im Erreichen eines Unternehmensergebnisses liegen. Denn auch Leistungen, die an den Unternehmenserfolg geknüpft sind, werden regelmäßig als zusätzliche Vergütung für eine im Geschäftsjahr erbrachte Arbeitsleistung des Arbeitnehmers erbracht.[385] Schließlich hat der Arbeitnehmer bis zu dem Zeitpunkt seines Ausscheidens zur Erreichung dieses Ziels durch seine Arbeitsleistung beigetragen.

Darüber hinaus steht einer solchen Bindungsklausel auch Art. 12 GG entgegen. Denn sie beschränkt die durch Art. 12 Abs. 1 GG geschützte Berufsfreiheit des Arbeitnehmers übermäßig. Zwar mag eine solche Klausel erforderlich und geeignet sein, den Zweck – Bindung des Arbeitnehmers bis zu einem gewissen Stichtag – zu erreichen. Die Vorenthaltung einer bereits verdienten Arbeitsvergütung ist aber stets ein unangemessenes Mittel, die selbstbestimmte Arbeitsplatzaufgabe zu verzögern oder zu verhindern. Denn mit ihr sind Belastungen für den Arbeitnehmer verbunden, die unter Berücksichtigung der berechtigten Interessen des Arbeitgebers nicht zu rechtfertigen sind.[386]

b) Bindungsklauseln in Betriebsvereinbarung

Auch hier stellt sich wieder die Frage, ob zum einen die Grundsätze der AGB Kontrolle auf die kollektive Regelung einer Betriebsvereinbarung übertragbar sind, und zum anderen, ob die Grundsätze des §§ 611 ff. BGB und die

383 MüArbR/Krause, § 54 Rn. 14.

384 **a.A.**: Salomon, NZA 2010, 314, 319, der annimmt, dass der Anreiz eines zusätzliche Entgeltes für eine Ausschöpfung der Leistungsfähigkeit dem Motivations- und nicht dem synallagmatischen Austauschgedanken Rechnung trage.

385 BAG 04.05.1999, AP BGB § 611 Gratifikation Nr. 214.

386 so auch BAG 12.04.2011, NZA 2011, 989, 992 unter [33]; in dieser Entscheidung nimmt das BAG Stellung zu einer Stichtagsregelung in einer Betriebsvereinbarung und erklärt diese für unwirksam, s.u. Fn. 389.

grundgesetzlich verankerten Freiheitsrechte als Maßstab für die Gültigkeit einer Regelung in einer Betriebsvereinbarung herangezogen werden können.

Die Beantwortung ersterer Frage ist nach den vorgenannten Ausführungen vorzunehmen. Folglich sind im Rahmen des grundgesetzlich verankerten Bestimmtheitsgebots die Rechtsnormen einer Betriebsvereinbarung auch klar und unmissverständlich, also transparent, zu formulieren.

Zu letzterer Frage hat das Bundesarbeitsgericht in zwei kürzlich ergangenen Entscheidungen Stellung genommen.[387]

In beiden Fällen stritten die Parteien über eine variable Erfolgsvergütung. Die Arbeitsverhältnisse wurden jeweils durch den Arbeitnehmer gekündigt. Es bestand jeweils eine Betriebsvereinbarung, die eine Stichtagsklausel enthielt:

„....BV Bonus[388]*:*

3. Bonuszahlung

Die Bonuszahlung steht grundsätzlich unter der Bedingung des Bestehens eines ungekündigten Arbeitsverhältnisses am Auszahlungstag. Ausgenommen von diesem Grundsatz sind solche Fälle, in denen das Arbeitsverhältnis aus betriebsbedingten Gründen beendet wird bzw. der tatsächliche Grund des Ausscheidens auf betriebsbedingten Gründen beruht, der Mitarbeiter aber eine Eigenkündigung vorzieht.

……..

Ebenfalls ausgenommen sind die Fälle, in denen das Anstellungsverhältnis aus folgenden Gründen beendet wird:

- *Pensionierung*
- *Vorruhe- oder Wartestand*
- *Erwerbsminderung*
- *Tod.*

In Fällen eines unterjährigen Eintritts in den Geltungsbereich dieser Vereinbarung wird die Bonuszahlung pro rata temporis auf Basis eines zum Eintrittszeitpunkt in Aussicht gestellten Bonusbetrages bei Erfüllung der Leistungsanforderung und Erreichen des geplanten Ergebnisses vorgenommen.“

Im zweiten zu entscheidenden Fall lautete die Klausel in der Betriebsvereinbarung wie folgt:

387 BAG 12.04.2011, NZA 2011, 989 ff.; BAG Urteil vom 07.06.2011, NZA 2011, 1234 ff.
388 BAG 07.06.2011, NZA 2011, 1234, 1235.

„Ausnahmen[389]*:*

Eine (Vergütung)[390] *kommt nicht zur Auszahlung, wenn der Mitarbeiter unterjährig durch Kündigung ausscheidet oder bis zum Auszahlungstag das Arbeitsverhältnis gekündigt wird. Bei Austritt durch Erreichen der Altersgrenze oder Vorruhestand sowie bei Mutterschutz- / Erziehungsurlaub und Erwerbsunfähigkeit kommt die (Vergütung) pro rata temporis zur Auszahlung. .....*

In Fällen eines unterjährigen Eintritts erfolgt die Zahlung die (Vergütung) pro rata temporis entsprechend der persönlichen Zielerreichung."

In beiden Fällen entschied derselbe Senat des Bundesarbeitsgerichts, dass die Stichtagsklausel in der Betriebsvereinbarung unwirksam sei, da sie mit höherrangigem Recht nicht vereinbar sei. Zwar würden die Stichtagsregelungen weder der Mitbestimmung des Betriebsrats nach § 87 Abs. 1 Nr. 4 BetrVG noch nach § 87 Abs. 1 Nr. 10 BetrVG unterfallen. Denn sie beträfen weder die Verteilungsgrundsätze nach Nr. 10 noch regelten sie die Auszahlung des Arbeitsentgelts nach Nr. 4, denn dazu gehörten nicht die Voraussetzungen, nach denen eine Entgeltanspruch untergehe. Allerdings erlaube § 88 BetrVG den mit der Stichtagsregelung verbundenen Entzug verdienten Arbeitsentgelts nicht. Darüber hinaus erweise sich die hierdurch bewirkte Beschränkung der durch Art. 12 GG geschützten Arbeitsplatzwahlfreiheit des Arbeitnehmers als unverhältnismäßig.

Die Betriebsparteien seien beim Abschluss ihrer Vereinbarungen gem. § 75 Abs. 1 und 2 BetrVG an die Grundsätze von Recht und Billigkeit gebunden und damit auch zur Wahrung der grundgesetzlich geschützten Freiheitsrechte verpflichtet. Dazu gehöre auch die durch Art. 12 GG geschützte Berufsfreiheit der Arbeitnehmer.

Die von den Betriebsparteien zu wahrenden Grundsätze des Rechts würden sich auf die geltende Rechtsordnung erstrecken, die das Arbeitsverhältnis gestalte und auf dieses einwirke. Dazu zähle auch § 611 BGB, nach welchem der Arbeitgeber zur Erbringung der vereinbarten Gegenleistung verpflichtet ist, soweit der vorleistungsverpflichtete Arbeitnehmer seinerseits die ihm obliegende Arbeitsleistung erbracht hat. Die Auszahlung verdienten Entgelts sei daher nicht von der Erfüllung weiterer Zwecke abhängig. Diese gesetzliche Wertung binde auch die Betriebsparteien. Bei einer erfolgsabhängigen Vergütung handele es sich um Arbeitsentgelt, das vom Arbeitnehmer durch die Erbringung einer Arbeitsleistung

389 BAG 12.04.2011, NZA 2011, 989 ff.

390 Wortwahl abgeändert durch Verfasserin.

im Bezugszeitraum verdient werde und dessen Höhe von der Erreichung der mit ihm vereinbarten Ziele abhänge.[391]

.....

Solche Vergütungsbestandteile, die vom Erreichen persönlicher Ziele und dem Unternehmenserfolg abhängen, seien keine anlass- oder stichtagsbezogenen Sonderzuwendungen des Arbeitgebers, sondern unmittelbare Gegenleistung für eine vom Arbeitnehmer zu erbringende Leistung, die dieser als Arbeitsentgelt für den vereinbarten Zeitraum erhalte.[392]

....

Ein gesetzlicher Ausnahmetatbestand, der vorsehe, dass der Arbeitnehmer die durch seine Arbeit verdiente Gegenleistung nur behalten dürfe, wenn er über den Zeitraum hinaus, in dem das Arbeitsentgelt verdient worden ist, dem Unternehmen angehört, existiere nicht. Diese Wertungen hätten auch die Betriebsparteien nach § 75 Abs. 1 und 2 BetrVG zu beachten.[393]

.....

Darüber hinaus sei die in der Stichtagsregelung enthaltene auflösende Bedingung auch deswegen unwirksam, weil sie die durch Art. 12 Abs. 1 GG geschützte Berufsfreiheit des Arbeitnehmers übermäßig beschränke. Sie halte einer Verhältnismäßigkeitsprüfung nicht stand.[394]

....

Die Vorenthaltung einer bereits verdienten Arbeitsvergütung sei aber stets ein unangemessenes Mittel, die selbstbestimmte Arbeitsplatzaufgabe zu verzögern oder zu verhindern.[395]

Diese Ausführungen des Bundesarbeitsgerichts stellen klar:

Die Bindung des Arbeitnehmers an den Arbeitgeber im Rahmen einer Betriebsvereinbarung durch das Vorenthaltung von Leistungen, die der Arbeitnehmer sich erdient hat, ist unzulässig. Eine solche Betriebsvereinbarung beschränkt die durch Art. 12 GG geschützte Berufsfreiheit in unzulässiger

391 BAG 12.04.2011, NZA 2011, S. 989, 991 unter [17ff]; BAG 07.06.2011, NZA 2011, S.1234, 1238 unter [31ff].

392 BAG 12.04.2011, NZA 2011, S. 989, 991 unter [25]; BAG 07.06.2011, NZA 2011, S. 1234, 1238 unter [41].

393 BAG 12.04.2011, NZA 2011, S. 989, 991 unter [28]; BAG 07.06.2011, NZA 2011, S. 1234, 1238 unter [44].

394 BAG 12.04.2011, NZA 2011, S. 989, 991 unter [29]; BAG 07.06.2011, NZA 2011, S. 1234, 1238 unter [45].

395 BAG 12.04.2011, NZA 2011, S. 989, 991 unter [33]; BAG 07.06.2011, NZA 2011, S. 1234, 1238 unter [49].

Weise. Denn der betroffene Arbeitnehmer wird dadurch in ungerechtfertigter Weise in seinem beruflichen Fortkommen gehindert. Eine solche Klausel hält ihn eventuell davon ab, seine beruflichen Ziele zu verwirklichen, weil er es sich finanziell nicht leisten kann, auf das zielgestützte Gehalt zu verzichten.

c) Rückzahlungsklausel

Bei Rückzahlungsklauseln, also Klauseln, die besagen, dass für den Fall des Nichtbestehens des Arbeitsverhältnisses zu einem bestimmten Zeitpunkt bereits erhaltene Entgeltleistungen zurück zu zahlen sind, müssen dieselben Grundsätze gelten. Denn auch hier handelt es sich um Entgelt für bereits erbrachte Leistungen des Arbeitnehmers, die nicht von anderen Bedingungen als der erbrachten Gegenleistung abhängen dürfen. Und auch hier würde die Berufsfreiheit aus den gleichen Gründen wie bei Stichtagsklauseln unverhältnismäßig eingeschränkt.

d) Wartezeit

Bei Wartezeitklauseln, die besagen, dass ein Anspruch auf variable Vergütung erst nach Ablauf einer bestimmten Zeit des Bestehens des Arbeitsverhältnisses entstehen, ist zu differenzieren. Ist die arbeitsvertraglich geschuldete Tätigkeit identisch mit der durch variable Vergütung zu belohnenden Tätigkeit, ist eine Wartezeitklausel unzulässig. Zwar greift hier nicht die Begründung, dass sie die in Art. 12 GG niedergelegten Grundsätze unzulässig einschränken. Aber auch hier erbringt der Arbeitnehmer bereits seine Leistung, sodass diese entsprechend der Anwendung von § 611 BGB, jedenfalls pro rata temporis, vergütet werden muss. Dies folgt nicht zuletzt aus dem arbeitsrechtlichen Gleichbehandlungsgrundsatz.

Handelt es sich bei den die variable Vergütung auslösenden Zielen jedoch um Leistungen, die neben der arbeitsvertraglich geschuldeten Tätigkeit zu erbringen ist, kann geregelt werden, dass an diesem Zielvereinbarungsprogramm erst nach Ablauf einer bestimmten Zeit teilgenommen werden kann. Diese Ungleichbehandlung ist sachlich gerechtfertigt, denn die variable Vergütung wird für zusätzlich vereinbarte Ziele gewährt.

e) Ergebnis

Im Rahmen von zielabhängiger Vergütung ist die Bindung an einen Stichtag, sowie Rückzahlungs- und Wartezeitklauseln sowohl im Rahmen einer individuellen Zielvereinbarung also auch in einer kollektiven Rahmenregelung unzulässig, weil sie nicht mit höherrangigem Recht vereinbar sind.

5. Widerruf- /Freiwilligkeitsvorbehalt

Die Frage, ob eine Bonuszahlung unter einen Freiwilligkeitsvorbehalt gestellt werden darf, wurde vom Bundesarbeitsgericht beantwortet.[396] Das Bundesarbeitsgericht konstatiert, dass es den Arbeitnehmer unangemessen benachteilige, wenn der Arbeitgeber sich in einem vorformulierten Vertrag zu einer Bonuszahlung verpflichte, zugleich aber eine Vertragsklausel vorsehe, dass dieser Bonus freiwillig gezahlt werde und kein Rechtspanspruch auf die Bonuszahlung bestehe.

Dieser Grundsatz kann auch auf die Zielvereinbarung übertragen werden. Wenn Arbeitgeber und Arbeitnehmer vereinbaren, dass bei Erreichen eines bestimmten Zieles ein bestimmter Anteil an Vergütung bezahlt wird, dann kann dies als Leistung mit Entgeltcharakter nicht unter einen Freiwilligkeitsvorbehalt gestellt werden.

Bei einem Widerrufsvorbehalt hat das Bundesarbeitsgericht entschieden, dass die Vereinbarung eines Widerrufsvorbehalts zulässig sei, soweit der im Gegenseitigkeitsverhältnis stehende widerrufliche Teil des Gesamtverdienstes unter 25 % liege und der Tariflohn nicht unterschritten werde. Seien darüber hinaus Zahlungen des Arbeitgebers widerruflich, die nicht eine unmittelbare Gegenleistung für die Arbeitsleistung darstellen, sondern Ersatz für Aufwendungen, die an sich der Arbeitnehmer selbst tragen muss, erhöhe sich der widerrufliche Teil der Arbeitsvergütung auf bis zu 30 % des Gesamtverdienstes.[397] Im zu entscheidenden Fall hat der Senat jedoch die Widerrufsklausel für unwirksam gem. § 308 Nr. 4 BGB und für intransparent gem. § 307 BGB erachtet, weil zum einen kein Grund für die Widerrufsmöglichkeit angegeben war. Ein solcher wäre erforderlich wegen des Vertrauens auf den Bestand geschlossener Verträge. Zum anderen müsse der widerrufliche Teil begrenzt werden, da anderenfalls ein unzulässiger Eingriff in den Kernbereich des Arbeitsverhältnisses vorläge.

Diese Rechtsprechung ist auf die Frage der Widerruflichkeit einer Zielvereinbarung übertragbar. Denn bei der entgeltgestützten Zielvereinbarung handelt es sich um eine Leistung mit reinem Entgeltcharakter. Der Arbeitgeber kann diese Leistung nur im Rahmen der vom Bundesarbeitsgericht vorgegebenen Grenzen einseitig widerrufen, anderenfalls liegt darin eine unzulässige Umgehung der Voraussetzungen für eine Änderungskündigung.

VII. Ergebnis

Aus Vorstehendem ergibt sich, dass eine abschließende rechtlich einheitliche und konsequente Lösung in fast keinem Fall existiert und daher viele Ungewissheiten

---

396 BAG 24.10.2007, AP Nr. 32 § 307 BGB.

397 BAG 11.10.2006, NZA 2007, 87 ff.

bestehen. Daraus leitet sich das dringende Erfordernis kollektiver Rahmenregelungen ab. Die betriebliche Praxis ist dazu übergegangen, für Zielvereinbarungen Rahmenregelungen in Form von Betriebsvereinbarungen abzuschließen. Dieses Erfordernis ergibt sich insbesondere daraus, dass der Begriff „Zielvereinbarung" dem natürlichen Sprachgebrauch folgend davon ausgeht, dass vorgenannte Ziele zweiseitig zwischen gleichwertigen Vertragspartnern vereinbart werden. Dem stehen aber die tatsächlichen Verhältnisse entgegen. Wie auch *Horcher*[398] schon richtig sagt, mag es bei einem Mitarbeiter höherer Hierarchieebene im Einzelfall vorkommen, dass Ziele auf „Augenhöhe" ausgehandelt werden; der häufigere Fall ist jedoch der, dass der Arbeitgeber die Ziele einseitig vorgibt. Unter Einbindung des Betriebsrats soll es zu einer Gleichstellung der Vertragspartner kommen. In der Praxis führt das dazu, dass ein besonderer Schwerpunkt darauf gelegt wird, durch kollektive (Rahmen-) Regelungen eine faire Vereinbarung zur Zielfindung, zu Inhalten und Verfahren zu erreichen, woraus sich zwangsläufig die Frage ergibt, wie weit der Betriebsrat darauf erzwingbar Einfluss nehmen kann. In jedem Fall müssen sich Arbeitgeber und Betriebsrat im Rahmen der oben dargestellten individualrechtlich zulässigen Grenzen bewegen, da anderenfalls auch die kollektive Regelung „gesetzeswidrig" und damit unwirksam wäre.[399]

§ 9 Mitbestimmung bei Zielvereinbarung

Die Ein- und Durchführung von Zielvereinbarungen berührt eine Vielzahl betriebsverfassungsrechtlicher Beteiligungstatbestände. So könnte bei der Einführung von formalisierten Zielvereinbarungsgesprächen ein Mitbestimmungsrecht nach § 87 Abs. 1 Nr. 1 BetrVG in Frage kommen.[400] Des Weiteren ist der Zielvereinbarungsprozess als ein Verfahren zur Entgeltgestaltung ein Entlohnungsgrundsatz und unterliegt somit der Mitbestimmung nach § 87 Abs. 1 Nr. 10 BetrVG. Darüber hinaus könnte es sich bei Zielvereinbarungssystemen um ein leistungsbezogenes Entgelt handeln, welches nach § 87 Abs. 1 Nr. 11 BetrVG der Mitbestimmung unterliegt. Wenn im Rahmen des Zielvereinbarungssystems Gruppenziele vereinbart werden, muss möglicherweise die Mitbestimmung nach § 87 Abs. 1 Nr. 13 BetrVG beachtet werden. Sofern Zielvereinbarungsprozesse durch eine technische Einrichtung begleitet werden, die zur Leistungs- und Verhaltenskontrolle geeignet sind, kommt ein Mitbestimmungsrecht des Betriebsrats hinsichtlich der Einführung und Anwendung der

398 Horcher, BB 2007, 2065, 2066.

399 § 8 B. II., S. 81.

400 Annuß, NZA 2007, S. 290, 296; Däubler, NZA 2005, S. 793, 794.

technischen Einrichtung gem. § 87 Abs. 1 Nr. 6 BetrVG in Frage. Es können auch die Voraussetzungen eines gem. § 94 Abs. 1 BetrVG zustimmungspflichtigen Personalfragebogens vorliegen, wenn der Arbeitgeber im Rahmen der Zielvereinbarungsgespräche Angaben über das persönliche Leistungsverhalten oder Kontrollfragen hinsichtlich der Zielerreichung erhebt.[401] Und schließlich unterliegt die Feststellung, ob vorgegebene bzw. vereinbarte Ziele erreicht worden sind, einer Beurteilung nach bestimmten Kriterien, sodass eine Mitbestimmung nach § 94 Abs. 2 BetrVG in Frage kommt.

Der Betriebsrat könnte darüber hinaus auch einen entsprechenden Auskunftsanspruch nach § 80 Abs. 2 BetrVG bzw. den Anspruch auf Anwesenheit bei Gesprächen hinsichtlich des Inhalts von Zielvereinbarungsgesprächen gem. § 82 Abs. 2 BetrVG haben.

A. *Die Mitbestimmung gem. § 87 Abs. 1 Nr. 1 BetrVG beim Zielvereinbarungsgespräch*

Gem. § 87 Abs. 1 Nr. 1 BetrVG hat der Betriebsrat mitzubestimmen bei Fragen der Ordnung des Betriebes und des Verhaltens der Arbeitnehmer im Betrieb.

Die Rechtsprechung des Bundesarbeitsgerichts[402] bezeichnet als Gegenstand des Mitbestimmungsrechts das betriebliche Zusammenleben und Zusammenwirken der Arbeitnehmer. Dies fordere ein aufeinander abgestimmtes Verhalten. Dazu würden verbindliche Verhaltensregeln sowie unterschiedliche Maßnahmen dienen, die geeignet seien, das Verhalten der Arbeitnehmer zu beeinflussen und zu koordinieren. Zweck des Mitbestimmungsrechts sei es, den Arbeitnehmern eine gleichberechtigte Teilhabe an der Gestaltung des betrieblichen Zusammenlebens zu gewähren. Dabei legt das Bundesarbeitsgericht eine strikte Trennung zwischen mitbestimmungsfreiem Arbeitsverhalten und einem mitbestimmungspflichtigen Ordnungsverhalten zugrunde.[403]

In der Regel gehen dem Abschluss von Zielvereinbarungen formalisierte Zielvereinbarungsgespräche zwischen dem Arbeitnehmer und dem Arbeitgeber voraus.[404] Die Frage, ob damit mitbestimmungspflichtiges Ordnungsverhalten betroffen ist, ist von der Rechtsprechung des Bundesarbeitsgerichts

401 Annuß, NZA 2007, S. 290, 296.

402 BAG 21.01.1997, 08.06.1999, 18.04.2000, AP Nr. 27, 31, 34 zu § 87 BetrVG 1972 Ordnung des Betriebes.

403 BAG 21.01.1997, 08.06.1999, 18.04.2000, AP Nr. 27, 31, 34 zu § 87 BetrVG 1972 Ordnung des Betriebes.

404 Bauer / Diller / Göpfert, BB 2000, S. 886.

noch nicht geklärt. Allerdings haben das Verwaltungsgericht Karlsruhe und der Verwaltungsgerichtshof Mannheim diese Frage für die im Personalvertretungsrecht korrespondierende Regelung des § 79 Abs. 1 Nr. 12 BadWüttPersVG erörtert und bejaht.[405] Das Bundesarbeitsgericht hat sich bisher nur hinsichtlich der Mitbestimmung des Betriebsrats bei sog. Krankengesprächen geäußert.[406]

I. Mitarbeitergespräche in Dienststellen

Der Verwaltungsgerichtshof Mannheim[407] ist zu dem Ergebnis gekommen, dass Mitarbeitergespräche mit Zielvereinbarung der Mitbestimmung des Personalrats nach § 79 Abs. 1 Nr. 12 BadWüttPersVG unterliegen. Dieser Entscheidung lag folgender Sachverhalt zugrunde:

> *Durch Hausmitteilung „Mitarbeitergespräche" teilte die Dienststelle ihren Mitarbeitern mit, dass zukünftig einmal jährlich sog. „Mitarbeitergespräche" geführt würden. Die Mitarbeitergespräche sollten künftig das zentrale Führungs- und Steuerungsinstrument der Personalverwaltung darstellen und hätten einen offenen Austausch zwischen Vorgesetzen, Mitarbeiterinnen und Mitarbeitern, Optimierung der Arbeitsergebnisse durch sinnvolle Kooperation, Steigerung der Arbeitsbedingungen und damit der Arbeitsfreude und Identifikation, Erkennung und Realisierung von Verbesserungsmöglichkeiten, Erkennen von persönlichen Entwicklungsmöglichkeiten u.a. zum Ziel.*
>
> *Der Personalrat war der Auffassung, dass ihm bei der Einführung solcher Mitarbeitergespräche ein Mitbestimmungsrecht nach § 79 Abs. 1 Nr. 12 BadWüttPersVG zustehe, was von der Dienststelle abgelehnt wurde. Daraufhin leitet der Personalrat das Feststellungsverfahren vor dem Verwaltungsgericht ein.*

Der VGH Mannheim gab dem Personalrat Recht. Seiner Meinung nach unterliegen Mitarbeitergespräche mit Zielvereinbarung der Mitbestimmung des Personalrats, weil es sich dabei um eine Regelung der Ordnung in der Dienststelle und des Verhaltens der Beschäftigten handele und diese Regelung der Mitbestimmung nicht entzogen sei, weil sie nicht unmittelbar oder im Schwerpunkt die Erledigung der von den Beschäftigten zu leistenden Arbeit betreffe, dabei jedenfalls die Erfüllung der Aufgaben der Dienststelle nicht im Vordergrund stünden.[408] Mit den Mitarbeitergesprächen mit Zielvereinbarung sei in erster Linie eine Verbesserung der Zusammenarbeit oder Kooperation und eine Steigerung der Arbeitsfreude und der Identifikation mit der Arbeit sowie der

---

405 VG Karlsruhe, PersR 1997, 407; VGH Mannheim, 09.05.200, AP Nr. 10 zu § 79 LPVG Baden – Württemberg.

406 BAG 08.11.1994, AP Nr. 24 zu § 87 BetrVG 1972 Ordnung des Betriebes.

407 VGH Mannheim, AP Nr.10 zu § 79 LPVG Baden – Württemberg.

408 VGH Mannheim, AP Nr. 10 zu § 79 LPVG Baden – Württemberg.

Förderung der persönlichen Entwicklung der Mitarbeiter angestrebt mit dem Ziel der besseren Aufgabenerfüllung bzw. der Optimierung der Arbeitsergebnisse. Dabei stünde die bessere Erfüllung der Aufgaben bzw. die Optimierung der Arbeitsergebnisse nicht im Vordergrund der Zielsetzung, sondern werde nur als mittelbare Folge oder Fernziel angestrebt.[409]

Gegenstand der Mitbestimmung sei die Regelung, dass überhaupt Mitarbeitergespräche mit Zielvereinbarung durchgeführt würden, in welchem zeitlichen Rahmen und Abstand diese stattfänden, wo und auf wessen Einladung wer als Führungskraft mit welchem Mitarbeiter das Mitarbeitergespräch führe, in welcher Form die Zielvereinbarung abgeschlossen werde und in welcher Form das Mitarbeitergespräch dokumentiert werde, was Gegenstand des Mitarbeitergesprächs und was Gegenstand der Zielvereinbarung sein könne oder sein solle und wer schließlich über die Durchführung des Mitarbeitergesprächs und den Abschluss der Zielvereinbarung und gegebenenfalls auch über deren Gegenstände, insbesondere auch über das Maß der Zielerreichung unterrichtet werden dürfe.[410] Dabei hat der VGH betont, dass diese Aufzählung keinen abschließenden Charakter habe.

II. Krankengespräche

Zum Teil wird das Mitbestimmungsrecht des Betriebsrats bei Zielvereinbarungsgesprächen gem. § 87 Abs. 1 Nr. 1 BetrVG mit den Ausführungen des Bundesarbeitsgerichts zu sogenannten Krankengesprächen[411] begründet, da es sich hierbei ebenso wie bei formalisierten Krankenrückkehrgesprächen auch um mitbestimmungspflichtiges Ordnungsverhalten handele.[412] Um dies zu bewerten wird zunächst auf den vom Bundesarbeitsgericht entschiedenen Fall zu formalisierten Krankenrückkehrgesprächen eingegangen:

Die Arbeitgeberin, ein Holzverarbeitungsunternehmen, führte mit 27 Mitarbeitern – überwiegend im Furnierwerk beschäftigt, sogenannte Krankengespräche. Anlass hierfür war der Krankenstand im Furnierwerk, der den in den anderen Betriebsabteilungen deutlich überstieg. In den Gesprächen befragte der Personalleiter die Arbeitnehmer zu den krankheitsbedingten Fehlzeiten der letzten drei Jahre. Den Arbeitnehmern wurden vorbereitete schriftliche Erklärungen vorgelegt, in denen sie ihren behandelnden Arzt von der Schweigepflicht entbinden sollten. Ca. 90 % der Arbeitnehmer unterzeichneten diese

409 VGH Mannheim, AP Nr. 10 zu § 79 LPVG Baden – Württemberg.
410 VGH Mannheim, AP Nr. 10 zu § 79 LPVG Baden – Württemberg.
411 BAG 08.11.1994, AP Nr. 24 zu § 87 BetrVG 1972 Ordnung des Betriebes.
412 Bauer/Diller/Göpfert, BB 2002, 886; Berwanger, BB 2003, S. 1499, 1502, der die Mitbestimmung nach § 87 Abs. 1 Nr. 1 ohne Begründung annimmt; DKK/Klebe § 87 Rn. 52.

Erklärung. Der Betriebsrat wurde an dieser Aktion nicht beteiligt, war jedoch der Auffassung, dass es sich hierbei um eine Frage der betrieblichen Ordnung gem. §87 Abs. 1 Nr. 1 BetrVG handele, die der Mitbestimmung unterliege. Zweck solcher Gespräche sei, das Krankheitsverhalten der Arbeitnehmer zu beeinflussen. Der Arbeitgeber hat ein Mitbestimmungsrecht des Betriebsrats abgelehnt und begründet, die Gespräche hätten allein dazu gedient, Aufschluss über die Ursachen der erhöhten Fehlzeiten zu erlangen; dies sei erforderlich gewesen, um eventuelle arbeitsplatzspezifische Einflüsse zu erkennen und abzustellen. Das Bundesarbeitsgericht nahm der Auffassung des Betriebsrats folgend ein Mitbestimmungsrecht an, da es sich bei der Führung von solchen Krankengesprächen um ein mitbestimmungspflichtiges Ordnungsverhalten der Arbeitnehmer handele.

In der Begründung nimmt das Bundesarbeitsgericht jedoch keine Stellung zu der Frage, ob das Krankheitsverhalten der Arbeitnehmer dem Ordnungsverhalten oder dem mitbestimmungsfreien Arbeitsverhalten zuzuordnen ist. Die Mitbestimmungspflichtigkeit ergebe sich im vorliegenden Fall nämlich unabhängig von den Fernzielen der Arbeitgeberin jedenfalls aus der Art ihrer Durchführung. Umstrittener Regelungsgegenstand sei nicht das „Krankheitsverhalten", sondern das Verhalten der Arbeitnehmer bei der Führung der Gespräche selbst. Dieses gehöre aber nicht unmittelbar zur Erbringung der Arbeitsleistung. Die Arbeitnehmer wären vom Arbeitgeber zu einer betrieblichen Aufklärungsaktion – nämlich der Erkennung arbeitsplatzspezifischer Einflüsse – herangezogen worden. Dies sei eine arbeitsvertragliche Nebenpflicht und dieser Bereich sei dem mitbestimmungspflichtigen Ordnungsverhalten zuzuordnen. Auch liege ein kollektiver Tatbestand vor, da die Auswahl der zum Gespräch Gebetenen sowie dessen Ablauf nach abstrakten Kriterien bestimmt würde. Schließlich ergebe sich das Beteiligungsrecht des Betriebsrats auch aus dem Schutzbedürfnis des Arbeitnehmers, der sich bei der Frage nach den Ursachen seiner Erkrankung einer schwerwiegenden Situation ausgesetzt sehe.[413]

III. Übertragbarkeit auf die Zielvereinbarung?

1. Aufgrund dieser Rechtsprechung des Bundesarbeitsgerichts gehen die Meinungen in der Literatur davon aus, dass auch Zielvereinbarungsgespräche der Mitbestimmung des Betriebsrats gem. § 87 Abs. 1 Nr. 1 BetrVG unterliegen.[414]

Die Grundsätze der Rechtsprechung des Bundesarbeitsgerichts zu Krankengesprächen seien ohne weiteres auch auf Zielvereinbarungsgespräche übertragbar,

---

413 BAG 08.11.1994, AP Nr. 24 zu § 87 BetrVG 1972 Ordnungsverhalten; Däubler, NZA 2005, S. 793.

414 Bauer/Diller/Göpfert, BB 2002, 886; Berwanger, BB 2003, S. 1499, 1502; DKK/Klebe § 87 Rn. 52.

soweit diese, wie in der Regel, mit bestimmten Gruppen von Arbeitnehmern geführt würden. Dabei komme es nicht darauf an, wie eng der Bezug des Gesprächsinhalts zur Arbeitsleistung sei; allein entscheidend für § 87 Abs. 1 Nr. 1 BetrVG sei, dass eine zusätzliche Verhaltenspflicht des Arbeitnehmers geschaffen werde, die sich nicht automatisch aus der Arbeitsaufgabe ergebe. Und es gehe sowohl bei Krankengesprächen als auch bei Zielvereinbarungsgesprächen um Gegenstände, die für den Arbeitnehmer besonders heikel seien.[415]

Die Mitbestimmung erstrecke sich hierbei darauf, ob überhaupt Zielvereinbarungsgespräche eingeführt werden, auf den erfassten Personenkreis und auf die Verfahrensregeln, die bei solchen Gesprächen zu beachten seien. Auch wäre eine Regelung des Inhalts denkbar, dass dem Arbeitnehmer eine bestimmte Überlegungsfrist eingeräumt werden muss. Übereinstimmend wird aber davon ausgegangen, dass der Inhalt der Verhandlungen, insbesondere die Frage, welche Ziele von der Arbeitgeberseite vorgeschlagen und von den Beteiligten gegebenenfalls vereinbart werden dürfen, nicht der Mitbestimmung nach § 87 Abs. 1 Nr. 1 BetrVG unterfallen.

2. Die Auffassung in der Literatur ist überzeugend. Während es bei dem typischen, nach dem Bundesarbeitsgericht der Nr. 1 des § 87 BetrVG unterfallenden mitbestimmungspflichtigen Ordnungsverhalten wie Rauchen, Alkohol am Arbeitsplatz, Tragen von Arbeitskleidung und auch dem Krankheitsverhalten etc. um Verhaltensweisen geht, die nicht unmittelbar etwas mit der Arbeitsleistung des Arbeitnehmers zu tun haben, geht es bei der Zielvereinbarung konkret um das „Wie" der Arbeitsleistung. Im Rahmen eines Zielvereinbarungsgespräches wird vereinbart, welche Ziele man für die Erreichung seiner Arbeitsleistung zugrunde legt; ggf. ist von der Erreichung der Ziele auch ein Entgelt abhängig. Es wird üblicherweise die Ausgestaltung der persönlichen Arbeitsleistung vereinbart. Der Verwaltungsgerichtshof Mannheim hat dies in dem zu entscheidenden Fall anders gesehen. Seine Begründung ist jedoch nachvollziehbar und überzeugend. Denn er ordnetet die Mitarbeitergespräche mit Zielvereinbarung nicht dem mitbestimmungsfreien Arbeitsverhalten zu, weil mit den Mitarbeitergesprächen in erster Linie eine Verbesserung der Zusammenarbeit oder Kooperation und eine Steigerung der Arbeitsfreude und der Identifikation mit der Arbeit sowie der Förderung der persönlichen Entwicklung der Mitarbeiter angestrebt gewesen sei mit dem Ziel der besseren Aufgabenerfüllung bzw. der Optimierung der Arbeitsergebnisse. Stehen die Zielvereinbarungsgespräche unter dieser Vorgabe, sind sie auch richtigerweise dem mitbestimmten Ordnungsverhalten

---

415 Däubler, NZA 2005, S. 793.

zuzuordnen. Im Ergebnis unterliegt dann der Mitbestimmung die Frage, „wer, wann, mit wem, wie“ Zielvereinbarungsgespräche führt. Der Inhalt - also welche Ziele zur Erreichung dieser Vorgaben vereinbart werden – unterliegt jedoch nicht der Mitbestimmung.

3. Die Frage, welche konkreten Ziele vereinbart werden und wie diese zu gewichten sind, unterliegt demnach nicht der Mitbestimmung des Betriebsrats nach § 87 Abs. 1 Nr. 1 BetrVG. Denn hierbei handelt es sich um mitbestimmungsfreies Arbeitsverhalten.[416]

B. Die Mitbestimmung gem. § 87 Abs. 1 Nr. 10 BetrVG

Gem. § 87 Abs. 1 Nr. 10 BetrVG unterliegen Fragen der betrieblichen Lohngestaltung der Mitbestimmung des Betriebsrats.[417] Folglich unterliegen Einführung, Veränderung oder Abschaffung eines Zielvereinbarungssystems als Entlohnungssystem gem. § 87 Abs. 1 Nr. 10 BetrVG der Mitbestimmung des Betriebsrats[418]. Denn ein Zielrahmensystem stellt Entlohnungsgrundsätze auf, die der Mitbestimmung nach § 87 Abs. 1 Nr. 10 BetrVG unterliegen.[419] Zu den Lohnbestandteilen gehört auch der auf Grundlage einer Zielvereinbarung ermittelte Bonus[420]. Dabei werden zwischen Arbeitgeber und Arbeitnehmer individuelle Handlungsziele vereinbart, wobei je nach Grad der Zielerreichung Entgelt zugesagt wird.

I. Einschränkung der Mitbestimmung aufgrund freiwilliger Leistung?

Zu klären ist, ob die Mitbestimmung gem. § 87 Abs. 1 Nr. 10 BetrVG eingeschränkt wird, weil es sich bei entgeltbezogenen Zielvereinbarungssystemen um freiwillige Leistungen des Arbeitgebers handelt. Wäre dies der Fall, dann könnte der Arbeitgeber - wie vorstehend bereits beschrieben[421] - im Rahmen des bestehenden Mitbestimmungsrechts über § 87 Abs. 1 Nr. 1 BetrVG mitbestimmungsfrei darüber entscheiden, ob er ein Zielvereinbarungssystem einführt, in welchem Umfang er Mittel dafür zur Verfügung stellt und zu welchem Zweck er die Mittel zur Verfügung stellt.

---

416 so auch Linck/Koch, FS Bepler, S. 360.

417 siehe oben § 2, S. 17.

418 Rieble/Giestel, BB 2004, 2462, 2463; Annuß, NZA 2007, 290, 296; Däubler, NZA 2007, 793, 795.

419 Rieble/Giestel, BB 2004, 2462, 2463; Annuß, NZA 2007, 290, 296; Däubler, NZA 2007, 793, 795.

420 Linck/Koch, FS Bepler, S. 361.

421 § 2 B., S. 23.

1. *Däubler* vertritt die Auffassung, dass bei Zielvereinbarungen inhaltlich keine freiwillige Leistung des Arbeitgebers vorliege, es sich vielmehr um einen variablen Lohnbestandteil handele, auf den der Arbeitnehmer bei Erfüllung der Voraussetzungen einen Anspruch habe. Ein etwaiger Freiwilligkeitsvorbehalt sei unwirksam.[422]

Die herrschende Auffassung in der Literatur geht hingegen davon aus, dass die Einführung eines Zielvereinbarungssystems zwar der Mitbestimmung nach § 87 Nr. 10 BetrVG unterliege, sich das Mitbestimmungsrecht jedoch lediglich auf die Ausgestaltung, also die Verteilungsgrundsätze, desselben beziehe[423].

2. Um die Frage der Einschränkung der Mitbestimmung aufgrund von Freiwilligkeit zu klären, ist vorrangig zu prüfen, ob es sich bei entgeltgestützten Zielvereinbarungen inhaltlich um eine freiwillige Leistung des Arbeitgebers handelt. Die Annahme einer freiwilligen Leistung im Zusammenhang mit Zielvereinbarungen scheidet in jedem Falle aus, wenn der Arbeitnehmer in seinem Arbeitsvertrag ein Zielgehalt der Größe nach vereinbart hat.

Beispiel:

Der Arbeitsvertrag enthält folgende Regelung: Der Mitarbeiter erhält ein Jahreszielgehalt von € 105.000,- brutto. Er erhält ein Grundgehalt von € 72.000,-, aufgeteilt in 12 Monatsgehältern von je € 6.000,- brutto. Der verbleibende Anteil wird variabel ausgestaltet.

Dieses der Höhe nach festgelegte Zielgehalt kann sich sowohl aus dem Arbeitsvertrag als auch mit vertraglichem Charakter aus betrieblicher Übung ergeben.

Der Sinn und Zweck der Einschränkung des Mitbestimmungsrechts bei freiwilligen Leistungen besteht darin, dass der Arbeitgeber nicht dazu verpflichtet werden kann bzw. soll, zusätzlich finanzielle Mittel aufzuwenden, zu dessen Gewährung er an sich nicht verpflichtet wäre.

Rechtsprechung und Literatur definieren den Begriff der Freiwilligkeit einheitlich[424] dahingehend, dass weder eine Verpflichtung zur Leistung aus Gesetz noch aus dem Tarifvertrag bestehen darf. Dies ergibt sich auch bereits aus dem Einleitungssatz des § 87 BetrVG, in dem Voraussetzung für das Bestehen des Mitbestimmungsrechts ist, dass keine den Arbeitgeber bindende gesetzliche oder tarifvertragliche abschließende Regelung besteht.

In dem Fall, dass vertraglich ein Zielgehalt definiert ist, handelt es sich jedoch nicht mehr um freiwillige Leistungen, da eine vertragliche Verpflichtung

---

422 Däubler, NZA 2007, 793, 795.

423 FESTL § 87 Rn. 434; Riesenhuber / v. Steinau-Steinrück, NZA 2005, 785, 788; Annuß, NZA 2007, 290, 296.

424 Fn. 107, S. 23.

zur Leistung besteht. In diesen Fällen ist der Arbeitgeber nicht mehr frei in der Festlegung des Dotierungsrahmens, sondern die Summe aller Leistungen steht fest. Denn wenn der Arbeitgeber nun keine Zielvereinbarung abschließen würde, dann käme nach der Rechtsprechung des Bundesarbeitsgerichts[425] die Summe bei 100 % iger Zielerreichung als Schadensersatz zur Auszahlung, weil der Arbeitgeber es schuldhaft unterlassen hätte, Ziele zu vereinbaren.

Däublers Argument, dass es sich also bei einer Zielvereinbarung nicht um eine freiwillige Leistung handele, sondern um einen variablen Lohnbestandteil, überzeugt demnach nur, wenn der Arbeitnehmer auch individualrechtlich einen Anspruch auf diesen variablen Lohnbestandteil hat.

Dann hat der Arbeitnehmer auch nach jüngster Rechtsprechung einen Anspruch auf Zahlung einer durch Betriebsvereinbarung auszugestaltenden erfolgsabhängigen Vergütung.[426] In allen übrigen Fällen, handelt es sich bei der Entscheidung, ob der Arbeitgeber zusätzlich zu dem geschuldeten Monatsgehalt ein leistungsbezogenes Entgelt beispielsweise zu Motivationszwecken bezahlen will, um eine freiwillige Leistung, bei denen im Zweifel auch die von der Rechtsprechung entwickelten Einschränkungen gelten. Die mitbestimmungsfreie Zweckbestimmung kann aber nur die allgemeine Zweckbestimmung, nicht aber die detaillierte Ausgestaltung erfassen, da anderenfalls der Anwendungsbereich des § 87 Abs. 1 Nr. 10 BetrVG unzulässig eingeschränkt würde[427].

II. Keine Mitbestimmung mangels kollektiven Tatbestands?

Vereinzelt wird diskutiert, ob sich bei Zielvereinbarungen eine Einschränkung des Mitbestimmungsrechts nach Nr. 10 mangels Vorliegen eines kollektiven Tatbestands ergebe.

1. Es wird vertreten, dass es bei entgeltgestützten Zielvereinbarungen an einem kollektiven Tatbestand fehle, wenn für die Lohnbemessung der Wunsch eines einzelnen Arbeitnehmers maßgebend sei, der etwa persönlich steuerliche Nachteile vermeiden wolle.[428] Darüber hinaus handele es sich auch dann um keinen kollektiven Tatbestand, wenn nur bei einem einzelnen Arbeitnehmer eine Tariflohnerhöhung auf eine übertarifliche Zulage angerechnet werde, weil dieser allein aus einem ganz individuellen Grund auf einem tariflich niedriger

425 § 8 B. VI. 1., S. 93.

426 BAG 07.06.2011, NZA 2011, 1234.

427 § 2 B. III., S. 38.

428 FESTL, § 87, Rn. 424; BAG 27.10.1992, AP Nr. 61 zu § 87 BetrVG 1972, Lohngestaltung.

bewerteten Arbeitsplatz unverändert die bisherige höhere Vergütung beziehe.[429] *Däubler* vertritt die Auffassung, wenn generalisierungsfähige Zielgrößen zu Grunde gelegt würden, spiele es keine entscheidende Rolle, wie groß die Zahl der betroffenen Personen sei.[430] Ein „kollektiver Tatbestand" liege immer dann vor, wenn eine Übertragung auf andere Beschäftigte in Betracht komme. So sei es auch nach der Rechtsprechung des Bundesarbeitsgerichts ausreichend, wenn beispielsweise auf das Kriterium „alleinerziehend" oder „teilzeitbeschäftigt" als Leistungsgesichtspunkte abgestellt werde, um einen kollektiven Tatbestand annehmen zu können.[431]

Das Bundesarbeitsgericht[432] hat im Hinblick auf die Zahlung eines Sonderbonus entschieden, dass sich die Abgrenzung zwischen den das Mitbestimmungsrecht auslösenden kollektiven Tatbeständen und Einzelfallgestaltungen danach richte, ob es um Strukturformen des Entgelts einschließlich ihrer näheren Vollzugsformen gehe. Hierfür sei die Anzahl der betroffenen Arbeitnehmer nicht allein maßgeblich. Sie könne aber ein Indiz dafür sein, ob ein kollektiver Tatbestand vorliege oder nicht. Es widerspräche nämlich dem Zweck des Mitbestimmungsrechts, wenn dieses dadurch ausgeschlossen werden könne, dass der Arbeitgeber mit einer Vielzahl von Arbeitnehmern jeweils „individuelle" Vereinbarungen über eine bestimmte Vergütung treffe, ohne sich zu allgemeinen Regeln bekennen zu wollen.[433]

Diese Argumentation ist überzeugend. Lediglich wenn eine Abmachung ausschließlich im Hinblick auf die konkreten Umstände des Einzelfalls getroffen wird, muss eine Mitbestimmung gem. § 87 Abs. 1 Nr. 10 BetrVG ausscheiden.

Beispiel:

Arbeitnehmer droht mit Wechsel zum Wettbewerber, wenn die Art der Vergütung nicht seinen spezifischen steuerlichen Interessen entgegenkommt..[434]

Selbst in solchen Fällen muss jedoch hinterfragt werden, ob das Kriterium: „droht mit Wechsel zum Wettbewerber" oder „steuerliche Optimierung" nicht generalisierbar ist und damit zum kollektiven Tatbestand wird. Sofern es also um Zielvereinbarungen mit generalisierenden Zielgrößen und Beurteilungskriterien

---

429 FESTL, § 87, Rn. 424; BAG 22.09.1992, AP Nr. 57 zu § 87 BetrVG 1972 Lohngestaltung.

430 Däubler, NZA 2005, 793, 795.

431 Däubler, NZA 2005, 793, 795.

432 BAG 07.06.2011, NZA 2011, 1234.

433 BAG 14.06.1994, NZA 1995, 543; Annuß, NZA 2007, 290, 296.

434 Schang, S. 39.

geht, liegt in der Regel ein kollektiver Tatbestand vor, da es sich hierbei immer um Strukturformen des Entgelts handelt.[435]

2. Hinsichtlich der Einführung von Zielvereinbarung besteht ein Mitbestimmungsrecht gem. § 87 Abs. 1 Nr. 10 BetrVG. Denn bei entgeltbezogenen Zielvereinbarung geht es immer um Strukturformen des Entgelts, sei es um ein Verhältnis zu einem fixen Gehaltsbestandteil zu einem variablen Bestandteil oder um ein zusätzliches Entgelt, welches abhängig vom jeweiligen Zielerreichungsgrad ist. Der Zielvereinbarungsprozess hat unmittelbare Auswirkung auf die Entgeltstruktur jedes Arbeitnehmers. Eine Einschränkung mangels kollektiven Tatbestands ist nur im Ausnahmefall gegeben, und zwar dann, wenn es um spezifische „Einzelwünsche" eines einzelnen Arbeitnehmers geht. Ansonsten könnte das Mitbestimmungsrecht dadurch verhindert werden, dass individuelle Zielvereinbarungen abgeschlossen werden und dadurch bei jedem einzelnen Arbeitnehmer „mitbestimmungsfrei" Einfluss auf dessen Entgeltstruktur genommen wird.

III. Reichweite der Mitbestimmung gem. § 87 Abs. 1 Nr. 10 BetrVG

1. Was konkret vom Mitbestimmungsrecht umfasst ist, wird nur am Rande diskutiert. So wird einerseits vertreten, der Mitbestimmung unterfalle die Festlegung von Regelungen für Zielvereinbarungen bei der Entgeltfindung[436]; andererseits sollen, ohne konkret zu werden, Bonuszahlungen nach einer Zielvereinbarung für das Erreichen bestimmter Arbeitsergebnisse der Mitbestimmung nach Nr. 10 unterliegen[437]; auch die Festlegung von Zielgrößen wird als mitbestimmungspflichtig angesehen[438]. Konkreter äußern sich *Linck/Koch*[439], nach deren Auffassung der Betriebsrat bei der Festlegung des Katalogs möglicher Ziele mitzubestimmen habe. Darüber hinaus könne er darüber mitbestimmen, wie viele Ziele mit welcher Gewichtung in der konkreten Zielfestsetzung zwischen Arbeitnehmer und Arbeitgeber zu vereinbaren sind. Des Weiteren unterliege auch das abstrakte Verfahren zur Bemessung und Beurteilung der Zielerreichung der Mitbestimmung.

2. Wenn man die Rechtsprechung des Bundesarbeitsgerichts zur Reichweite der Mitbestimmung bei Prämie und Provision heranzieht, ergibt sich daraus,

---

435 Däubler, NZA 2005, 793, 795; BAG 14.06.1994, NZA 1995, 543.

436 DKK/Klebe, § 87 Rn. 66.

437 FESTL § 87 Rn. 414.

438 Annuß, NZA 2007, 290, 296; Däubler, NZA 2005, 793, 795.

439 Linck/Koch, FS Bepler, S. 361.

dass bei der Prämienvergütung folgende Faktoren mitbestimmungspflichtig sind:

- ob und welche Prämie eingeführt wird (Geld oder sonstige Leistung)[440]
- Bezugsgröße oder Ausgangsleistung[441] (Menge, Qualität, Maschinennutzung, Einhaltung von Terminen, Verhaltensbewertung, Kundenbewertung, Kollegenbewertung, Vorgesetztenbewertung, Umsatzsteigerung, Steigerung im Verhältnis zu Konkurrenzprodukten etc.)
- bei mehreren Bezugsgrößen deren Verhältnis zueinander[442]
- Festlegung und Änderung der Prämienkurve (Bestimmung der Verhältnisses des Entgelts für die Leistung eines bestimmten Leistungsgrads zum bereits feststehenden Entgelt für eine Ausgangsleistung)[443], Prämienkurvenverlauf linear, progressiv oder degressiv[444]

Bei den Provisionssystemen sind folgende Faktoren nach Nr. 10 mitbestimmungspflichtig:

- Provisionssystem,
- Ausgestaltung der Provisionsformen,
- Ob Lohnfixum und/oder Provision gezahlt wird,
- Art der Provision,
- Anrechenbarkeit der Provision,
- Verhältnis der Provisionen zueinander,
- Festsetzung der Bezugsgrößen,
- Verhältnis variable untereinander,
- abstrakte Staffelung der Provisionssätze,
- Festsetzung der Bezugsgrößen,
- Festlegung von Punktezahl für jedes Geschäft eines Provisionssystems,
- Zuordnung von Artikeln zu einer Provisionsgruppe.

Übertragen auf die Zielvereinbarung bedeutet dies, dass zwar die allgemeine Festlegung des Ziels dem Arbeitgeber obliegt, die konkrete Ausgestaltung dann jedoch der Mitbestimmung des Betriebsrats unterfällt. Denn die Ziele sind quasi die Zweckbestimmung der Leistung im Rahmen von zielvereinbarungsgestützter Entlohnung. Die Zweckbestimmung unterliegt der Mitbestimmungspflicht,

---

440 BAG 10.07.1979, AP Nr. 2 zu § 87 BetrVG 1972 Lohngestaltung.

441 BAG 25.05.1982, 13.09.1983, 16.12.1986, AP Nr. 2, 3, 8 zu § 87 BetrVG 1972 Prämie.

442 GK/Wiese, § 87 Rn. 906.

443 BAG 25.05.1982, 13.09.1983, 16.12.1986, AP Nr. 2, 3, 8 zu § 87 BetrVG 1972 Prämie.

444 BAG 16.12.1986, AP Nr. 8 zu § 87 BetrVG 1972 Prämie.

sofern es sich um Entgelt im engeren Sinne handelt. Der Arbeitgeber kann nur die generelle Zweckbestimmung festlegen – also ob es sich um Entgelt im engeren Sinne handelt oder z.B. um die Bindung an das Unternehmen. Darüber hinaus unterliegt die Gewichtung der Ziele zueinander, die Änderung der Ziele sowie der gesamte Zielvereinbarungsprozess der Mitbestimmung nach § 87 Abs. 1 Nr. 10 BetrVG. Bei all diesen Faktoren handelt es sich um wesentliche Bestandteile der Strukturform des Entgelts. Der Mitbestimmung unterliegt auch die Frage, wie das Verhältnis zwischen Fixum und zielerreichungsabhängigem Bestandteil zu gewichten ist.

C. Die Mitbestimmung gem. § 87 Abs. 1 Nr. 11 BetrVG

Neben der Mitbestimmung nach § 87 Abs. 1 Nr. 10 BetrVG kann bei der Einführung von Zielvereinbarungen auch ein Mitbestimmungsrecht gem. § 87 Abs. 1 Nr. 11 BetrVG in Frage kommen. Dafür ist Voraussetzung, dass es sich bei Zielvereinbarungen um „vergleichbare leistungsbezogene Entgelte“ handelt. Dieser Begriff wird in der Rechtsprechung – wie vorstehend bereits zusammengefasst[445] – sehr eng gehandhabt[446]:

- Der Arbeitnehmer muss wie bei Akkord und Prämie durch seine Leistung die Höhe der Vergütung beeinflussen können;
- es muss ein Bezug zu einer „Normalleistung“ oder einer anderen „Sollgröße“ hergestellt werden, die nicht Null sein darf; die Höhe der Vergütung wird durch das Verhältnis zu dieser bestimmt[447]
- die Höhe des Entgelts muss sich automatisch aus der in diesem Zeitraum betrachteten Arbeit ergeben Ist eine „Bewertung“ durch den Arbeitgeber dazwischengeschaltet, greift Nr. 11 nicht ein
- die unmittelbare Verknüpfung zwischen Leistung und Vergütung fehlt auch dann, wenn das in einem bestimmten Zeitraum von beispielsweise drei Monaten gezeigte Verhalten für die Höhe des Entgelts in einem künftigen Zeitraum maßgebend ist.[448]

445 § 3 D. II. 4. a), S. 51.
446 Däubler, NZA 2005, 793, 795.
447 BAG 10.07.1979, AP Nr. 2 zu § 87 BetrVG 1972 Lohngestaltung.
448 BAG 28.07.1978, AP Nr. 2 zu § 87 BetrVG 1972 Lohngestaltung.

I. Mitbestimmung bei den Zielen Unternehmens- / Betriebsergebnis

Konsens herrscht in der Literatur darüber, dass eine Mitbestimmung gem. § 87 Abs. 1 Nr. 11 BetrVG ausscheidet, sofern das Ziel in einem bestimmten Betriebsergebnis liegt oder der Arbeitnehmer die Zielerreichung jedenfalls durch sein individuelles Verhalten nicht nachweisbar beeinflussen kann – in diesem Fall gehe es schon nicht um leistungsbezogenes Entgelt.[449] Dem ist zuzustimmen. Denn ausschlaggebend für die erweiterte Mitbestimmung nach Nr. 11 ist der direkte Leistungsbezug des einzelnen Arbeitnehmers. Er kann sein Entgelt steigern, indem er seine individuelle Leistung steigert. Zwar ist jeder Arbeitnehmer auf gewisse Weise auch mittelbar am Unternehmens- oder Betriebsergebnis beteiligt. Dieser Beitrag kann jedoch nicht konkret bemessen werden.

Es bleibt hier also bei der Mitbestimmung nach § 87 Abs. 1 Nr. 10 BetrVG, das heißt, der Arbeitgeber kann mitbestimmungsfrei die allgemeine Zweckbestimmung – z.B. Belohnung der Betriebstreue oder ein bestehendes Unternehmensergebnis – festlegen. Wie dieses Ziel sich jedoch verhältnismäßig zu den anderen Zielen verhält, unterliegt der Mitbestimmung des Betriebsrats.

II. Mitbestimmung bei quantitativen / qualitativen Zielen

1. Definition

Es bleibt die umstrittene Frage zu klären, ob ein Mitbestimmungsrecht bei quantitativen bzw. qualitativen Zielen gem. § 87 Abs. 1 Nr. 11 BetrVG besteht. Unter quantitativen Zielen versteht man Ziele, die klar messbar sind. Qualitative – auch weiche Ziele genannt – sind in der Regel nicht messbar; die Frage der Zielerreichung richtet sich hier regelmäßig nach einer subjektiven Bewertung.

Beispiele für quantitative Ziele:

- *3 % Umsatzsteigerung*
- *Reduzierung von Kundenbeschwerden um 10 %*
- *Steigerung der Zahl der Anrufannahmen im Callcenter um 5 %*
- *Steigerung des Absatzes eines bestimmten Produktes um 10 %*
- *Steigerung der Kundenzufriedenheit anhand Bewertung*
- *Besuchszahl*
- *Zeiteinhaltung Projekt usw.*

---

449 Däubler, NZA 2005, 793, 795; Annuß, NZA 2007, 290, 296; Richardi, § 87 Rn. 893; LAG Bremen, AP BetrVG 1972 § 87 Lohngestaltung Nr. 1; FESTL, § 87 Rn. 532; GK/Wiese, § 87 Rn. 969; Moll, Mitbestimmung beim Entgelt, S. 76 f.

Beispiele für qualitative Ziele:

- *Erhöhung der Kundenzufriedenheit*
- *Verbesserung der Teamzusammenarbeit*
- *Umsetzung der Unternehmensleitlinien*
- *Verbesserung der abteilungsübergreifenden Zusammenarbeit*
- *Verbesserung der Kommunikation*
- *Fortbildungsinteresse*
- *Identifikation mit dem Unternehmen*

Bei den sogenannten quantitativen Zielen besteht keine einheitliche Auffassung darüber, ob die Voraussetzungen des § 87 Abs. 1 Nr. 11 BetrVG vorliegen.[450]

2. *Meinungsstand*

a) Das Bundesarbeitsgericht hat in seiner Entscheidung vom 21.10.2003[451] im Rahmen eines *obiter dictum* dazu Stellung genommen.

In dem vom BAG zu beurteilenden Fall ging es primär um den Auskunftsanspruch des Betriebsrats, der begehrte, vom Arbeitgeber im Rahmen eines tariflich geregelten Zielvereinbarungsprozesses folgende Informationen zu erhalten:

- *welche konkreten und detaillierten Ziele im einzelnen die einzelnen Arbeitnehmer mit dem Arbeitgeber in den Zielvereinbarungen für das Jahr 2001 nach dem TV Nr. 64 vom 11.6.1999 vereinbart haben, insbesondere auch unter Angabe der einzelnen Euro - Planumsätze als 100 %ige Zielerreichung für jedes einzelne Ziel*
- *welchen Grad der Zielerreichung die einzelnen Arbeitnehmer erzielt haben*
- *ob und wenn ja in welchem Umfang Ausfalltage auf die Zielerreichung einzelner Arbeitnehmer angerechnet wurden*

Die Höhe des variablen Entgelts ergab sich aus einer Richtgröße, die wie folgt festgestellt wurde:

Die Höhe der Richtgröße (100 % des variablen Entgelts = ***EuroPlanumsatz***[452]*) wird nach v.H. Sätzen, bezogen auf die letzte Gruppenstufe der jeweiligen Entgeltgruppe bemessen…*

---

450 FESTL § 87 Rn. 498; Däubler, NZA 2005, 793, 796; Tondorf, AiB 1998, 324; in diese Richtung auch BAG 21.10.2003, NZA 2004, 936; einen Rückgriff auf § 87 Abs. 1 Nr. 11 halten auch Bauer / Diller / Göpfert, BB 2002, 886 für denkbar, schließen jedoch eine Mitbestimmung bei der Bestimmung zulässiger Ziele, deren Gewichtung und Feststellung aus; Rieble / Gistel, BB 2004, 2463, die Bedenken lediglich dann äußern, „wenn Ziele nicht rein quantitativ formuliert sind".

451 BAG 21.10.2003, NZA 2004, 936.

452 Kursivdruck **fett** durch Verfasserin klarstellend eingefügt.

Das Bundesarbeitsgericht hat diesen Auskunftsanspruch gem. § 80 Abs. 2 Satz 1 BetrVG mit der Begründung bejaht, gem. § 80 Abs. 2 BetrVG komme als Aufgabe des Betriebsrats die Wahrnehmung von Mitbestimmungsrechten nach § 87 Abs. 1 Nr. 11 BetrVG in Betracht, da es sich bei dem variablen Entgelt – ausgestaltet in Zielvereinbarungen – um vergleichbares leistungsbezogenes Entgelt im Sinne von § 87 Abs. 1 Nr. 11 BetrVG handele. Darunter sei jede Vergütung zu verstehen, die sich nach dem konkreten und vom Arbeitnehmer selbst beeinflussten, quantifizierbaren Arbeitsergebnis richte und nach dessen Verhältnis zu einer bestimmten Bezugsleistung berechnet werde. Um den mit einer Leistungsentlohnung verbundenen Gefahren zu begegnen, gewähre § 87 Abs. 1 Nr. 11 BetrVG dem Betriebsrat ein Mitbestimmungsrecht bei der Festsetzung der einzelnen Sätze des jeweiligen Leistungslohnsystems; dabei sei es gleichgültig, wie diese im Einzelnen ermittelt werden. Zu diesen Sätzen zähle auch die Bezugsleistung – hier der „Euro-Planumsatz" als Grundlage für die Berechnung des Leistungsentgelts.

b) *Rieble/Gistel* problematisieren im Hinblick auf diese Rechtsprechung des Bundesarbeitsgerichts die Frage, ob bei der Vergütung nach Zielvereinbarung ein Mitbestimmungsrecht nach § 87 Abs. 1 Nr. 11 BetrVG tatsächlich gegeben sei und sehen dies kritisch.[453] Denn sobald die Ziele nicht mehr rein quantitativ definiert seien, könne die Zielerreichung nicht mehr objektiv gemessen werden. Vielmehr werde eine wertende Beurteilung erforderlich, die als eigenständiger Akt des Arbeitgebers zwischen Leistung und Vergütung liege. Dadurch entscheide sich erst im Augenblick der Beurteilung, inwieweit der Arbeitgeber die Leistung als ausreichend erachtet. Damit führe die Beurteilung zur höheren Vergütung und nicht unmittelbar die Leistung des Arbeitnehmers.

Bauer/Diller/Göpfert[454] sagen zwar zum einen, die Einführung von Zielvereinbarungsgesprächen sei mitbestimmungspflichtig, es käme auch die Mitbestimmung gem. § 87 Abs. 1 Nr. 10,11 BetrVG in Betracht; dieses beschränke sich jedoch auf die grundsätzliche Ausgestaltung der Zielvereinbarungsgespräche, nicht aber auf deren Inhalt. Die Bestimmung zulässiger Ziele, deren Gewichtung und deren Festsetzung sei mitbestimmungsfrei.

Däubler ist der Auffassung, unabhängig davon, ob es sich um quantitative oder qualitative Ziele handele, bestehe ein Mitbestimmung gem. § 87 Abs. 1 Nr. 11 BetrVG. Bei quantitativen Zielen seien die Voraussetzungen des § 87 Abs. 1 Nr. 11 BetrVG ersichtlich erfüllt, denn die gewünschte Leistung werde hier zum Status

---

453 Rieble / Gistel, BB 2004, 2463.

454 Bauer / Diller / Göpfert, BB 2002, 886.

quo in Beziehung gesetzt; auch führe die Zielerreichung automatisch zu der vorgesehenen Zusatzvergütung. Dabei spiele es keine Rolle, ob lediglich für den Fall der Zielerreichung eine bestimmte Zusatzvergütung versprochen werde oder ob sich deren Höhe nach dem Ausmaß bestimme, in dem man sich dem Ziel angenähert oder dieses gar übertroffen habe. Auch bei den sogenannten qualitativen Zielen ändere sich nichts an der Automatik zwischen Leistung und Vergütung. Zwar könne im Einzelfall ein gewisser Beurteilungsspielraum des Arbeitgebers bleiben, dies ändere an der Automatik jedoch nichts; die Beteiligten gingen davon aus, dass es nur eine richtige Entscheidung gebe. Dafür, dass ein eigenständiger Bewertungsakt durch den Arbeitgeber „zwischengeschaltet" wäre – so wie *Rieble / Gistel* dies sehen –, bestünden keine ausreichenden Anhaltspunkte. Eine andere Bewertung käme nur dann in Betracht, wenn die Arbeitsvertragsparteien festlegten, dass der Arbeitgeber nach festgestellter Zielerreichung eine Zusatzvergütung nach seinem Ermessen gewähren könne.[455]

3. *Eigene Ansicht*

Dem Bundesarbeitsgericht ist zuzustimmen, sofern es annimmt, es bestünde eine Mitbestimmungsrecht gem. § 87 Abs. 1 Nr. 11 BetrVG hinsichtlich quantitativer Ziele.

a) Der Sinn und Zweck des § 87 Abs. 1 Nr. 11 BetrVG ergibt sich nach wie vor aus der besonderen Belastung der Arbeitnehmer bei Zahlung leistungsbezogener Entgelte. Die Beteiligung des Betriebsrats soll gewährleisten, dass die von den Arbeitnehmern zu erwartende Zusatzleistung sachgerecht bewertet wird und in einem angemessenen Verhältnis zu dem erzielbaren Mehrverdienst steht. Das Instrument der entgeltbezogenen Zielvereinbarung wird mehr und mehr als Personalsteuerungsinstrument zur Motivation von Mitarbeitern eingesetzt. Umso mehr richtet sich auch der Fokus auf die Leistung der Mitarbeiter und die erzielten Ergebnisse, die aufgrund zunehmender Zielvereinbarungen regelmäßig gemessen werden. Das Instrument des entgeltbezogenen Zielvereinbarungsprozesses ist der Inbegriff der leistungsbezogenen Vergütung, denn hier wird ein Ziel vereinbart und in Abhängigkeit vom Grad der Zielerreichung ein Entgelt bezahlt. Es handelt sich also – wie das Bundesarbeitsgericht zutreffend ausführt – um eine Vergütung, die sich nach dem konkreten und vom Arbeitnehmer selbst beeinflussten, quantifizierbaren Arbeitsergebnis richtet und die nach dessen Verhältnis zu einer bestimmten Bezugsleistung berechnet wird. Hier treten auch genau die Gefahren auf, die typischerweise einer Leistungsentlohnung

455 Däubler, NZA 2005, 793, 796.

innewohnen, nämlich Überforderung der Mitarbeiter, Streben nach noch mehr Leistung, unrealistische Erwartungen, Gehaltseinbußen, soziale Einschnitte, Konkurrenzkampf untereinander.

Das Bundesarbeitsgericht geht nicht darauf ein, was genau unter die Mitbestimmung fällt; es spricht lediglich von der Vergütung. Offen bleibt die Frage, ob hierunter die Bezugsgröße der Ziele, die Festsetzung des Wertes eines konkreten Ziels, die Höhe der Vergütung gemeint ist.

b) Entgegen der Auffassung von *Rieble/Gistel*[456] ist kein Unterschied darin zu sehen, ob es sich um quantitative Ziele oder um qualitative Ziele handelt. Ein Zwischenschritt muss in jedem Falle erfolgen; bei den quantitativen Zielen besteht dieser in dem „Messen" eines Ergebnisses; bei qualitativen Zielen im „Bewerten" des Ergebnisses. In jedem Fall könnte man argumentieren, dass erst das Messen bzw. das Bewerten selbst und nicht bereits die Leistung zur höheren Vergütung führt. Ob gemessen oder bewertet wird, kann aber nicht für die Annahme leistungsbezogenen Entgelts ausschlaggebend sein. In beiden Fällen wird der Arbeitnehmer leistungsbezogen vergütet. Der Unterschied besteht nur darin, dass die Bezugsleistung auf der einen Seite die Zeit oder Stückzahl ist, auf der anderen Seite beispielsweise das Arbeitsverhalten.

Das Argument von *Rieble/Gistel* ähnelt dem des Bundesarbeitsgerichts aus seiner Entscheidung vom 15.05.2001.[457] Hier begründete das Bundesarbeitsgericht seine Ablehnung der Mitbestimmung nach Nr. 11 in Bezug auf Leistungszulagen damit, dass die Beurteilung die Unmittelbarkeit unterbreche, da diese nicht mehr vom Arbeitnehmer beeinflusst werden könne. Hierzu wurde oben[458] ausgeführt, dass dieses Argument nicht überzeugt, weil Anknüpfungspunkt für die Bemessung gerade nicht die Arbeitsmenge ist; ebenso verhält es sich mit dem nunmehr vergleichbaren Ansatz von *Rieble/Giestel*, die die Unmittelbarkeit zwischen Leistung und Vergütung als unterbrochen ansehen, wenn die Leistung bewertet werden muss. Jedem leistungsbezogenen Entgelt liegt jedoch ein Beurteilungsmoment (nämlich der Moment, in dem gemessen wird) zugrunde. Bei Akkordlohn kann dieses natürlich gegen Null tendieren, da die Stückzahl in der vorgegebenen Zeit genau messbar ist, wobei auch eine Messung zunächst erfolgen muss und daher die Unmittelbarkeit unterbrechen würde.

---

456 Rieble / Gistel, BB 2004, 2463.

457 BAG 15.05.2001 – 1 ABR 39/00, NZA 2001, S. 1154.

458 § 3 D. III. 1. b), S. 59.

Darüber hinaus nimmt die genaue Messbarkeit immer ab, wenn nicht mehr die Arbeitsmenge in vorgegebener Zeit Bezugs- bzw. Ausgangsleistung ist, also bei allen leistungsbezogenen Entgeltformen neben dem Akkord.

Wenn dieser Begründung zu folgen wäre, würde dies dazu führen, dass eine Mitbestimmung nach § 87 Abs. 1 Nr. 11 BetrVG nur noch anzunehmen wäre, wenn die Bezugs- bzw. Ausgangsleistung eine Mengenleistung in vorgegebener Zeit ist – also nur noch bei Akkordlohn zum Tragen käme. Dies ist schon vom Gesetzgeber ausdrücklich nicht gewollt; denn er hat – wie die Entstehungsgeschichte und die Gesetzesbegründung zeigt – ausdrücklich die Prämie und vergleichbare leistungsbezogene Entgelte der Mitbestimmung nach § 87 Abs. 1 Nr. 11 BetrVG unterstellt.[459]

Bauer/Diller/Göpfert[460] bleiben unklar, da sie zwar ein Mitbestimmungsrecht gem. § 87 Abs. 1 Nr. 11 BetrVG in Erwägung ziehen, zur Reichweite aber nicht abschließend Stellung nehmen. Sie führen aus, der Zielvereinbarungsprozess sei gem. § 87 Abs. 1 Nr. 1 BetrVG mitbestimmbar und der Rest (Bestimmung zulässiger Ziele, deren Gewichtung und deren Festsetzung) sei mitbestimmungsfrei. Hier bleibt unklar, wo sie noch Raum für eine Mitbestimmung gem. § 87 Abs. 1 Nr. 11 BetrVG sehen.

4. Zwischenergebnis

Ein Mitbestimmungsrecht des Betriebsrat gem. § 87 Abs. 1 Nr. 11 BetrVG besteht bei Einführung eines Zielvereinbarungsprozesses; dieses umfasst die Festsetzung sowohl quantitativer als auch qualitativer Ziele.

D. Die Mitbestimmung gem. § 94 BetrVG

I. Personalfragebogen, § 94 Abs. 1 BetrVG

Sofern der Arbeitgeber Personalfragebögen einführen will, bedürfen diese der Zustimmung des Betriebsrats. Nach allgemeiner Meinung liegt ein mitbestimmungsrelevanter Personalfragebogen dann vor, wenn es sich um ein standardisiertes Mittel zur Erhebung von Arbeitnehmerdaten handelt.[461] Dies ist unabhängig davon, ob die Daten schriftlich oder in elektronischer Form erhoben werden und gilt auch für Fragen, die in standardisierter Form von einem Dritten

459 § 3 B., S. 39.

460 Bauer / Diller / Göpfert, BB 2002, 886.

461 ErfK / Kania, § 94, Rn. 2; FESTL, § 94 Rn. 8; DKK /Klebe, § 94 Rn. 3.

erhoben werden und nicht in einem schriftlichen Fragebogen vom Arbeitnehmer selbst zu beantworten sind.[462]

Da in der Regel bei Zielvereinbarungsgesprächen, bei sog. Mid-Year-Reviews, bei Zielüberprüfungsgesprächen oder bei Zielerreichungsgesprächen am Ende der Beurteilungsperiode auch unmittelbar personenbezogene Angaben über den Arbeitnehmer verlangt werden, handelt es sich bei solchen Fragen und Angaben um einen Fragebogen i.S.d. § 94 Abs. 1 BetrVG. Konkret stellt sich dies in der Praxis so dar, dass beispielsweise nach persönlichen Stärken und Schwächen, nach persönlichen Interessen, nach Über- oder Unterforderung im bisherigen Tätigkeitsbereich gefragt wird oder Kontrollfragen verwendet werden, mit deren Hilfe die (volle oder teilweise) Zielerreichung überprüft werden soll.[463] Die Ausgestaltung solcher Fragebögen unterliegt der Mitbestimmung des Betriebsrats nach § 94 Abs. 1 BetrVG.[464]

II. Beurteilungsgrundsätze gem. § 94 Abs. 2 BetrVG

Einer Zielvereinbarung ist immanent, dass am Ende der Zielperiode überprüft wird, ob die Ziele erreicht wurden; hierbei werden in der Praxis häufig Staffelungen vorgenommen, die beispielsweise so aussehen:

- nicht erreicht
- mangelhaft erreicht
- zum großen Teil erreicht
- erreicht
- übererreicht

1. Um die Zielerreichung einer dieser vorgenannten oder anderen vorgegebenen Gruppen zuzuordnen, sind Kriterien der Leistungs- und Verhaltensbeurteilung erforderlich, also Kriterien, die erfüllt werden müssen, um das Ziel zu erreichen. Bei diesen Beurteilungsmerkmalen handelt es sich um allgemeine Beurteilungsgrundsätze i.S.d. § 94 Abs. 2 BetrVG.[465] Einbezogen in die Mitbestimmung ist nach allgemeiner Auffassung auch das Verfahren, mit dem die Zielerreichung festgestellt wird.[466]

---

462 FESTL, § 94 Rn. 8;, ErfK/Kania, § 84 Rn. 2.

463 Däubler, NZA 2005, 793, 794; DKK/Klebe, § 94 Rn. 9.

464 DKK/Klebe, § 94 Rn. 36; Annuß, NZA 2007, 290, 296; Bauer/Diller/Göpfert, BB 2002, 882, 886; Däubler, NZA 2007, 793, 795.

465 Annuß, NZA 2007, 290, 296; Däubler, NZA 2007, 793, 795; DKK/Klebe, § 94 Rn. 6, 36; Richardi, § 94 Rn. 65.

466 Annuß, NZA 2007, 290, 296; Däubler, NZA 2007, 793, 795; DKK/Klebe, § 94 Rn. 6, 36; Richardi, § 94 Rn. 65.

Kritisch nehmen *Rieble / Gistel* hierzu Stellung.[467] In den in einer Zielvereinbarung niedergelegten Kontrollfragen, die einerseits die vereinbarten Ziele konkretisieren und andererseits die abschließende Festlegung der Zielerreichung vereinfachen sollen, sei kein Beurteilungsgrundsatz im Sinne von § 94 Abs. 2 BetrVG zu sehen. Denn die Abfassung eines Fragenkatalogs sei letztlich Teil der individuellen Vereinbarung und auf die Einzelziele abgestimmt. Es sei daher zu bezweifeln, dass ein Beurteilungsgrundsatz, also eine objektive und nach einheitlichen Kriterien vorgenommene Bewertung, vorliege.[468]

2. *Rieble / Gistel* ist entgegenzuhalten, dass bei Beurteilungsgrundsätzen ein einheitliches Vorgehen bei der Beurteilung und ein Bewerten nach einheitlichen Maßstäben mit dem Ziel erreicht werden soll, eine Vergleichbarkeit von Beurteilungsergebnissen zu schaffen.[469] Es ist naheliegend, dass die Erreichung eines persönlichen Ziels immer auch subjektiv beeinflusst wird und tätigkeitsabhängig ist. Jedoch steht dies nicht der Beurteilung der Zielerreichung durch allgemeine Kriterien entgegen. Denn die Festlegung der Beurteilungskriterien erfolgt auch durch die Betriebspartner; somit stehen Kriterien für die Beurteilung einer Zielerreichung einheitlich fest, womit dann im Einzelfall eine spezielle, tätigkeitsbezogene Einzelfallbewertung vorgenommen werden kann. Dies stellt dann die Messlatte für alle dar und führt zu einer Vergleichbarkeit.

Wie oben bereits[470] ausgeführt, fallen unter die Mitbestimmung des Betriebsrats nach § 94 Abs. 2 BetrVG die Einführung, die Verwendung und die Beurteilungskriterien in ihrer Gesamtheit.[471] Durch die Mitbestimmung soll ein einheitliches Vorgehen bei der Beurteilung und ein Bewerten nach einheitlichen Maßstäben mit dem Ziel, eine Vergleichbarkeit von Beurteilungsergebnissen zu schaffen, erreicht werden.[472] Zu den Beurteilungsgrundsätzen gehört demnach auch die Festlegung des Verfahrens, wie Beurteilungen zustande kommen (z.B. Fragebogen für Vorgesetzte mit Beurteilungsstufen, Festlegung einzelner Verfahrenselemente wie Arbeitsprogramme, Simulationen, Tests).[473] Darüber hinaus unterfällt der Mitbestimmung auch die Festlegung der einzelnen Beurteilungskriterien[474] wie beispielsweise

467 Rieble / Gistel, BB 2004, 2462, 2463.
468 Rieble / Gistel, BB 2004, 2462, 2463.
469 FESTL, § 94 Rn. 29; BAG 18.04.2000, AP Nr. 33 zu § 87 BetrVG 1972 Überwachung
470 § 6, S. 73.
471 FESTL, § 94 Rn. 28.
472 BAG 18.04.2000, AP Nr. 33 zu § 87 BetrVG 1972 Überwachung.
473 FESTL § 94, Rn. 30; Jedzig DB 1996, 1337,1339 f.; Feldhoff AiB 1996, 445, 452.
474 Grundmann, Ziel- und Leistungsvereinbarung, S. 65.

- Belastbarkeit,
- schriftlicher / mündlicher Ausdruck,
- Vorgesetztenneigung,
- Verantwortungsbereitschaft,
- Fachkenntnisse,
- Fortbildungsaktivitäten,
- Entschlussfreudigkeit,
- Zuverlässigkeit,
- Teamfähigkeit,
- etc.

Der Mitbestimmung unterfallen diese Kriterien auch der Gesamtzahl nach sowie deren Gewichtung zueinander. Darüber hinaus unterfällt auch das Verfahren, mit dem die Zielerreichung festgestellt wird, der Mitbestimmung nach § 94 Abs. 2 BetrVG. Denn anderenfalls würde eben gerade keine Vergleichbarkeit und Einheitlichkeit in der Bewertung erzielt werden können und der Zweck des § 94 Abs. 2 BetrVG liefe völlig leer.

Mitbestimmungspflichtig sind also die Modalitäten des Beurteilungsverfahrens wie beispielsweise:

- Beteiligte,
- Zeiträume/Gespräch / Stichtage,
- Kontrollen / Auswertungen,
- Aufbewahrung der Unterlagen,
- Einspruchsmöglichkeiten des Bewerteten,
- Gemeinsames Gremium bei Streitfällen.[475]

III. Verhältnis § 94 zu §§ 87 Abs. 1 Nr. 10/11 BetrVG

Es gilt zu klären wie sich die unterschiedlichen Mitbestimmungstatbestände des § 94 BetrVG und die der §§ 87 Abs. 1 Nr. 10 und 11 BetrVG bei entgeltbezogenen Zielvereinbarungen zueinander verhalten.

1. In der Literatur wird die Auffassung vertreten, dass § 87 Abs. 1 Nr. 10 und 11 BetrVG vorrangig gelten und kein Raum mehr für die Anwendung von § 94 BetrVG bleibe. So führt *Richardi* aus, dass für den Fall der Beurteilung zur Entgeltfindung § 87 Abs. 1 Nr. 10 BetrVG als lex specialis vorgehe. Denn bei

475 Grundmann, Ziel- und Leistungsvereinbarung, S. 65.

§ 94 BetrVG beschränke sich die Mitbestimmung auf ein Zustimmungsrecht, bei § 87 BetrVG habe der Betriebsrat das weitere Initiativrecht.[476]

Kania schließt die Anwendung des § 94 BetrVG für Beurteilungsgrundsätze, die unmittelbar auf die Höhe des Entgelts Einfluss haben, aus. Insofern greife evtl. §§ 87 Abs. 1 Nr. 10/11 BetrVG[477].

Nach *Däubler* bestehen die Mitbestimmungsrechte nach §§ 87 Abs. 1 Nr. 1 und 6 BetrVG sowie aus § 94 Abs. 1 BetrVG bei Zielvereinbarung ohne Entgeltrelevanz neben den Mitbestimmungsrechten nach §§ 87 Abs. 1 Nr. 10/11 BetrVG. Gegenüber den Beurteilungsgrundsätzen nach § 94 Abs. 2 würden die §§ 87 Abs. 1 Nr. 10/11 BetrVG jedoch eine Spezialregelung darstellen.[478]

2. Keine der oben angeführten Auffassungen überzeugt.

Sofern *Richardi* argumentiert, das Mitbestimmungsrecht nach § 87 Nr. 10 BetrVG gehe weiter, weil ein Initiativrecht bestehe und sei insofern lex specialis, ist dies nicht überzeugend. Denn gerade wenn eine Beurteilung zur Entgeltfindung ansteht, ist der § 87 Nr. 10 BetrVG zulasten des Initiativrechts nach der ständigen Rechtsprechung des Bundesarbeitsgerichts eingeschränkt, weil im Falle von freiwilligen Leistungen der Arbeitgeber mitbestimmungsfrei entscheiden kann, ob er sie bezahlt und welchen Dotierungsrahmen er zur Verfügung stellt bzw. welcher Zweck zugrunde gelegt wird. Wenn es sich hingegen nicht um eine freiwillige Leistung handelt, ist der Arbeitgeber kraft Gesetzes oder kraft Tarifvertrages zur Leistung verpflichtet. Der Betriebsrat kann gerade nicht fordern, dass Beurteilungsgrundsätze aufgestellt werden nach deren Ergebnis dann die Entlohnung erfolgt. § 94 Abs. 2 BetrVG muss neben den §§ 87 Abs. 1 Nr. 10 bzw.11 BetrVG stehen, da anderenfalls die weite Mitbestimmung des § 94 BetrVG (Beurteilungsgrundsätze, Staffelung, Vergleichbarkeit) wegfiele, wenn hinter der Beurteilung auch nur geringes Entgelt stünde. Der Betriebsrat wäre also durch einen vorgegebenen Dotierungsrahmen beschränkt in der Wahl der Anzahl der Beurteilungskriterien, der Staffelung zueinander etc. Ausgehend vom sachlichen Inhalt und Zweck der beiden Tatbestände, kann auch nichts anderes gelten:

§ 94 BetrVG soll dazu dienen, dass eine vom Arbeitgeber gewünschte Vergleichbarkeit der Arbeitnehmer untereinander nach fairen Kriterien ermittelt wird. § 87 Abs. 1 Nr. 10 und 11 BetrVG dient der Lohngerechtigkeit bzw. dem Schutz vor Überlastung der Arbeitnehmer bei leistungsbezogenen Entgelten.

476 Richardi, § 94 Rn. 57.

477 ErfK/Kania § 94 Rn. 3.

478 Däubler, NZA 2005, S. 793.

Der eine Schutzzweck wird nicht automatisch durch den anderen ersetzt, sodass keine speziellere Regelung vorliegen kann.

3. Nach hier vertretener Auffassung bestehen somit die Tatbestände des § 94 BetrVG sowie des § 87 Abs. 1 Nr. 10 und 11 BetrVG nebeneinander.

E. Informationsrechte des Betriebsrats

Die Praxis ist häufig mit der Frage konfrontiert, ob der Betriebsrat einen Anspruch darauf hat, Kenntnis von den konkreten individuellen Zielvereinbarungen, die auf Grundlage eines Tarifvertrages oder einer Betriebsvereinbarung gemacht worden sind, zu erlangen. Von den Kritikern wurde hier immer wieder eingewandt, dies führe zu einer unzulässigen Kontrolle individueller Abreden ohne kollektiven Charakter.[479]

I. Das Bundesarbeitsgericht hat in dem oben bereits dargestellten[480] Fall dazu Stellung genommen, ob der Betriebsrat einen Auskunftsanspruch bezüglich der individuellen Zielvereinbarung sowie der individuellen Zielerreichung habe.[481] Das Bundesarbeitsgericht hat den Auskunftsanspruch des Betriebsrats bejaht. Der Anspruch folge aus § 80 Abs. 2 Satz 1 i.V.m. § 80 Abs. 1 Nr. 1 BetrVG. Der Betriebsrat habe die Aufgabe in eigener Verantwortung zu prüfen, ob sich Aufgaben im Sinne des Betriebsverfassungsgesetzes ergäben und er zu ihrer Wahrnehmung tätig werden müsse. Als Aufgabe des Betriebsrats sah das Bundesarbeitsgericht vorliegend die Wahrnehmung der Mitbestimmungsrechte gem. § 87 Abs. 1 Nr. 11 BetrVG an; darüber hinaus bestünde eine Aufgabe des Betriebsrats darin, darüber zu wachen, dass die tariflichen Vorschriften, welche die Grundlage der Zielvereinbarung darstellten, sowie der Gleichbehandlungsgrundsatz eingehalten werden. Der Unterrichtungsanspruch, insbesondere auch im Hinblick auf die individuellen Zielvereinbarungen sowie den jeweiligen Zielerreichungsgrad, wurde dementsprechend bejaht.

II. Kritisch wird dies von *Rieble/Gistel*[482] gesehen. Sie heben hervor, dass kein generelles Informationsrecht des Betriebsrats bestehe, sondern immer nur im Rahmen der Erforderlichkeit. Ob der Arbeitgeber die individuellen Zielvereinbarungsinhalte offen legen müsse, hänge vom Inhalt der zu überprüfenden Kollektivregelung ab. Seien nur allgemeine Anforderungen an das Verfahren der

---

479 Rieble / Gistel, BB 2004, 2465; Parteivortrag im Fall BAG Urteil vom 21.10.2003, NZA 2004, 936: § 9 C. II 1., S. 118.

480 § 9 C. II. 1., S. 118.

481 BAG 21.10.2003, AP Nr. 62 zu § 80 BetrVG 1972.

482 Rieble / Gistel, BB 2004, 2464.

Zieldefinition und Zielerreichung festgelegt, dürfe das Auskunftsbegehren auch nur auf die Einhaltung dieser Verfahrensvorgaben zielen, nicht aber auf die Mitteilung der Ziele selbst. Eine Mitteilung derselben sei aber wohl dann nicht zu umgehen, wenn eine Überwachung formaler Anforderungen ohne Kenntnis des Inhalts der Zielvereinbarung nicht möglich sei.

Teils wird eine Grenze aus der Unternehmerfreiheit in Erwägung gezogen, jedoch unter Berücksichtigung der „beachtlichen Gegenstimmen", unter anderem des Bundesarbeitsgerichts, nicht weiter verfolgt. Im Hinblick auf die Beschränkung des Auskunftsanspruchs aus Gründen des Persönlichkeitsrechts wird richtigerweise festgestellt, dass das BDSG nicht gegenüber dem Betriebsrat zur Anwendung komme, eine solche Einwilligung daher nicht erforderlich sei. Jedoch müsse im Rahmen des Auskunftsbegehrens immer eine einzelfallbezogene Abwägung der widerstreitenden Interessen nach dem Grundsatz der Verhältnismäßigkeit vorgenommen werden. Wo kollektive Interessen des Betriebsrats an der Überwachung der Betriebsvereinbarung das individuelle Recht des Arbeitnehmers am Schutz seines Persönlichkeitsrechts überwiegen, dürfe der Arbeitgeber die Auskunft nicht verweigern.[483]

III. Der Betriebsrat hat – in Abhängigkeit von der zugrunde liegenden Betriebsvereinbarung – in jedem Fall das Recht, die zur Überprüfung der Einhaltung der Betriebsvereinbarung und auch der sonstigen relevanten Grundsätze wie beispielswiese des Gleichbehandlungsgrundsatzes sowie der Gesetze, wie beispielsweise das Nachweisgesetz, §§ 305 ff. BGB und ggf. der Gewerbeordnung vorzunehmen. In diesem Zusammenhang hat er die erforderlichen Angaben und Informationen zu erhalten, denn diese Überwachungspflicht ergibt sich aus § 80 Abs. 1 Nr. 1 BetrVG.[484]

Dies kann auch die Information über einzelne Zielvereinbarungen und der jeweiligen Zielerreichungsgrade beinhalten. Das Bundesarbeitsgericht überzeugt mit seiner Begründung. Formal gesetzlich besteht hier keine Gefahr eines Eingriffs in das Persönlichkeitsrecht des Arbeitnehmers, denn der Betriebsrat darf die so erlangten Informationen nur im Rahmen seiner Aufgaben, nämlich Überwachung der Einhaltung der Betriebsvereinbarung bzw. der Gesetze verwenden. Eine weitergehende Verwendung wäre nicht mit seinen bestehenden betriebsverfassungsrechtlichen Pflichten vereinbar und würde einen Verstoß darstellen, der gegebenenfalls zu einem Amtsenthebungsverfahren führen könnte.

---

483 Rieble / Gistel, BB 2004, 2466.

484 BAG 16.05.2005, AP Nr. 64 zu § 80 BetrVG 1972.

F. Anhörungs- und Erörterungsrecht

Gem. § 82 Abs. 2 Satz 1 BetrVG kann der Arbeitnehmer verlangen, dass ihm die Berechnung und Zusammensetzung seines Arbeitsentgelts erläutert und dass mit ihm die Beurteilung seiner Leistungen sowie die Möglichkeiten seiner beruflichen Entwicklung im Betrieb erörtert werden. Zu diesem Gespräch kann er ein zur Verschwiegenheit verpflichtetes Mitglied des Betriebsrats hinzuziehen. Entsprechendes gilt über den Wortlaut des Gesetzes hinaus, wenn der Arbeitgeber zu einem Gespräch aus einem der in § 82 Abs. 2 Satz 1 BetrVG geregelten Anlässe auffordert.[485] Die Zielerreichung, der Zielerreichungsgrad und damit die Beurteilung der Leistungen des Arbeitnehmers können jederzeit Anlass für ein Gesprächsverlangen des Arbeitnehmers oder Arbeitgebers sein und können damit – bei Entbindung von der Schweigepflicht durch den Arbeitnehmer – eine wichtige Informationsquelle des Betriebsrats sein.

G. Ergebnis

Bei Einführung eines Zielvereinbarungsprozesses – ob entgeltbezogen oder nicht – besteht ein Mitbestimmungsrecht nach § 94 Abs. 1 und Abs. 2 BetrVG. Bei entgeltbezogenen Zielvereinbarungsprozessen besteht dieses neben dem Mitbestimmungsrecht nach § 87 Abs. 1 Nr. 10 und 11 BetrVG.

§ 10 Rechtliche Grundlagen für Konfliktlösungsmodelle

Wie sich aus vorstehenden Ausführungen erkennen lässt, gibt es im Zusammenhang mit den Regelungen zur variablen Vergütung und Zielvereinbarung viele Fallgestaltungen, die rechtlich noch nicht abschließend geklärt sind. Dies wird auch aufgrund der jeweils innerbetrieblichen Spezialfälle und – situationen nie der Fall sein. In der Praxis finden sich deshalb in den verschiedenen Betriebsvereinbarungen zumeist Regelungen, wie bei auftretenden Meinungsverschiedenheiten im Rahmen der Durchführung der Betriebsvereinbarung zu verfahren ist. Dabei kann es sich um Streitigkeiten zwischen Mitarbeiter und Vorgesetztem über Verfahren oder Ergebnis (unter Einbindung der Betriebspartner) oder / und um Streitigkeiten zwischen den Betriebspartnern selbst handeln. Dies kommt gerade bei Betriebsvereinbarungen zur variablen Vergütung im Zusammenhang mit Zielvereinbarungen häufig vor, denn durch das persönlich Bewerten mit Entgeltbezug und gegebenenfalls auch der Frage des Entwickelns innerhalb oder außerhalb der Firma besteht ein hohes Konfliktpotential. Daneben finden sich

485 BAG 16.11.2004, NZA 2005, 416.

in diesen Betriebsvereinbarungen regelmäßig unbestimmte Rechtsbegriffe, über deren Bedeutung im Nachhinein gestritten werden kann.

Im Rahmen solcher Konfliktlösungsmodelle wird geregelt, wer letzten Endes in welchem Verfahren über die Meinungsverschiedenheit entscheidet. Hierbei treten unterschiedliche Begriffe für diese „Streitschlichtungsmodelle“ auf. So ist teils die Rede von einer Schlichtungsstellte, teils wird der Begriff der „paritätischen Kommission“ verwendet, ebenso kommen die Begrifflichkeiten „innerbetriebliche Schlichtungskommission“ oder auch „Clearingstelle“ vor. Allerdings sagt die Bezeichnung dieser Stellen noch nichts über die Reichweite der Kompetenzen derselben aus.

Allen gemein ist die Funktion, eine innerbetriebliche – und somit außergerichtliche – Einrichtung zu schaffen, die für den Fall der Meinungsverschiedenheiten tätig wird und die versuchen soll, eine Einigung auf betrieblicher Ebene herbeizuführen. Gerade beim Zielvereinbarungsprozess bedarf es für fast jede Stufe des Prozesses eines Konfliktlösungsmechanismusses für den Fall, dass sich Mitarbeiter und Vorgesetzter nicht einigen können. Daneben darf nicht vergessen werden, dass häufig Auslegungsstreitigkeiten zwischen den Betriebsparteien selbst entstehen, die im Rahmen einer solchen Schlichtungsstelle gelöst werden sollten. Gerade die Wahl qualitativer Ziele eröffnet mangels eingebauter Kontrollmechanismen die Möglichkeit willkürlicher Bewertung.

Zu klären ist in diesem Zusammenhang insbesondere die Frage, welche Regelungskompetenzen eine solche betriebliche Schlichtungsstelle haben kann. Hierfür ist zunächst auf die gesetzlich vorgesehenen Möglichkeiten der Bildung von innerbetrieblichen Stellen einzugehen. Denn das Betriebsverfassungsgesetz sieht unterschiedliche Möglichkeiten vor, eine innerbetriebliche Stelle zu bilden.

A. Gemeinsamer Ausschuss nach § 28 Abs. 2 BetrVG

Eine nach dem Betriebsverfassungsgesetz vorgesehene Möglichkeit stellt die Bildung eines gemeinsamen Ausschusses zwischen Arbeitgeber und Betriebsrat nach § 28 Abs. 2 BetrVG dar. Gem. § 28 Abs. 1 BetrVG können ab einer Betriebsgröße von 100 Arbeitnehmern Ausschüsse gebildet werden; der Betriebsrat kann diesen Ausschüssen bestimmte Aufgaben des Betriebsrats mit qualifizierter Mehrheit übertragen. Nach § 28 Abs. 2 BetrVG können auch sog. gemeinsame Ausschüsse gebildet werden, denen dann Aufgaben zur selbständigen Erledigung übertragen werden können, indem die Mitglieder eines Ausschusses vom Betriebsrat und vom Arbeitgeber benannt werden.

Im Zusammenhang mit Zielvereinbarungsprozessen kann ein gemeinsamer Ausschuss betriebsintern als Gremium genutzt werden, bestimmte Angelegenheiten im Zusammenhang mit dem Zielvereinbarungsprozess durch sachverständige Personen auf Betriebsrats- und Arbeitgeberseite einer sachgerechten Behandlung zuzuführen.

Voraussetzung für die Bildung eines solchen Ausschusses ist, dass mehr als 200 Arbeitnehmer beschäftigt sind und ein Betriebsausschuss gebildet wurde – also de facto regelmäßig mindestens 201 Arbeitnehmer beschäftigt sind.

I. Selbstständige Erledigungskompetenz

Es stellt sich die Frage, ob die Mitglieder eines solchen Ausschusses gem. § 28 Abs. 2 BetrVG eine endgültige Entscheidungsbefugnis in den ihnen übertragenen Fragestellung haben können.

Vereinzelt wurde dies im Falle der Übertragung von Mitbestimmungsrechten mit der Begründung verneint, dass die Übertragung von Mitbestimmungsrechten auf Ausschüsse gem. § 28 BetrVG nicht zulässig sei[486] bzw. der Ausschuss nach § 28 Abs. 2 BetrVG kein Organ der Betriebsverfassung[487] bzw. dass ein Beschluss gegen die Mehrheit der Mitglieder des Betriebsrats unzulässig sei[488].

Nach der herrschenden Meinung wird die Zulässigkeit bejaht. Demnach gestatte der Wortlaut des § 28 Abs. 2 BetrVG eine Übertragung zur selbstständigen Erledigung, und es sei nicht erforderlich, in Angelegenheiten, die einem gemeinsamen Ausschuss zur selbständigen Entscheidung übertragen sind, diese Entscheidung vom Arbeitgeber bzw. Betriebsrat noch billigen zu lassen. Vielmehr sei diese verbindlich.[489] Der gemeinsame Ausschuss sei nämlich kein Organ des Betriebsrats, sondern eine eigenständige Einrichtung der Betriebsverfassung.[490]

Dem ist zuzustimmen. Weder aus dem Wortlaut noch aus dem Sinn und Zweck der Vorschrift ergibt sich, dass keine endgültige Entscheidungsbefugnis gegeben ist. Denn die Übertragung soll ja gerade ermöglichen – insbesondere zur konstruktiven Arbeit des Betriebsrats beitragend –, dass der Ausschuss ab einer bestimmten Betriebsgröße eigenständig entscheiden kann. Der Sinn und Zweck besteht darin, sowohl dem Arbeitgeber als auch dem Betriebsrat die Möglichkeit zu eröffnen, Personen zu bestimmen, die sich in eine spezielle Materie einarbeiten und in diesem Rahmen dann auch unabhängig entscheidungsbefugt sind. Nur der Abschluss einer Betriebsvereinbarung bleibt in jedem Fall dem Betriebsrat als Gremium vorbehalten.

---

486 ArbG Wupptertal, 12.10.1992, AiB 1993, 456.

487 Geffken, AiB 2002, 258.

488 Richardi, § 28, Rn. 36.

489 BAG 12.07.1984, AP Nr. 32 zu § 102 BetrVG 1972; FESTL § 28 Rn. 39 m.w.N.

490 BAG 20.10.1993, AP Nr. 5 zu § 28 BetrVG 1972; FESTL § 28 Rn. 41 m.w.N.

Sofern es im Rahmen von Zielvereinbarungsprozessen darum geht, dass Meinungsverschiedenheiten zwischen Vorgesetztem und Mitarbeiter hinsichtlich des Zustandekommens der Zielvereinbarung, der Überprüfung und ggf. erforderlichen Anpassung oder der Bewertung der Zielerreichung entstehen, kann ein gemeinsamer Ausschuss die Aufgabe der Lösung dieser Konflikte übernehmen. Seine Aufgabe besteht darin, zu überprüfen, ob die Vorgaben der entsprechenden Betriebsvereinbarung im Hinblick auf das Zustandekommens, der Überprüfung und ggf. erforderlichen Anpassung der Zielvereinbarung oder der Bewertung der Zielerreichung eingehalten werden. Hierbei handelt es sich um eine originäre Aufgabe des Betriebsrats, sodass dies auch der Zuständigkeit eines gemeinsamen Ausschusses unterfallen kann. Empfehlenswert ist es, einen solchen bereits in der entsprechenden Betriebsvereinbarung aufzunehmen.

II. Erforderliche Mehrheit

Das Gesetz regelt nicht die Frage, auf welche Weise die gemeinsamen Ausschüsse ihre Entscheidungen treffen. Insbesondere ist nicht geregelt, ob für einen Beschluss des Ausschusses die einfache Mehrheit der Ausschussmitglieder ausreicht, ohne Rücksicht darauf, ob es sich hierbei um vom Betriebsrat oder vom Arbeitgeber in den Ausschuss entsandte Mitglieder handelt – in diesem Falle könnte gegen die Mehrheit der vom Betriebsrat entsandten Ausschussmitglieder eine Minderheit zusammen mit den vom Arbeitgeber entsandten Vertretern eine Entscheidung des Ausschusses herbeiführen – oder ob Voraussetzung für einen Beschluss des Ausschusses darüber hinaus ist, dass die Mehrheit der vom Betriebsrat entsandten Mitglieder dem Beschluss des Ausschusses zugestimmt hat.

Diese Frage ist umstritten. Einerseits wird die Meinung vertreten, dass entsprechend der allgemeinen Grundsätze über die Beschlussfassung in Kollegialgremien davon ausgegangen werden muss, dass für einen Beschluss die einfache Mehrheit der Mitglieder des Ausschusses ausreiche, wobei allerdings in entsprechender Anwendung des § 33 Abs. 2 BetrVG mindestens die Hälfte der Ausschussmitglieder an der Beschlussfassung teilgenommen haben müsse. Denn anderenfalls würde es sich in Wirklichkeit nicht mehr um eine Beschlussfassung „des Ausschusses“ handeln, sondern um getrennte Beschlussfassungen der vom Betriebsrat und vom Arbeitgeber genannten Ausschussmitglieder.[491]

Andererseits wird vertreten, dass für einen Beschluss die Mehrheit der Betriebsratsmitglieder im gemeinsamen Ausschuss für die Beschlussfassung

491 FESTL §28 Rn. 45; DKK/Wedde Rn. 16; GK/Raab, Rn. 44.

erforderlich sei, weil eine Übertragung der Entscheidungskompetenz nur auf ein Vertretungsorgan der Arbeitnehmer zulässig sei.[492]

Da es sich bei dem gemeinsamen Ausschuss um ein eigenständiges Organ der Betriebsverfassung handelt, dem unter bestimmten Voraussetzungen eine Entscheidungskompetenz – wohlgemerkt durch Beschluss des Betriebsrates mit qualifizierter Mehrheit – übertragen werden kann, ist nicht nachvollziehbar, warum dieses dann nicht nach den Grundsätzen über die Beschlussfassung des Betriebsverfassungsgesetzes entscheiden können soll. Die Argumentation, dass eine Übertragung der Entscheidungskompetenz nur auf ein Vertretungsorgan der Arbeitnehmer zulässig sei, überzeugt nicht, da das Vertretungsorgan – der Betriebsrat – die Entscheidungskompetenz originär innehat und diese per Beschluss auf den gemeinsamen Ausschuss übertragen kann. Darüber hinaus besteht auch keine Verpflichtung, einen gemeinsamen Ausschuss zu bilden; der Betriebsrat hat lediglich das Recht, einen solchen Ausschuss zu bilden. Somit ist ausreichend, dass die einfache Mehrheit im Ausschuss erreicht wird. Darüber hinaus steht dem Arbeitgeber und dem Betriebsrat mangels gesetzlich abschließender Regelungen auch die Möglichkeit zur Verfügung, bei der Bildung von gemeinsamen Ausschüssen das Verfahren bzw. die Voraussetzungen für die Beschlussfassung näher zu vereinbaren und dabei zu regeln, dass die Mehrheit der Betriebsratsmitglieder zugestimmt haben muss oder dass die Wirksamkeit des Beschlusses von der Zustimmung des Betriebsratsgremiums abhängig ist.[493]

Empfehlenswert ist an dieser Stelle, im Rahmen der Bildung des Ausschusses zu regeln, dass dieser paritätisch besetzt wird, um zu verhindern, dass der eine Seite per se überstimmbar ist, weil die andere Seite mehr Mitglieder in den Ausschuss entsendet.

III. Pattsituation

Fraglich ist, wie in einem gemeinsamen Ausschuss zu verfahren ist, wenn im Rahmen der Beschlussfassung eine Pattsituation auftritt.

Auch diese Frage ist umstritten. Zum einen wird die Auffassung vertreten, dass für den Fall einer Pattsituation die Angelegenheit wieder zurückfällt an Arbeitgeber und Betriebsrat.[494] Begründet wird diese Auffassung damit, dass nur auf diesem Wege die gesetzlich vorgesehenen Konfliktlösungsinstrumente

---

492 Richardi, § 28, Rn. 36; MüArbR/Joost, § 218 Rn. 42.

493 so auch Sachverhalt von BAG 12.07.1984, AP Nr. 32 zu § 102 BetrVG 1972.

494 FESTL, § 28 Rn. 46, DKK /Wedde, § 28 Rn. 17; ErfK /Koch, § 28 Rn. 3.

wirksam eingesetzt werden könnten. Denn der gemeinsame Ausschuss könne mangels einer ausdrücklichen Regelung weder die Einigungsstelle noch das Arbeitsgericht anrufen, sodass anderenfalls die gesetzlichen Beteiligungsrechte in unzulässiger Weise verkürzt würden.

Auf der anderen Seite wird vertreten, dass im Falle einer Pattsituation der Antrag entsprechende den Vorschriften des BetrVG als abgelehnt zu werten sei.[495]

Die Angelegenheit muss wieder an Arbeitgeber und Betriebsrat zurückfallen. Letztlich ist der Versuch, die Einigung durch „Dritte" zu erzielen, gescheitert. Etwas anderes kann nur dann gelten, wenn im Rahmen der Betriebsvereinbarung – die gem. §§ 28 Abs. 1 Satz 3, 27 Abs. 2 Satz 2 BetrVG nur vom Betriebsrat abgeschlossen werden kann – geregelt ist, dass im Falle der Nichteinigung die Einigungsstelle zuständig ist. Zwar ist der gemeinsame Ausschuss ein eigenständiges Organ, welches auch selbst entscheidungsbefugt ist. Jedoch ist an keiner Stelle im Gesetz vorgesehen, dass dieses Organ Rechtshandlungen wie „Anrufung der Einigungsstelle" oder „Einleitung eines Beschlussverfahrens" vornehmen kann. Vergleichbar ist die Situation beim Wirtschaftsausschuss. Wenn hier eine Streitigkeit entsteht, dann kann unter bestimmten Voraussetzungen vom Betriebs- bzw. Gesamtbetriebsrat, nicht aber vom Wirtschaftsausschuss, die Einigungsstelle angerufen werden.[496]

B. Die Einigungsstelle gem. § 76 BetrVG

Eine weitere Möglichkeit zur Streitschlichtung stellt die gesetzlich vorgesehene Einigungsstelle dar. Eine solche kann ebenfalls in einer Betriebsvereinbarung vereinbart werden, beispielsweise als sogenannte „ständige Einigungsstelle" mit festen Personen oder aber auch als Einigungsstelle, die erst im konkreten Fall besetzt wird. Das Gesetz enthält nur wenige Regelungen zum Verfahren der Einigungsstelle. Neben der in § 76 Abs. 3 BetrVG statuierten Pflicht, unverzüglich tätig zu werden, werden in Satz 2 einige, allerdings zwingende Verfahrensregelungen zur Beschlussfassung getroffen.

Sofern keine Regelungen im Rahmen von Betriebsvereinbarungen oder Tarifverträgen bestehen, bestimmt die Einigungsstelle das Verfahren nach pflichtgemäßem Ermessen selbst.[497]

---

495 GK/Raab, § 28 Rn. 44.

496 FESTL, § 109 Rn. 7, 8.

497 BAG 18.04.1989, AP Nr. 34 zu § 87 BetrVG 1972.

I. Zuständigkeit

Gem. § 76 Abs. 1 BetrVG ist zur Beilegung von Meinungsverschiedenheiten bei Bedarf eine Einigungsstelle zu bilden. Die Einigungsstelle ist ein Organ der Betriebsverfassung, das von Arbeitgeber und Betriebsrat gemeinsam gebildet wird und das ersatzweise als innerbetriebliche privatrechtliche Schlichtungsstelle die Aufgaben der Betriebsparteien übernimmt, § 74 Abs. 1 BetrVG. Der Bedarf einer Einigungsstelle ist gegeben, wenn eine der Betriebsparteien im Rahmen ihrer gemäß § 74 Abs. 1 Satz 2 BetrVG gegebenen vorrangigen Kompetenzen trotz Ausschöpfung aller Verhandlungsmöglichkeiten zwischen ihnen bestehende Streitigkeiten nicht beilegen können.[498] Hierbei ist zu unterscheiden zwischen dem erzwingbaren (§ 76 Abs. 5 BetrVG) und dem freiwilligen Einigungsstellenverfahren (§ 76 Abs. 6 BetrVG). Im erzwingbaren Einigungsstellenverfahren ist die Einigungsstelle in den im Gesetz genannten Fällen zuständig und entscheidet verbindlich. Sie hat tätig zu werden, sofern entweder der Arbeitgeber oder der Betriebsrat dies beantragt. Im Unterschied dazu wird die Einigungsstelle im freiwilligen Einigungsstellenverfahren nur tätig, wenn beide Parteien es beantragen oder mit dem Tätigwerden einverstanden sind. In diesem Falle ersetzt der Spruch der Einigungsstelle die Einigung zwischen Arbeitgeber und Betriebsrat nur dann, wenn sich beide Seiten im Vorfeld dem Spruch der Einigungsstelle unterwerfen oder diesen nachträglich annehmen, § 76 Abs. 6 Satz 2 BetrVG.

Im Rahmen von Zielvereinbarungsprozessen spielt die Einigungsstelle eine Rolle, v.a. wenn sie bereits in die Betriebsvereinbarung mit aufgenommen wird. Dies ist empfehlenswert, da es sich bei Zielvereinbarungsprozessen um eine praktische Angelegenheit handelt, der ein hohes Konfliktpotential innewohnt, das einer schnellen Klärung bedarf. Es entstehen Meinungsverschiedenheiten im Hinblick auf das Zustandekommens, der Überprüfung und ggf. erforderlichen Anpassung der Zielvereinbarung oder der Bewertung der Zielerreichung selbst. Darüber hinaus können auch Meinungsverschiedenheiten bezüglich der Anwendung und Auslegung der Betriebsvereinbarung entstehen. Eine vereinbarte Einigungsstelle kann in diesen Fällen schnell zusammentreten und die Probleme eine Lösung zuführen, ohne langwierige arbeitsgerichtliche Verfahren durchlaufen zu müssen.

II. Zusammensetzung

Gesetzlich vorgeschrieben setzt sich die Einigungsstelle aus einer gleichen Anzahl von Beisitzern und einem unparteiischen Vorsitzenden zusammen. Die

498 DKK/Berg, § 76 Rn. 6.

Betriebsparteien müssen sich sowohl auf den Vorsitzenden als auch auf die Anzahl der Beisitzer einigen. Sofern eine Einigung nicht erfolgt, ist hierüber im Antragsverfahren nach § 98 ArbGG die Besetzung der Einigungsstelle vorzunehmen. Hier entscheidet das Arbeitsgericht über die Person des Vorsitzenden und die Anzahl der Beisitzer. Im Rahmen dieses Verfahrens wird nur geprüft, ob die Einigungsstelle offensichtlich unzuständig ist.

C. Die betriebliche Beschwerdestelle nach § 86 Satz 2 BetrVG

I. Grundlagen

Als weitere Grundlage für die Bildung einer Schlichtungsstelle mit Arbeitgeber- und Betriebsratsvertretern kommt die in § 86 Satz 2 BetrVG vorgesehene betriebliche Beschwerdestelle in Betracht. Diese könnte beispielsweise gebildet werden, um Streitigkeiten zwischen den Vorgesetzen und Mitarbeitern zu klären.

Gem. §§ 84 ff. BetrVG besteht die Möglichkeit für jeden Arbeitnehmer, sich bei den zuständigen Stellen im Betrieb zu beschweren, wenn er sich vom Arbeitgeber oder von Arbeitnehmern des Betriebes benachteiligt oder ungerecht behandelt oder in sonstiger Weise beeinträchtigt fühlt. § 85 BetrVG regelt sodann das entsprechende Beschwerderecht des Arbeitnehmers beim Betriebsrat. Sofern der Betriebsrat die Beschwerde des Arbeitnehmers für begründet erachtet, ist er verpflichtet, beim Arbeitgeber auf Abhilfe hinzuwirken. Im Falle einer Nichteinigung zwischen Arbeitgeber und Betriebsrat kann der Betriebsrat die Einigungsstelle anrufen. Der Spruch der Einigungsstelle ersetzt sodann die Einigung zwischen Arbeitgeber und Betriebsrat – aber nur soweit Gegenstand der Beschwerde kein Rechtsanspruch ist. Einzelheiten dieses Beschwerdeverfahrens können gem. § 86 BetrVG in einer Betriebsvereinbarung geregelt werden, wobei hier bestimmt werden kann, dass anstelle der Einigungsstelle eine betriebliche Beschwerdestelle tritt. § 86 Satz 2 BetrVG ermöglicht die Bildung dieser betrieblichen Beschwerdestelle zur Behandlung von Beschwerden einzelner Arbeitnehmer – entweder durch Tarifvertrag oder durch Betriebsvereinbarung. Bei dieser Betriebsvereinbarung handelt es sich um eine freiwillige, nicht erzwingbare Betriebsvereinbarung zwischen Arbeitgeber und Betriebsrat.[499]

II. Beschwerdegegenstand

Beschwerdegegenstand im Sinne der §§ 84, 85 BetrVG ist die individuelle Benachteiligung, ungerechte Behandlung oder sonstige Beeinträchtigung des

499 FESTL, § 86 Rn. 1; DKK/Buschmann § 86 Rn. 3; GK/Wiese, § 86 Rn. 7.

einzelnen Arbeitnehmers.[500] Dabei betreffen typische Beschwerdegegenstände den Arbeits- und Gesundheitsschutz, den Nichtraucherschutz, den betrieblichen Umweltschutz, die Arbeitsorganisation, aber auch die Leistungsbeurteilung.[501]

III. Beschwerdeverfahren

Sofern der Arbeitnehmer sich nach § 85 Abs. 1 BetrVG beim Betriebsrat über einen dieser Gegenstände beschwert, hat dieser die Beschwerde entgegenzunehmen, sich damit zu befassen und hierüber einen Beschluss hinsichtlich der Berechtigung der Beschwerde zu fassen. Wenn der Betriebsrat die Beschwerde für berechtigt hält, muss er mit dem Arbeitgeber über deren Abhilfe verhandeln. Die zwischen Arbeitgeber und Betriebsrat zu erzielende Einigung hat die Berechtigung der Beschwerde zum Gegenstand. Kommen die Parteien zu dem Ergebnis, dass die Beschwerde berechtigt ist, dann muss der Arbeitgeber ihr gem. § 84 Abs. 2 BetrVG, der auch im Rahmen des kollektivrechtlichen Beschwerdeverfahrens gilt[502], abhelfen.

Kommt eine Einigung über die Berechtigung nicht zustande, dann kann der Betriebsrat gem. § 85 Abs. 2 Satz 1 BetrVG die Einigungsstelle anrufen, wobei an deren Stelle dann die eingerichtete betriebliche Beschwerdestelle tritt, § 86 Satz 2 BetrVG. Es stellt sich allerdings die Frage, welche Kompetenzen eine solche betriebliche Beschwerdestelle hat. Dies ist im Wesentlichen eine Frage der Zuständigkeit.

IV. Zuständigkeit

Gem. § 86 Satz 2 BetrVG kann durch Betriebsvereinbarung bestimmt werden, dass die betriebliche Beschwerdestelle in den Fällen des § 85 Abs. 2 BetrVG „an die Stelle" der Einigungsstelle tritt. Daher kann durch die Betriebsvereinbarung keine weitergehende Zuständigkeit als die der gesetzlich vorgesehenen Einigungsstelle im Falle des § 85 Abs. 2 BetrVG begründet werden. Das Gesetz regelt in § 85 Abs. 2 BetrVG, dass der Betriebsrat die Einigungsstelle anrufen kann, sofern Meinungsverschiedenheiten über die Berechtigung der Beschwerde bestehen. In diesem Fall soll der Spruch der Einigungsstelle die Einigung zwischen Arbeitgeber und Betriebsrat ersetzen. Dies gilt jedoch nicht, soweit Gegenstand der Beschwerde ein Rechtsanspruch ist, § 85 Abs. 2 Satz 3 BetrVG.

Nach herrschender Meinung schließt § 85 Abs. 2 Satz 3 BetrVG bei Rechtsansprüchen von vornherein das Einigungsstellenverfahren aus und es kommt nur

500 FESTL, § 84 Rn. 4; DKK/Buschmann § 84 Rn. 6.
501 FESTL, § 84 Rn. 6.
502 DKK/Buschmann § 85 Rn. 6.

eine freiwillige Einigungsstelle nach § 76 Abs. 6 BetrVG in Betracht.[503] In diesen Fällen bestünde kein Einlassungszwang des Arbeitgebers vor der Einigungsstelle.

Nach Auffassung von *Buschmann*[504] handelt es sich um ein erzwingbares Einigungsstellenverfahren mit nicht verbindlichem Spruch. Begründet wird dies damit, dass sich Satz 3 dem Wortlaut nach ausschließlich auf den vorangehenden Satz 2, also die Ersetzung der Einigung zwischen Arbeitgeber und Betriebsrat, nicht dagegen auf Satz 1, nämlich die Anrufung der Einigungsstelle beziehe. Hieraus folge, dass trotz des möglicherweise unverbindlichen Spruchs der Einigungsstelle deren Tätigwerden vom Betriebsrat auf jeden Fall beantragt und durchgesetzt werden könne.

Diese Auffassung überzeugt nicht. Denn wenn die Einsetzung der Einigungsstelle erzwingbar wäre, diese jedoch nicht verbindlich entscheiden könnte, liefe der Sinn und Zweck der Einigungsstelle leer. Eine Einigungsstelle soll ja gerade, sofern sie zwingend vorgesehen ist, verbindlich entscheiden können. Wäre dies nicht der Fall, dann wäre ein erzieltes Ergebnis im Einigungsstellenverfahren nicht verpflichtend umzusetzen. Anderes gilt nur dann, wenn sich die Betriebsparteien im Rahmen der Betriebsvereinbarung dazu entscheiden, dass sie sich dem Spruch der Einigungsstelle unterwerfen. Dann wurde „freiwillig" vereinbart, dass eine verbindlich entscheidende Einigungsstelle bzw. betriebliche Beschwerdestelle etabliert wird.

V. Zusammensetzung

Fraglich ist, wie sich eine solche betriebliche Beschwerdestelle zusammensetzt. Sie könnte paritätisch zu besetzen sein, sodass beide Parteien gleichen Einfluss haben, sie könnte aber auch entsprechend § 76 BetrVG paritätisch besetzt sein und einen unparteiischen Vorsitzenden haben.

Auch diese Frage ist umstritten. Gem. § 86 BetrVG können die Einzelheiten des Beschwerdeverfahrens durch Tarifvertrag oder Betriebsvereinbarung geregelt werden. Hierbei kann gem. § 86 Satz 2 BetrVG bestimmt werden, dass in den Fällen des § 85 Abs. 2 BetrVG an die Stelle der Einigungsstelle eine betriebliche Beschwerdestelle tritt. Daraus ließe sich ableiten, dass die betriebliche Beschwerdestelle ebenso wie die Einigungsstelle – also paritätisch mit Mitgliedern des Betriebsrats und Arbeitgebervertretern und einem unparteiischen Vorsitzenden – besetzt werden muss.

503 BAG 28.06.1984, AP Nr. 1 zu § 85 BetrVG 1972; FESTL § 85 Rn. 7; GK/Wiese § 85 Rn. 16, Richardi, § 85 Rn. 18.

504 DKK/Buschmann, § 85 Rn. 10.

Einerseits wird die Auffassung vertreten, dass im Rahmen einer solchen Beschwerdestelle ein gleichgewichtiger Einfluss des Betriebsrats gegenüber dem Arbeitgeber gewährleistet sein müsse und § 76 Abs. 2 BetrVG, der die Zusammensetzung einer Einigungsstelle gesetzlich festlegt, die Zusammensetzung der betrieblichen Beschwerdestelle nicht vorgebe.[505]

Andererseits wird die Auffassung vertreten, dass die Zusammensetzung der betrieblichen Beschwerdestelle den Voraussetzungen des § 76 Abs. 2 BetrVG entsprechen und somit ein unparteiischer Vorsitzenden Teil der Beschwerdestelle sein müsse[506] und ihre Mitglieder paritätisch durch den Arbeitgeber und den Betriebsrat bestellt würden.[507]

Letzterer Auffassung ist zu folgen. Dies ergibt sich bereits aus dem Wortlaut des Gesetzes. Denn demnach kann bestimmt werden, dass in den Fällen des § 85 Abs. 2 BetrVG, der die Anrufung der Einigungsstelle vorsieht, an die Stelle der Einigungsstelle eine betriebliche Beschwerdestelle treten kann. Die betriebliche Beschwerdestelle soll somit nur an deren Stelle treten. Um im Rahmen dieser aber auch zu einer Entscheidung zu kommen, ist es notwendig – wie bei der Einigungsstelle – einen unparteiischen Vorsitzenden mit einem weiteren Stimmrecht zu haben. Eine betriebliche Beschwerdestelle kann somit für Fälle von Beschwerden gem. § 85 BetrVG durch Betriebsvereinbarung eingesetzt werden. Zuständigkeit und Zusammensetzung richten sich nach den gesetzlichen Vorgaben für die Einigungsstelle. Eine betriebliche Beschwerdestelle hat den Vorteil, dass auf die betrieblichen Besonderheiten Rücksicht genommen werden kann.

§ 86 Satz 2 BetrVG stellt die Rechtsgrundlage für die Einrichtung einer Schlichtungsstelle im Rahmen einer Betriebsvereinbarung zur Zielvereinbarung dar, insbesondere wenn es um Streitigkeiten der Arbeitnehmer mit Vorgesetzten sowie deren Einspruch bzw. Widerspruch gegen ihre Bewertung, die Zielvereinbarung selbst, oder ähnliche Angelegenheiten geht.

D. Ergebnis

Vorstehend wurde dargestellt, dass im Zusammenhang mit entgeltgestützten Zielvereinbarungsmodellen häufig nicht der Weg zu den Arbeitsgerichten eingeschlagen wird. Daher ist es von großer praktischer Bedeutung, eine klare und detaillierte kollektive Rahmenregelung für die Lösung von Meinungsverschie-

505 FESTL, § 86 Rn. 4; GK/Wiese § 86 Rn. 9.

506 Richardi, § 86 Rn. 10; Weiss/Weyand, § 86 Rn. 3.

507 Richardi, § 86 Rn. 10; Weiss/Weyand, § 86 Rn. 3; hier auch GK/Wiese, § 86 Rn. 9.

denheiten zu vereinbaren. Dafür kann entweder das Modell der betrieblichen Beschwerdestelle oder das Modell einer Einigungsstelle gewählt werden. Beide können mit der Kompetenz ausgestattet werden, letztlich verbindliche Entscheidungen zu treffen. Dieses kann auch durch eine Vereinbarung über die Unterwerfung des Spruchs der Einigungsstelle erreicht werden, um Rechtssicherheit für im Vorfeld unbekannte Fälle zu erzielen.

Teil 3: Die Zielvereinbarung in der Praxis

In der Praxis finden sich zahlreiche Betriebsvereinbarungen zu Zielvereinbarungsprozessen. Im Folgenden soll zunächst dargestellt werden, welche Punkte in einer Betriebsvereinbarung unerlässlich sind, um dem in der Praxis angestrebten Ziel motivierender Personalarbeit unter Ausnutzung der bestmöglichen Ressourcen Rechnung tragen zu können. Anhand der einzelnen Themengebiete wird sodann die Realität an praktischen Beispielen dargestellt und in Bezug auf die erstrebenswerten Punkte untersucht. Im Anschluss daran wird geprüft, ob die unerlässlichen und erstrebenswerten Punkte im Rahmen des Mitbestimmungsrechts des Betriebsrats erzwingbar sind.

§ 11 Kollektive Rahmenregelung zur Einführung eines entgeltgestützten Zielvereinbarungsprozesses

Zunächst wird dargestellt, welche Punkte in einer Rahmenregelung zur Einführung eines Zielvereinbarungsprozesses von wesentlicher Bedeutung sind.

A. Zielfestsetzung

Bei der Frage der Zielfestsetzung ist im Rahmen einer Betriebsvereinbarung zum einen auf die konkrete Angabe und Beschreibung der Ziele selbst einzugehen. Zum anderen sollte die maximale und bzw. oder minimale Anzahl der erlaubten Ziele festgelegt werden.

I. Konkrete Angabe und Beschreibung der zu erreichenden Ziele

Im Sinne der Klarheit und Transparenz sollten die Ziele, die von den Mitarbeitern zu erreichen sind, konkret im Rahmen der Betriebsvereinbarung genannt werden. Darunter können beispielsweise fallen: Unternehmenserfolg, Steigerung des Gebietsumsatzes, Teamergebnis, individuelle Leistung anhand konkreter Bewertungsmerkmale etc.

Es sollte auch geregelt werden, dass Ziele den SMART Kriterien[508] entsprechen, das heißt konkret, messbar, erreichbar und realistisch sind und dass eine Beurteilungsperiode festgelegt wird.

---

508 § 11 C., S. 138.

Sofern sich Unternehmen die Zielfestlegung Jahr für Jahr neu vorbehalten wollen, empfiehlt es sich, die Ziele im Rahmen einer Anlage zur Betriebsvereinbarung festzulegen, die Bestandteil derselben sein muss, und zu regeln, dass diese Anlage jedes Jahr neu zwischen Arbeitgeber und Betriebsrat verhandelt wird. Hier erscheint es im Hinblick auf künftige Rechtssicherheit unerlässlich, eine Regelung für den Fall der Nichteinigung zu treffen. Diese könnte vorsehen, dass im Falle der Nichteinigung auf Antrag einer Seite die Einigungsstelle zuständig ist und unter einem bereits benannten Einigungsstellenvorsitzenden innerhalb eines vorgegebenen Zeitraumes tagt und verbindlich entscheidet. Die Parteien sollten sich dem Spruch der Einigungsstelle beide unterwerfen, um so Streitigkeiten im Nachgang zu vermeiden.

Darüber hinaus macht es Sinn, zu regeln, wie zu verfahren ist, wenn sich im Laufe der Zielperiode Ziele ändern, beispielsweise für den Fall, dass sie nicht mehr erreicht werden können, weil sich die Wettbewerbssituation im Marktumfeld erheblich verändert, ein großer Kunde wegbricht oder weil neue Ziele hinzukommen. Auch hier muss wieder eine gemeinsame Vereinbarung erfolgen, die bei Streit durch die Konfliktlösungsstelle geregelt wird.

II. Festlegung der maximalen zulässigen Ziele

Weiterhin sollte im Rahmen einer Betriebsvereinbarung bei der Auswahl mehrerer Ziele festgelegt werden, wie viele Ziele maximal bzw. minimal vereinbart werden dürfen. Dies soll dem Erfordernis der Machbarkeit für den Mitarbeiter Rechnung tragen und dem Zweck „Schutz vor Überforderung“ nachkommen. Wenn also in der Rahmenvereinbarung mehrere konkrete Ziele vereinbart werden, dann muss geregelt werden, wie viele dieser Ziele ein Mitarbeiter mindestens in die konkrete Zielvereinbarung aufnehmen muss bzw. wie viele Ziele er maximal mit aufnehmen darf. Darüber hinaus muss geregelt werden, wer die Ziele festlegt. Für den Fall der Nichteinigung sollte hier wieder die Zuständigkeit der Konfliktlösungsstelle festgelegt werden.

B. Gewichtung der Ziele zueinander

Im Sinne der Klarheit und Transparenz ist es wünschenswert, dass bei mehreren Zielen die Zielgewichtung der unterschiedlichen Ziele zueinander bereits in der Betriebsvereinbarung festgelegt wird und dies nicht der Entscheidungsfreiheit des Arbeitgebers überlassen wird.

C. *Verfahren*

I. Regelungsbedarf

Ziel bei der Einführung von Zielvereinbarungsprozessen sollte sein, für die Mitarbeiter Ziele zu setzten, die den SMART Kriterien Rechnung tragen. Die Ziele sollten eindeutig, messbar, angemessen, erreichbar und terminierbar sein. Insbesondere die Kriterien der Angemessenheit und der Erreichbarkeit dienen im Wesentlichen dazu, die Mitarbeiter zu motivieren, aber auch vor Überlastung zu schützen.

Daher ist es wichtig, dass sowohl die Ausgangs- bzw. Bezugsleistung als auch die Steigerungsleistung sowie die minimale und maximale Zielerreichung realistisch definiert werden. Es sollte auch geregelt werden, ob sich die Steigerungsleistung dann proportional oder degressiv verhält.

Darüber hinaus ist ebenfalls wichtig, Regelungen für den Fall zu treffen, dass sich in der laufendenden Zielvereinbarungsperiode Umstände ergeben, die ein Erreichen der Ziele unmöglich machen. Dies können beispielsweise folgende Umstände sein:

- Umsatzeinbruch
- Personalabbau
- Krankheit des Mitarbeiters
- Elternzeit / Mutterschutz
- Teamumstrukturierung bei Teamzielen
- Kundenverlust
- Wahl in den Betriebsrat
- Gebietsveränderung im Außendienst

Für diese Fälle sollte eine Anpassungspflicht bestehen sowie deren konkrete Ausgestaltung geregelt sein. Auch der umgekehrte Fall sollte geregelt sein, wenn sich bereits nach kurzer Zeit herausstellt, dass die vereinbarten Ziele leicht und mehrfach übertroffen werden können, weil z.B. das Wettbewerbsprodukt aus dem Markt genommen werden musste.

Der Zielvereinbarungs- bzw. Zielüberprüfungs- und schließlich Zielerreichungsprozess sollte möglichst klar und deutlich formuliert werden. Es erscheint sinnvoll, hierbei in drei Abschnitte zu untergliedern und zwar in das Zielvereinbarungsgespräch, in die eventuell erfolgende unterjährige Zielüberprüfung und schließlich in das finale Zielerreichungsgespräch. Hierbei können jedoch auch Zielerreichungs- und Zielvereinbarungsgespräch zusammengefasst werden, sofern gleichzeitig mit Feststellung der Zielerreichung für das vergangene Jahr die neuen Ziele für das aktuelle Jahr festgelegt werden sollen.

II. Zielvereinbarungsprozess

Hier sollten folgende Parameter geregelt sein:

- Zeitpunkt, bis zu dem die Zielvereinbarung abgeschlossen wird,
- Zeitraum, innerhalb dessen beurteilt wird,
- Zielvereinbarung oder Zielvorgabe ggf. unter Beteiligung des Mitarbeiters,
- Gewichtung unterschiedlicher Ziele zueinander,
- maximale Anzahl von Zielen, Unterzielen,
- Auswahl der Ziele,
- Form der Zielvereinbarung, schriftlich mit/ohne Unterschrift des Mitarbeiters,
- Konfliktlösungsmechanismus bei Nichteinigung,
- Unterbliebene Zielvereinbarung.

III. Überprüfung / Anpassung

Folgendes wäre hier zu regeln.

- wer überprüft und wann wird überprüft?
- Feste Zeitpunkte oder auch Bedingungen?
- Beteiligung des Mitarbeiters und des Betriebsrats?
- unter welchen Voraussetzungen findet eine Überprüfung und v.a. eine Anpassung der Ziele statt?
- Beteiligung des Betriebsrats bzw. des Mitarbeiters?
- welche Bewertung erfolgt bis zum Zeitpunkt der Zielanpassung?
- Konfliktlösungsmechanismus bei Nichteinigung

IV. Feststellung der Zielerreichung

- Wer stellt die Zielerreichung fest? Wenn Vorgesetzter und Mitarbeiter dies zusammen erarbeiten sollen, bedarf es eines Konfliktlösungsmechanismus; wenn der Vorgesetzte dies allein macht, bedarf es eines Einspruchsrechts des Mitarbeiters
- Feedback über den Mitarbeiter bei anderen Führungskräften
  Es kann zielgerecht sein, wenn der verantwortliche Manager sich bei denjenigen Managern, die mit dem zu bewertenden Mitarbeiter zusammenarbeiten, Feedback einholen kann; darüber muss aber der Mitarbeiter informiert werden; auch der Betriebsrat sollte hier ein Zustimmungsrecht haben

- wünschenswert ist auch, dass die Beurteilung des Mitarbeiters zwingend schriftlich vom Beurteilenden begründet wird
- für den Fall, dass der Mitarbeiter mit der Beurteilung nicht einverstanden sein sollte, sollte ein Konfliktlösungsmechanismus geregelt sein

D. Auszahlung und Fälligkeit

In Anknüpfung an die teils eingeschlagene Richtung der Rechtsprechung des Bundesarbeitsgerichts, dass es für das Kriterium des „vergleichbaren leistungsbezogenen Entgelts" und somit für die Mitbestimmung des Betriebsrats nach § 87 Abs. 1 Nr. 11 BetrVG am Kriterium der Unmittelbarkeit fehle, wenn die Zahlung erst nach Ablauf des Beurteilungszeitraums erfolge, sollte der Auszahlungszeitpunkt in den Beurteilungszeitraum fallen. Denn das Bundesarbeitsgericht argumentiert, es fehle bei der Leistungsprämie an der Vergleichbarkeit zu Akkord und Prämie, wenn eine in der Vergangenheit kurzfristig gezeigte Mehrleistung später unabhängig von der dann jeweils aktuellen Arbeitsleistung die Höhe des Entgelts bestimme. In diesen Fällen fehle eine kontinuierliche Messung der Arbeitsleistung und ein darauf bezogener Leistungsanreiz und Leistungsdruck, über dessen Angemessenheit der Betriebsrat zum Schutze des Arbeitnehmers vor Überlastung mitbestimmen soll.[509]

E. Kürzungsmöglichkeiten

I. Unterjähriger Ein- bzw. Austritt in bzw. aus dem Arbeitsverhältnis

Im Falle eines unterjährigen Eintritts oder Austritts eines Mitarbeiters aus dem Unternehmen erscheint es geboten und interessengerecht, eine anteilige Berechnung der Zielerreichung vorzunehmen. Sofern bei Eintritt während des Beurteilungszeitraumes eine Regelung getroffen werden soll, die beinhaltet, dass der Mitarbeiter „zu neu, um ihn zu beurteilen" ist, sollte für diese Mitarbeiter jedenfalls eine Ausgleichsregelung gefunden werden. Diese kann beispielsweise eine Garantieprämie sein oder in Form einer Pauschalzielerreichung in Höhe von X %, die zugrunde gelegt wird, geregelt werden oder in Form einer Durchschnittsberechnung erfolgen.

Eine Bindung des Mitarbeiters an das Unternehmen insofern, als die Auszahlung davon abhängt, dass sein Arbeitsverhältnis zu einem bestimmten Zeitpunkt noch in ungekündigter Stellung besteht, sollte unterbleiben; denn eine solche erfüllt nur ihren Zweck, wenn dadurch die Belohnung der Betriebstreue erreicht

---

509 BAG 15.01.2001, AP Nr. 17 zu § 87 BetrVG 1972 Prämie.

werden soll. Bei Zielvereinbarungen hingegen handelt es sich um Entgelt, das für erbrachte Arbeitsleistung gezahlt wird. Dies kann nicht in Abhängigkeit zur Betriebstreue gestellt werden. Eine solche Regelung in einer Betriebsvereinbarung ist nach der Rechtsprechung des Bundesarbeitsgerichts unwirksam, da sie nicht mit höherrangigem Recht vereinbar ist.[510]

II. Krankheit

Im Verlaufe des Arbeitsverhältnisses gibt es auch die Verpflichtung des Arbeitgebers zur Zahlung der Vergütung ohne Arbeitsleistung.[511] Diese Fälle müssen in einer Betriebsvereinbarung geregelt werden.

Hinsichtlich der Fragen, wie zu verfahren ist, wenn ein Mitarbeiter im Beurteilungszeitraum erkrankt, kann eine Kürzung anteilig für den Zeitraum ab Ende der Entgeltfortzahlung aufgenommen werden. Wenn das Arbeitsverhältnis ruht (z.B. aufgrund von Elternzeit), sollte eine Berechnung der Zielerreichung pro rata temporis bis zum Eintritt des Ruhenszeitpunkts vorgenommen werden.

III. Betriebsratstätigkeit

Beim Umgang mit der Berücksichtigung der Betriebsratstätigkeit von nicht freigestellten Betriebsräten sind unterschiedliche Regelungen möglich. Ein Regelungsbedarf besteht, weil Betriebsräte gem. § 78 BetrVG weder besser noch schlechter gestellt werden dürfen. Allerdings befindet man sich – wie die Opel-Diskussion zeigt – in einem Spannungsfeld zwischen gesetzmäßiger Behandlung und beinahe strafbarer Besserstellung.[512]

Zum einen kann man regeln, dass Betriebsratstätigkeit im Vorfeld geplant wird und die Ziele dementsprechend prozentual angepasst werden. Zum anderen kann man regeln, dass für die Zielerreichung jedenfalls mindestens 100 % zugrundgelegt wird, außer der Mitarbeiter hat tatsächlich mehr erreicht. Man könnte auch sagen, die Zielerreichung bemisst sich nach dem Durchschnitt der vergleichbaren (Team)kollegen. Oder man regelt, dass sich die Zielerreichung nach dem individuellen Durchschnitt der vergangenen Jahre bemisst. Die beiden letzten Regelungsmöglichkeiten empfehlen sich bei vollständig freigestellten Betriebsratsmitgliedern. Möglich wäre auch, eine Tagespauschale für die Tage, an denen Betriebsratstätigkeit nachgegangen wird, zugrunde zu legen. Für welche Form man sich entscheidet, ist natürlich immer von dem konkret Vereinbarten abhängig denn darauf sind diese Ausfallregelungen dann zu beziehen. In jedem

---

510 § 8 B. VI. 4. b), S. 100.

511 z.B. Arbeitsunfähigkeit, Elternzeit, Urlaub, Annahmeverzug, Betriebsratstätigkeit.

512 Moll/Roebers, NZA 2012, 57.

Fall muss geregelt werden, dass eine Anpassung der Ziele erfolgt, wenn durch Ausfälle oder die Betriebsratstätigkeit die Ziele nicht mehr erreicht werden können.

Anders zu verfahren ist, wenn nicht nur die Tätigkeit des einzelnen Mitarbeiters für die Zielerreichung ausschlaggebend ist:

Das Landesarbeitsgericht Berlin[513] hatte in einem Fall einen Prämienanspruch eines Betriebsratsmitglieds (Pharmaaußendienst) aufgrund eines Bonussystems zu beurteilen. Der Prämienanspruch war gekoppelt an den jährlichen Umsatz. Das Betriebsratsmitglied beanspruchte eine Bonuszahlung auf der Basis eines entsprechend seiner Betriebsratstätigkeit (hier 16 %) reduzierten Umsatzes. Der Arbeitgeber lehnte die Umsatzreduzierung mit der Begründung ab, dass für den Produktumsatz die Tätigkeit des Pharmaberaters nur eine von vielen – im Einzelnen vom Arbeitgeber im Prozess vorgetragenen – Marketingaktivitäten sei. Das Gericht hat dies in seiner Urteilsfindung bei der geforderten Reduzierung der Umsatzvorgabe berücksichtigt. *Gaul*[514] stellt den Weg des Gerichts zur Umsatzreduzierung wie folgt dar:

> *„Von diesen Grundsätzen ausgehend hat das LAG Berlin aus den ursprünglichen Vorgaben der Beklagten die sonstigen Vertriebskosten herausgerechnet und diesen Anteil um den im Umfang der durch Betriebsratstätigkeit weggefallenen Arbeitstage herabgesetzten Anteil der Kosten für Pharmaberater erhöht. Das Ergebnis der Berechnung, die in der nachfolgenden Formel zusammengefasst wird, ist eine neu (geminderte) Umsatzvorgabe, die dem Zeitausfall durch Betriebsratstätigkeit Rechnung trägt:*
>
> - $VN = VA\,./.\,VA \times \frac{KP}{GK} + VA \times \frac{KP}{GK} \times \frac{AT-BT}{AT}$
>
> *Bei der Berechnung stehen*
>
> - *VN = neue Umsatzvorgabe*
> - *VA = alte Umsatzvorgabe*
> - *KP = Kosten für Pharmaberater*
> - *GK = Gesamtkosten Vertrieb*
> - *AT = Arbeitstage*
> - *BT = Betriebsratstag“*

Das LAG mindert die bisherige Umsatzvorgabe auf Basis dieser Formel also von 100 % auf 93 % und nicht um die 16 % Betriebsratstage und hat somit alle Faktoren berücksichtigt.

---

513 LAG Berlin 28.06.1996 – 6 Sa 37/96, NZA 1997, 224.

514 Gaul, BB 1998, 101.

Sofern also die Zielerreichung nicht nur von der Tätigkeit allein abhängt, sondern von anderen Kosten und Tätigkeiten, kann ggf. auf diese Formel im Rahmen einer Betriebsvereinbarung zurückgegriffen werden.

F. Sonderfall: Kalibrierung

Bei dem in der Praxis zunehmenden Fall von „Kalibrierung“ hat der Arbeitgeber im Hinblick auf die Zielerreichung der Mitarbeiter bereits ein gewünschtes Ergebnis, welches er nach der Gauß´ schen Verteilungskurve zu erreichen versucht.

Bevor oder auch nachdem die jährlichen Zielvereinbarungsgespräche mit den Mitarbeitern geführt werden, trifft sich ein bestimmter Personenkreis der Leitungsebene und spricht über jeden einzelnen Mitarbeiter und darüber, wie sie ihn einschätzen, unabhängig davon, ob sie den Mitarbeiter kennen oder nicht oder mit ihm zusammen arbeiten oder nicht. Diese Bewertung führt dann dazu, dass jeder Mitarbeiter unter Berücksichtigung der Gauß´ schen Verteilungsgrundsätze gelistet wird und die Bewertung im oder nach dem Zielvereinbarungsgespräch entsprechend vorgenommen wird, zum Teil unabhängig von der tatsächlichen Zielerreichung.

Sofern ein solcher Prozess zum Bewerten von Mitarbeitern erwünscht ist, empfiehlt es sich aus Gründen der Transparenz die folgenden Parameter zu regeln:

- Der Mitarbeiter muss über das Ergebnis der Kalibrierungsrunde schriftlich informiert werden.
- Im Rahmen einer Betriebsvereinbarung wird geregelt, nach welchen Kriterien im Rahmen der Kalibrierungsrunde bewertet wird.
- Der Betriebsrat kann auf Wunsch an der Kalibrierungsrunde teilnehmen.
- Dem Mitarbeiter ist ein Einspruchsrecht einzuräumen

G. Konfliktlösungsregelung

Die Erfahrung lehrt, dass im Rahmen von Betriebsvereinbarungen zu entgeltbezogenen Zielvereinbarungsprozessen zum einen Streitigkeiten im Hinblick auf die individuelle Zielvereinbarung, Zielerreichung, Zielvorgaben, Leistungsbewertung und ggf. einvernehmlich vorzunehmende Zielanpassung und zum anderen Meinungsverschiedenheiten über die Auslegung und Anwendung der Betriebsvereinbarung selbst häufig auftreten. Für den Fall des Auftretens solcher Konflikte sollte jede Betriebsvereinbarung einen Konfliktlösungsmechanismus beinhalten.

Es ist also eine Beschwerdemöglichkeit für den Mitarbeiter zu regeln. Darüber hinaus bedarf es der Möglichkeit sowohl für den Arbeitgeber als auch für den Betriebsrat, eine wie auch immer geartete Schlichtungsstelle anzurufen, wenn über die Auslegung, Anwendung oder Änderung der Betriebsvereinbarung gestritten wird.

Es empfiehlt sich, als Schlichtungsstelle zur Lösung sämtlicher auftretender Konflikte die Einigungsstelle zu wählen, denn diese Institution ist gesetzlich geregelt und bietet sich daher an. Sofern die Besetzung der Schlichtungsstelle paritätisch erfolgt, muss ein Streitentscheid vorgesehen werden, der nicht darin bestehen sollte, dass eine Seite – also der Arbeitgeber oder der Betriebsrat– allein entscheidet. Hier kann man entweder die Möglichkeit der abwechselnden Stimmverteilung, im ersten zu entscheidenden Fall beginnend mit Betriebsrat oder dem Arbeitgeber wählen oder beispielsweise den Würfel entscheiden lassen. Hinsichtlich der Zuständigkeit dieser Schlichtungsstelle sollte auf eine klare unmissverständliche Formulierung geachtet werden und auf die Vermeidung unbestimmter Rechtsbegriffe, da anderenfalls schon eine Streitgrundlage allein für die Zuständigkeit gelegt wird.

Der Konfliktlösungsmechanismus könnte wie folgt ausgestaltet sein:

Vorschlag 1:

(1) Es wird eine innerbetriebliche Schlichtungsstelle gebildet. Diese setzt sich zusammen aus jeweils zwei Vertretern der Betriebsrats- und Arbeitgeberseite.

Die Schlichtungsstelle kann sowohl vom Arbeitgeber als auch vom Betriebsrat als auch von einem betroffenen Mitarbeiter angerufen werden bei

- *Streitigkeiten hinsichtlich der Anwendung und Auslegung dieser Betriebsvereinbarung*
- *in den vorgenannten Fällen dieser Betriebsvereinbarung (z.B. Nichteinigung bei Zielvereinbarung, Zielerreichung, Zielüberprüfung, Zielanpassung)*
- *Änderung der Betriebsvereinbarung*

Die Schlichtungsstelle hat spätestens innerhalb von vier Wochen nach Antragstellung zu entscheiden. Anderenfalls kann nach Abs. 2 verfahren werden. Sie entscheidet mit einfacher Mehrheit.

(2) Kommt die vorgenannte Schlichtungsstelle innerhalb der Frist zu keiner mehrheitlichen Entscheidung, kann die Einigungsstelle angerufen werden. Diese setzt sich zusammen aus jeweils zwei Vertretern der Betriebsratsseite und Arbeitgeberseite und Herrn Vorsitzendem Richter am Arbeitsgericht Z Herrn/Frau XY. Die Einigungsstelle entscheidet verbindlich. Beide Seiten unterwerfen sich bereits jetzt dem Spruch der Einigungsstelle.

(3) Der Rechtsweg bleibt hiervon unberührt.

Vorschlag 2:

(1) Es wird eine innerbetriebliche Schlichtungsstelle gebildet. Diese setzt sich zusammen aus jeweils zwei Vertretern der Betriebsratsseite und Arbeitgeberseite.

Die Schlichtungsstelle kann sowohl vom Arbeitgeber als auch vom Betriebsrat als auch von einem betroffenen Mitarbeiter angerufen werden bei

- *Streitigkeiten hinsichtlich der Anwendung und Auslegung dieser Betriebsvereinbarung*
- *in den vorgenannten Fällen dieser Betriebsvereinbarung (z.B. bei Nichteinigung bei Zielvereinbarung, Zielerreichung, Zielüberprüfung, Zielanpassung)*
- *Änderung der Betriebsvereinbarung*

Die Schlichtungsstelle hat spätestens innerhalb von vier Wochen nach Antragstellung zu entscheiden. Sie entscheidet mit einfacher Mehrheit. Sofern eine mehrheitliche Entscheidung nicht innerhalb der vorgenannten Frist getroffen werden kann, erhält jede Seite abwechselnd, beginnend mit (Arbeitgeber oder Betriebsrat) eine Stimme mehr (alt: Sofern eine mehrheitliche Entscheidung nicht getroffen werden kann, entscheidet ein Würfel).

(2) Der Rechtsweg bleibt hiervon unberührt.

Vorschlag 3:

(1) Es wird eine ständige Einigungsstelle eingerichtet. Diese setzt sich zusammen aus jeweils zwei Vertretern der Betriebsratsseite und Arbeitgeberseite und Herrn Vorsitzendem Richter am Arbeitsgericht Z Herrn/Frau XY. Die Einigungsstelle entscheidet verbindlich. Beide Seiten unterwerfen sich bereits jetzt dem Spruch der Einigungsstelle.

(2) Die Einigungsstelle ist zuständig für

- *Streitigkeiten hinsichtlich der Anwendung und Auslegung dieser Betriebsvereinbarung*
- *in den vorgenannten Fällen dieser Betriebsvereinbarung (z.B. bei Nichteinigung bei Zielvereinbarung, Zielerreichung, Zielüberprüfung, Zielanpassung) nach Einspruch des Mitarbeiters*
- *Änderung der Betriebsvereinbarung*

(3) Der Rechtsweg bleibt hiervon unberührt.

§ 12 Praktische Beispiele

Aus den obigen Erkenntnissen heraus werden nachfolgend praktische Beispiele untersucht, um zu sehen, ob und wenn ja wie die Praxis mit den rechtlich schwierigen Fallgestaltungen umgeht.

A. *Beispiele zur Zielfestsetzung*

I. Betriebsvereinbarung zur Leistungsbeurteilung einer Kapitalanlagegesellschaft

Bei der Firma X ist durch die Betriebsvereinbarung Bonusprogramm vom 13.01.2011 mit Wirkung ab dem 1. Januar 2011 ein neues Bonusprogramm eingeführt worden. Bei der Festlegung der Höhe der Bonuszahlungen unter dem neuen Bonusprogramm ist auch die individuelle Leistung des jeweiligen Arbeitnehmers heranzuziehen. Mit dieser Betriebsvereinbarung Leistungsbeurteilung soll der Prozess zur Beurteilung der Leistung der Arbeitnehmer festgelegt werden.

(….)

§ 2 Grundlagen der Zielfestsetzung

1. *In der Firma X werden im Zeitraum von Mitte Januar bis Mitte März jeden Jahres von dem Linienvorgesetzten oder dem Manager, an den die Arbeitnehmer berichten, (die „**Verantwortlichen Manager**") für jeden der ihm unmittelbar zugeordneten Arbeitnehmer individuelle Ziele für das Jahr festgesetzt (die „**Jahresziele**"). Im Regelfall werden dabei pro Arbeitnehmer drei bis fünf Jahresziele empfohlen. Bei der Festsetzung der Jahresziele sind auch die Gewichtung des jeweiligen Ziels sowie das Maßsystem, das angewendet wird, um die Zielerreichung zu bestimmen, festzulegen.*
2. *Zusätzlich zu den Jahreszielen sollen mindestens ein, maximal jedoch drei Ziele für die berufliche Entwicklung des Arbeitnehmers (die „**Entwicklungsziele**") für das Jahr festgelegt werden. Die Entwicklungsziele können sich entweder auf die Entwicklung besonderer Fähigkeiten oder auf die weitere Karriereentwicklung des Arbeitnehmers beziehen, je nachdem, was Priorität für den Arbeitgeber und den Arbeitnehmer hat.*
3. *Die Ziele haben sich inhaltlich an den Zielen des Arbeitgebers und an den Zielen der jeweiligen Abteilung, in der der Arbeitnehmer tätig ist, zu orientieren. Die Betriebsparteien stimmen darin überein, dass bei der Festlegung der Ziele folgende Vorgaben möglichst beachtet werden sollen, die sich an der sogenannten SMART-Methode (spezifisch, messbar, erreichbar, realisierbar und terminierbar) orientieren:*

   - *konkrete, eindeutige und präzise Zielformulierung;*
   - *messbarer Zielerreichungsgrad, entweder in quantitativen Einheiten oder qualitativ als Ergebnis mit konkreten Qualitätsmerkmalen;*
   - *Akzeptanz der Ziele beim betroffenen Arbeitnehmer;*
   - *weder Über- noch Unterforderung durch das Ziel; die Ziele müssen innerhalb des Anforderungsprofils des Arbeitnehmers liegen;*
   - *Festlegung eines konkreten Datums, an dem das jeweilige Ziel erreicht werden soll.*

4. *Die Ziele sollen von den Verantwortlichen Managern in Übereinstimmung mit den Arbeitnehmern festgelegt werden. Dabei sollen die Arbeitnehmer zunächst nach ihrem eigenen Ermessen Vorschläge für ihre Ziele online in das System „Performance*

Management Process" eingeben und an ihren Verantwortlichen Manager weiterleiten. Die eingegebenen Ziele sind ab dem Zeitpunkt ihrer Genehmigung durch den Verantwortlichen Manager verbindlich festgelegt.

5. *Werden die von einem Arbeitnehmer vorgeschlagenen Ziele von dem Verantwortlichen Manager nicht genehmigt oder macht ein Arbeitnehmer von dem Initiativrecht zur Eingabe von Vorschlägen in das System keinen Gebrauch, haben die Verantwortlichen Manager das Recht zur einseitigen Festlegung der Ziele ohne Beteiligung des Arbeitnehmers. Es obliegt den Verantwortlichen Managern in diesen Fällen jedoch, zeitnah nach der Eingabe der Ziele in das Performance Management System mit dem Arbeitnehmer ein Gespräch über die Ziele zu führen. Bei der einseitigen Festlegung der Ziele durch den Verantwortlichen Manager kann der Arbeitnehmer den zuständigen Betriebsrat einschalten. In gemeinsamen Gesprächen unter Beteiligung des Betriebsrats wird versucht eine einvernehmliche Regelung der Ziele zwischen dem Verantwortlichen Manager und dem Arbeitnehmer zu erzielen.*
6. *Die Zielfestsetzung umfasst, soweit dies erforderlich ist, auch die Klärung darüber, welche Ressourcen oder Hilfestellungen zur Zielerreichung zur Verfügung stehen (z.B. Unterstützung durch Kollegen, technische Hilfsmittel, bestimmtes Budget, Fach- und Verhaltensseminare, Sprachkurse, Zuhilfenahme externer Leistungen oder anderer Bereiche, usw.).*
7. *Auch nach wiederholter Festsetzung gleicher oder ähnlicher Vorgaben in aufeinanderfolgenden Jahren hat der Arbeitnehmer keinen Anspruch auf die Festsetzung bestimmter Zielvorgaben oder einer bestimmten Gewichtung der Ziele untereinander.*
8. *Erfolgt bis zum 15. März keine Festsetzung der Ziele (z.B. wegen Krankheit, sonstiger Abwesenheit), findet die Zielfestsetzung des vergangenen Jahres auch für das laufende Jahr Anwendung. Der Arbeitgeber ist jedoch berechtigt (z.B. nach Rückkehr aus der Abwesenheit), jederzeit mit Wirkung für die Zukunft neue Ziele zu vereinbaren.*
9. *Grundsätzlich hat der Arbeitnehmer die Möglichkeit seine eigene, möglicherweise abweichende Sichtweise im Kommentarfeld darzulegen. Insbesondere bei der Zielfestlegung, beim unterjährigen Überprüfungsgespräch und bei der Feststellung der Zielerreichung kann der Arbeitnehmer Kommentare abgeben und so seine eigene Sichtweise dokumentieren.*

Die Bewertung dieser Betriebsvereinbarung ergibt folgendes:

Vorliegend wurde eine Unterteilung in Jahresziele und Entwicklungsziele vorgenommen. Wie so üblich müssen sich – sowohl die Jahresziele als auch die Entwicklungsziele – an den Zielen des Arbeitgebers und an den Zielen der jeweiligen Abteilung orientieren. Die Ziele sollen zwischen Führungskraft (verantwortlicher Manager) und dem Arbeitnehmer in Übereinstimmung festgelegt werden; falls man sich nicht einigt, ist die Führungskraft berechtigt, die Ziele allein festzulegen. Für beide Zielbereiche gibt es eine Minimal- und Maximalbegrenzung.

Hier fehlt eine klare Definition, was ein Entwicklungsziel und was ein sonstiges Jahresziel sein kann. Um flexibel zu bleiben und sich an den jährlich veränderten Zielen des Unternehmens oder Konzerns orientieren zu können, sollten die Ziele jeweils in einer Anlage zur Betriebsvereinbarung geregelt werden. Im Übrigen fehlt eine Regelung für den Fall der Nichteinigung bei der Festlegung der Ziele. Es ist nicht ausreichend, dass in diesem Fall die Führungskraft allein entscheiden kann. Hier müsste insbesondere aus dem Gesichtspunkt der Transparenz eine Regelung gefunden werden, wie dann die Zielfestsetzung unter Beteiligung des Mitarbeiters erfolgt.

II. Betriebsvereinbarung über Verkaufsboni eines Presseverlages

Mit dieser Betriebsvereinbarung über jährliche Verkaufsboni soll ein Leistungsanreiz zur Steigerung der Verkaufsaktivitäten in der Abteilung X geschaffen werden. Mitarbeiter/innen der Abteilung X erhalten daher unter den Voraussetzungen und nach Maßgabe folgender Bestimmungen einen jährlichen Verkaufsbonus.

(....)

3. Zielkomponenten des Verkaufsbonus
Jede Zielvereinbarung setzt sich aus mindestens 4 und maximal 5 Zielen zusammen:

1) *Teamumsatz*
2) *Rubrikenumsatz*
3) *Gebietsumsatz*
4) *Umsätze eines definierten Kundenkreises*
5) *Ziele zur Aktivitätensteuerung in einzelnen Verkaufsbereichen*
6) *sonstige fachliche Ziele*
   sonstige fachliche Ziele können insbesondere die Ausarbeitung von neuen Konzepten, die Mitarbeit in Projekten, Marktforschungsaufgaben sein

Mindestens eines der Ziele zu Ziff. 2–4 ist Bestandteil dieser Zielvereinbarung. Die einzelnen Ziele können in maximal vier Teilziele untergliedert werden.

Bei der Untersuchung dieser Betriebsvereinbarung fällt auf, dass sie konkrete Ziele, die vereinbart werden können, festlegt. Darüber hinaus ist geregelt, wie viele Ziele minimal und maximal vereinbart werden dürfen. Wichtig ist auch, dass geregelt ist, welche von den Zielen sich in der Zielvereinbarung zwingend wiederfinden müssen. Die Regelung, dass eine maximale Teilzielunterteilung erfolgen darf, macht sehr viel Sinn, da anderenfalls die Gefahr besteht, dass zwar nur maximal 5 Oberziele vereinbart werden, diese dann aber in beliebig viele Unterziele unterteilt werden.

Es fehlt allerdings eine Regelung darüber, wer entscheidet, welche Ziele nun vereinbart werden und was passiert, wenn man sich nicht einigt.

III. Rahmenvereinbarung zur Führung mit Zielen

Die Leistungsfähigkeit der Firma X wird durch Führen mit Zielen (Management by Objectives) und die Verknüpfung zur variablen Vergütung gesteigert. Zielvereinbarungen bewirken, dass sich die Aktivitäten der Mitarbeiter und Führungskräfte auf die wichtigen Prioritäten konzentrieren. Mitarbeiter sollen am Unternehmenserfolg partizipieren. Durch die variable Vergütung werden Leistungsanreize geschaffen, die sich positiv auf den Unternehmenserfolg auswirken.
(...)

2. Allgemeine Bestimmungen

(...)

Die Festsetzung der Werte für die übergeordneten Firmenziele der Firma X sowie die (.....) Ziele werden zu Jahresbeginn gemeinsam zwischen Geschäftsführung und Gesamtbetriebsrat festgelegt.

Hierbei werden sowohl die Zielerreichung des Vorjahres sowie die Ziele des Shareholders und die Marktsituation berücksichtigt. Kommt eine Einigung nicht zustande, werden die Verhandlungen für gescheitert erklärt und die Einigungsstelle angerufen. Diese tritt nach Anrufung durch den Betriebsrat oder durch den Arbeitgeber binnen 14 Tagen erstmalig unter dem Vorsitz von Herrn .... zusammen.

Bei dieser Regelung fällt auf, dass sie lediglich einen Rahmen darstellt, der beinhaltet, dass sowohl die Ziele als auch die dahinterstehenden Werte jährlich neu vereinbart werden, auch im Rahmen des Einigungsstellenverfahrens. Allerdings könnte auch der Rahmen schon vorsehen, wie viele Ziele maximal oder minimal vereinbart werden können, wie viele Teilziele gemacht werden dürf en, wer entscheidet etc.

IV. Prämienplan eines Pharmaunternehmens

Das Prämiensystem gibt dem Mitarbeiter die Chance, am Erfolg des Unternehmens beteiligt zu werden. Dazu wird die Geschäftsführung vor Beginn eines jeden Geschäftsjahres neu über das geplante Budget entscheiden und den Betriebsrat darüber informieren. Damit ist die Zahlung von Prämien eine freiwillige Leistung des Unternehmens, auf die auch bei wiederholter Gewährung weder dem Grunde noch der Höhe nach ein Rechtsanspruch besteht. Über die Verteilung des Prämienbudgets wird die Geschäftsführung mit dem Betriebsrat verhandeln und Details in Prämienplänen festlegen.
(.....)
Die einzelnen Prämienpläne werden vor Beginn des jeweiligen Prämienzeitraums im Rahmen der Mitbestimmung nach § 87 Abs. 1 Nr. 11 BetrVG mit dem Betriebsrat verhandelt und dem Mitarbeiter schriftlich bekannt gegeben.
Auszug aus dem Prämienplan 2010:
(....)

Der Prämienplan für das erste Quartal 2010 setzt sich aus drei Teilprämien für die Produkte X, Y und Z zusammen.
1. Teilprämie Produkt X
Die Teilprämie für das Produkt X wird in Abhängigkeit von der Zielerreichung der auf das jeweilige Gebiet entfallenden Anzahl an Verkäufen gewährt.
.....
Das jeweilige Gebietsziel ergibt sich aus dem prozentualen Anteil des Gebiets am Gesamtmarkt BRD im Datenzeitraum X-bis Y. Der Gesamtmarkt der BRD wird anhand der Daten von der Firma XY ermittelt.
.....
2. Teilprämie Y
Die Teilprämie Y setzt sich (...), abhängig vom individuellen erreichten Marktanteil im Gebiet aus einem auf Marktanteilsniveau auf Produktbasis entfallenden Prämienanteil und einem auf die Marktanteilssteigerung entfallenden Prämienanteil zusammen.
.....
3. Teilprämie Z
Die Teilprämie Z wird in Abhängigkeit vom Marktanteilsniveau des Produktes Z gewährt,(.....) welches anhand der Direktverkaufsdaten ermittelt wird.
.....

In dieser Betriebsvereinbarung ist wie so häufig in einer Rahmenregelung festgelegt worden, nach der jedes Jahr Prämienpläne mit dem Betriebsrat vereinbart werden, wobei der Rahmen nichts dazu vorsieht, wie viele Ziele maximal oder minimal im Rahmen des Prämienplanes geregelt werden dürfen. Dies kann jedoch – da die BV auf die erzwingbare Mitbestimmung des Betriebsrats im Rahmen § 87 Abs. 1 Nr. 11 BetrVG verweist – dann in den einzeln auszuhandelnden Prämienplänen noch geregelt werden.

V. Provisionsplan eines Bürogeräteherstellers

(.....)
3. Provisionsarten
3.1. Umsatzprovision
Bei Kauf-/Leasing-/oder Mietverträgen von Neu- und Gebrauchtgeräten erhält der Mitarbeiter auf die Hardwar eine Provision gem. Anlage 1
(....)
3.2. Umsatz / Wartung
Bei Abschluss eines Wartungsvertrages sowie für den Wartungsanteil eines Mietvertrages „all-in" erhält der Mitarbeiter auf den erzielten Umsatz Wartung eine Provision gem. Anlage 1.
(....)

In dieser Regelung sind die Ziele (Provisionsarten) klar festgeschrieben. Es handelt sich bei dieser Betriebsvereinbarung nicht um einen Zielvereinbarungsprozess, der individuelle Zielvereinbarungen beinhaltet. Vielmehr werden bestimmte Provisionen für alle Mitarbeiter bei Erreichen bestimmter Ziele vorgeschrieben. Daher ist es auch nicht erforderlich, eine bestimmte Anzahl von Zielen mit aufzunehmen.

VI. Teamprämienplan für Außendienstmitarbeiter eines Pharmaunternehmens

(.....)

Der Mitarbeiter erhält als Bestandteil der variablen Vergütung eine Zielvariable für die Erfüllung der im Berichtszeitraum vorgegebenen Ziele. Die Zielvariable wird zu Beginn des Arbeitsverhältnisses im Arbeitsvertrag vereinbart und sodann im Rahmen des jährlichen Gehaltsgesprächs zwischen Vorgesetztem und Außendienstmitarbeiter überprüft und ggf. neu festgelegt.

(....)

Grundsätze der individuellen Zielvereinbarung

Individuelle Zielvereinbarungen können sowohl quantitative als auch qualitative Ziele enthalten. Die konkrete Zielfestlegung berücksichtigt die Aufgabenstellung und Notwendigkeit des jeweiligen Bereichs.

Ziele können z.B. aus folgenden gleichrangigen Zielkategorien abgeleitet werden:

- *produktorientierte Ziele*
- *forschungs- und entwicklungsorientierte Ziele*
- *vertriebsorientierte Ziele*
- *kundenorientierte Ziele*
- *mitarbeiterorientierte Ziele*

Beispiele für mögliche Ziele sind:

- *Produkteinführung*
- *Sortimentsteuerung*
- *Werbekostenbudget*
- *Neukundengewinnung*
- *Steigerung der Anzahlung versorgter Patienten*
- *Durchführung von Schulungen und Kundenseminaren*
- *Durchführung des vereinbarten Berichtswesens*
- *Kundenzuordnung*

Hier sind die Zielarten nur beispielhaft festgelegt. Es ist keine maximale Zielanzahl festgelegt. Es ist auch nicht geregelt, dass nur eine bestimmte Anzahl an Unterzielen festgelegt werden darf. Darüber hinaus fehlt eine Regelung darüber, was passiert, wenn sich Vorgesetzter und Außendienstmitarbeiter nicht einigen.

VII. Verkaufsprämien eines Getränkeherstellers

Ziel dieser GBV ist eine leistungsorientierte und transparente Prämie für unmittelbar und aktiv verkäuferisch tätige Mitarbeiterinnen und Mitarbeiter.

(.....)
Die anspruchsberechtigten Mitarbeiter erhalten eine Verkäuferprämie, die sich zu 30 % an der Volumenentwicklung und zu 30 % an der Entwicklung des Gross Profit des entsprechenden Gebietes orientiert. Zusätzlich erhalten sie einen individuellen Anteil von 40 % der vom monatlichen Zuwachs im individuellen Direktgeschäft abhängt.

Bei dieser Betriebsvereinbarung handelt es sich um schon selbst regelnde Prämienansprüche bei Zielerreichung von 3 Zielen. Es muss somit keine individuelle Zielvereinbarung mehr abgeschlossen werden. Die Ziele sind hier klar definiert: Volumenentwicklung, Entwicklung Gross Profit des Gebiets und individueller Anteil.

VIII. Betriebsvereinbarung zur variablen Vergütung eines Reiseversicherungsanbieters

Neues Konzept der variablen Vergütung

1. *Als variabler Vergütungsbestandteil wird ein Festbetrag pro Vollzeitarbeitnehmer in Höhe von derzeit EUR 2.400,-- brutto bei 100 %iger Zielerreichung für das Kalenderjahr 2009 vereinbart (anteilig bei Teilzeitarbeitnehmern), soweit nicht im Arbeitsvertrag ein höherer Betrag vereinbart ist. Der Betrag wird jährlich einvernehmlich zwischen Firma und Betriebsrat als Anlage zu dieser Betriebsvereinbarung neu festgelegt.*
2. *Der variable Vergütungsbestandteil wird dabei wie folgt gewichtet:*
   - *Wirtschaftlicher Erfolg des Teams bzw. des Bereiches bzw. des Unternehmens: 10 %*
   - *Team- oder Bereichsziele: 30 %. Im Jahr 2009 werden abweichend hiervon noch keine Teamziele vereinbart.*
   - *individuelle Ziele: 60 %.*

Hier erfolgt eine Dreiteilung, wobei sowohl die Team- oder Bereichsziele als auch die individuellen Ziele noch vereinbart werden müssen. Hierfür müssten also sämtliche wünschenswerten Regelungen aufgenommen werden, diese fehlen vollständig.

IX. Betriebsvereinbarung zur Zielvereinbarung eines Kommunikationsunternehmens

Ziele und Gewichtung anhand eines Beispiels:

- *Mitarbeiter*	*40 %*
- *Kunde*	*50 %*
- *Prozesseffizienz*	*0 %*
- *Finanzen*	*10 %*

Bezüglich der Ziele selbst sind die Zielkategorien vorgegeben. Es fehlt aber eine Vorgabe, wie innerhalb dieser Kategorien dann zu verfahren ist im Hinblick auf Anzahl der (Unter)- Ziele.

X. Betriebsvereinbarung Bonus eines Pharmaunternehmens

§ 3 Komponenten

Das Bonus-System setzt sich aus drei separaten, unterschiedlich gewichteten Komponenten zusammen.

Komponente 1: Konzern-Komponente

Die erste Komponente bildet die Gesamtzielerreichung des Konzerns ab. Sie dient als europäischen Solidaritätsfaktor und trägt dementsprechend nur mit 10 % zum Ziel-Bonus bei. Dabei entfallen auf quantitative Unternehmensziele im Vergleich zum Konzern 70 % und auf qualitative Unternehmensziele auf Konzern Ebene, die der strategischen Unternehmensentwicklung dienen, entfallen 30 % dieser Komponente.

Komponente 2: Niederlassungs-Komponente

Die zweite Komponente bildet die Gesamtzielerreichung der Firma X in Deutschland ab. Sie trägt mit 40 % zum Ziel-Bonus bei. Dabei entfallen auf quantitative Unternehmensziele im Vergleich zum Niederlassungsbudget 70 % und auf qualitative Unternehmensziele auf Niederlassungsebene, die der strategischen Unternehmensentwicklung dienen, entfallen 30 % dieser Komponente.

Komponente 3: Individual-Komponente

Die dritte Komponente ist abhängig von der individuellen Zielerreichung des jeweiligen Mitarbeiters. Sie trägt mit 50 % den größten Anteil zum Ziel-Bonus bei. Zu 100 % fließt das Ergebnis aus quantitativen und qualitativen Zielen aus der Jahreszielvereinbarung gemäß der jeweils gültigen Betriebsvereinbarung zu den Ziel- und Beurteilungsgesprächen hier ein.

Auch hier liegt ein Bonussystem vor, was nicht mehr abhängig ist von einer individuellen Zielvereinbarung. Insofern müssen die Rahmenbedingungen in Bezug auf die Anzahl der Ziele noch vereinbart werden.

B. Beispiele zur Gewichtung der Ziele

I. Bonusplan einer Kapitalanlagegesellschaft

.....der Prozess zur Leistungsbeurteilung (PMS) beinhaltet die Festlegung von Zielen und die vierteljährliche Bewertung der Zielerreichung. Die Ziele beinhalten die Hauptergebnisbereiche der Mitarbeiter (KRA) und andere Leistungskennzahlen (KPI). Das PMS erfasst die KRAs anhand von vier Parametern, d.h. finanzielle Leistung der strategischen Geschäftseinheit, Kundenzufriedenheit (CSAT), Mitarbeiterzufriedenheit (ESAT) und

individuelle KPIs. Die KRA finanzielle Leistung und individuelle KPI werden vierteljährlich gemessen, die Kunden – bzw. Mitarbeiterzufriedenheit jährlich. Nach Abschluss der Bewertung für das vierte Quartal ermöglicht die Leistungsbewertung für das gesamte Jahr die Berechnung der leistungsbezogenen Prämie.

....

Bei der Festlegung der Ziele ist folgende Gewichtung zu beachten:

KRA:	*Sekretär/in*	*Manager*	*Director*	*VP*
• *finanzielle Leistung*	*10*	*20*	*20*	*40*
• *CSAT*	*20*	*20*	*10*	*10*
• *ESAT*	*n.v.*	*n.v.*	*10*	*10*
• *ind.KPI*	*70*	*60*	*50*	*40*

Im PMS gibt es neben den KRAs noch zwei Unterparameter.

- *individueller Beitrag(ICA): Dieser bezeichnet individuelle Beträge sowie Ergebnisse, die über die KRAs und Kernaufgaben des Mitarbeiters hinausgehen. Diese werden vom Mitarbeiter selbst eingetragen und von dessen Vorgesetzten und dem Manager genehmigt*
- *Kernaufgaben (CR)*

Dieser bezieht sich auf die laufenden täglichen Aufgaben und Ergebnisse der Mitarbeiter. Diese werden vom Mitarbeiter selbst eingetragen und von dessen Vorgesetzten und dem Manager genehmigt

KRA, ICA und CR werden wie folgt gewichtet:

KRA	*50 %*
ICA	*20 %*
CR	*30 %*

PMS Bewertungsprozess:

a. *Die finanzielle Leistung jeder Abteilung wird zum Ende jedes Quartals als Ergebnis von 100 möglichen Punkten veröffentlicht. ....*
b. *Die Leistung anhand der vereinbarten individuellen KRAs wird vierteljährlich bewertet und die Punktzahl von maximal 120 möglichen Punkten errechnet.*
c. *Die beiden KRA, d.h. CSAT und ESAT Punktzahlen liegen am Ende des Geschäftsjahres nach der Durchführung von entsprechenden Erhebungen vor.-*
d. *Jede PMS Gesamtpunktzahl eins Quartals zählt zu 20 % und die Punktzahlen der jährlichen KRAs zählen zu 20 %. Die endgültige Punktzahl am Ende des Geschäftsjahres ist also der Durchschnitt der vier Quartalspunktzahlen und der jährlichen KRA Punktezahlen.*
e. *Die endgültige Bewertung für die Leistung während des Jahres wird wie folgt eingestuft:*

- *sehr gut (5)*
- *gut (4)*
- *befriedigend (3)*

- *ausreichend (2)*
- *ungenügend (1)*

Berechnung der Prämie:

a. Jede dieser Bewertungen entspricht dann einer Punktzahl wie ausgeführt für die Berechnung der Prämie:

Leistungsbewertung	***Punktzahl für Auszahlungsberechnung***
• *sehr gut*	*100 %*
• *gut*	*90 %*
• *befriedigend*	*70 %*
• *ausreichend*	*25 %*
• *ungenügend*	*0 %*

b. Die Berechnung der Prämie geschieht unter Berücksichtigung der folgenden Gewichtung für die Auszahlung......:

100 %	*Betrag wird jährlich festgelegt*
100 %	*100 %*
> 90 > 100	*90 %*
> 80 <= 90	*75 %*
> 70 <= 80	*50 %*
<= 70	*0 %*

Im Rahmen dieser Betriebsvereinbarung sind die Ziele konkret beschrieben. Auch deren Gewichtung zueinander sowie die Bewertung dazu und das dahinter stehende Auszahlungspotential sind klar geregelt.

II. Betriebsvereinbarung zur Zielvereinbarung eines Kommunikationsunternehmens

...

Die Führungskräfte achten auf die Festlegung SMARTer Ziele.

SMART ist eine Abkürzung für
S pezifisch
M essbar
A nspruchsvoll, attraktiv und angemessen
R ealsitisch und erreichbar
T erminiert (zeitlich begrenzt)

Bewertung:

Die Bewertung der einzelnen Ziele orientiert sich an folgendem Schema:
130 % = Ziel wurde in hohem Maße übertroffen
115 % = Ziel wurde übertroffen

100 % = Ziel wurde erreicht
85 % = Ziel wurde zu großen Teilen erreicht
70 % = Ziel wurde in geringem Maß erreicht

Eine Zielerreichung von 130 % stellt den maximalen Erreichungsgrad der Zielerfüllung dar.

Bei der Zieldefinition darf ein Ziel eine minimale Gewichtung von 10 % und eine maximale Gewichtung von 50 % haben. Es müssen mindestens 3 Ziele und es können maximal 5 Ziele unter Berücksichtigung der für die vom Arbeitnehmer besetzte Stelle wichtigsten Kategorien festgelegt werden. Dabei müssen die Ziele mindestens 2 der 5 Kategorien zugordnet werden. Pro Kategorie dürfen maximal 2 Ziele definiert werden. Dabei darf die Gesamtzahl von 5 Zielen nicht überschritten werden.

z.B.:
Kunde: Im Geschäftsjahr 2010/2011 hat M seinen internen Kunden (Gebietsleiter) mit einem Servicelevel von > 80 % unterstützt. Als Ergebnis liegen vier Kundenbefragungen (quartalsweise) vor.

Skalierung:
130 % Zufriedenheit 100 %
115 % Zufriedenheit 90 %
100 % wie gehabt (80 %)
85 % Zufriedenheit zw. 70 % und 80 % oder eine Kundenbefragung liegt vor

Das Ziel wird gewichtet mit 50 %

In dieser Betriebsvereinbarung befindet sich eine sehr klare Regelung zu der minimalen und maximalen Anzahl der Ziele. Hinsichtlich der Gewichtung ist diese sehr flexibel gehalten, es gibt jedoch Unter- und Obergrenzen. Dies macht Sinn, insbesondere wenn die Ziele arbeitsplatz- und tätigkeitsbezogen flexibel zwischen Mitarbeiter und Führungskraft festgelegt werden. Problematisch könnte in der Praxis die Zuordnung zu einer „Kategorie" werden, insbesondere weil ein Konfliktlösungsmechanismus fehlt. Bei solch flexibler Gestaltung müsste somit wieder ein Verweis auf die Konfliktlösungsregelung erfolgen oder diese selbst den Fall der Nichteinigung regeln.(s. Ziff. F.1.9)

III. Betriebsvereinbarung Gehaltsmodell eines Kommunikationsunternehmens

(...)

Zusammensetzung des Quartalbonus

Der Zielmix des Quartalsbonus stellt sich aus drei individuellen, nicht miteinander kombinierbaren Zielgrößen zusammen. Diese sind im Einzelnen:

1. *quantitative Gesamtzielerreichung. Diese Zielgröße fließt zu 50 % in die Bewertung ein.*
2. *quantitative Fokusziele. Diese Zielgröße fließt zu 25 % in die Bewertung ein.*
3. *qualitative Ziele. Diese Zielgröße fließt zu 25 % in die Bewertung ein.*

(.....)
Höhe und Berechnung des Quartalsbonus:
.....für die Ermittlung der Zielerreichung in den einzelnen Teilbereichen findet folgende Formel Anwendung:
„Zielerreichung minus 50 multipliziert mit 2"
Berechnungsbeispiel:

Zielerreichung in %	*Umrechnung laut Formel*
90 %	*(90–50) x 2 = 80 %*
100 %	*(100–50) x 2 = 100 %*
110 %	*(110–50) x 2 = 120 %*
120 %	*(120–50) x 2 = 140 %*

Die Berechnung der Gesamtquote der Zielerreichung erfolgt auf der Basis folgender Formel:

Zielerreichung quantitative Gesamtziele x 50 / 100

+ Zielerreichung quantitative Fokusziele x 25 / 100

+ Zielerreichung qualitative Ziele x 25 / 100

= Summe in %

Auch hier ist die Gewichtung der drei vorgegebenen Zielparameter zueinander vorgeschrieben. Allerdings fehlt eine Regelung zu der Gewichtung der Ziele innerhalb der drei Zielparameter.

C. *Beispiele zur Zielerreichung*

I. Bonusplan einer Kapitalanlagegesellschaft

...b. Die Berechnung der Prämie geschieht unter Berücksichtigung der folgenden Gewichtung für die Auszahlung......:

100 %	*Betrag wird jährlich festgelegt*
100 %	*100 %*
> 90 > 100	*90 %*
> 80 <= 90	*75 %*
> 70 <= 80	*50 %*
<= 70	*0 %*

Hier ist die Ausgangsleistung mit 70 % festgelegt. Die Steigerungsleistung bewegt sich sodann in 10 % – Schritten und die maximale Leistung sind 100 %.

II. Prämienplan eines Pharmaunternehmens

§ 4 Teilprämie X:

....Voraussetzung für die Zielerreichungsprämie ist eine Zielerreichung von 90 % der individuellen Zielvorgabe an abgesetzten Packungen vom Produkt X.

.....

Die Zielerreichungsprämie beträgt € 300,00 ab 90 % Zielerreichung im jeweiligen Gebiet plus € 20,00 je 1 % Schritt ab 91 % Zielerreichung, € 30,00 je 1 % Schritt ab 96 % Zielerreichung und € 20,00 je 1 % Schritt ab 101 % Zielerreichung.

Hier ist ebenfalls eine Ausgangsleistung von 90 % festgesetzt. Die Steigerungsleistung bewegt sich dann in 1 % – Schritten und die Entlohnung für die Steigerungsleistung erfolgt progressiv bei 10 % – Schritten um jeweils € 10,00.

III. Variables Vergütungssystem eines Automotive Konzerns

§ 2 Berechnungsfaktoren

Die variable Vergütung gliedert sich in eine unternehmensbezogene Erfolgskomponente („Firmen-Erfolgsfaktor"),
eine positions-/teamspezifische Gesamtleistungskomponente („Team-Erfolgsfaktor").

§ 3 Höhe der variablen Vergütung

Die Höhe der tatsächlichen variablen Vergütung ergibt sich aus der Multiplikation des Individuellen Faktors (IF), des Firmen-Erfolgsfaktors (FEF) und des Team-Erfolgsfaktors (TEF):

Tatsächliche variable Vergütung = IF x Firmen-Erfolgsfaktor x Team-Erfolgsfaktor

(1) Individueller Faktor (IF)

Bemessungsgrundlage für die tatsächliche variable Vergütung ist der gruppenspezifisch festgelegte variable Anteil (Individueller Faktor (IF)). Dieser beträgt für alle teilnehmenden Mitarbeiter1,40 x Brutto-Monatsgrundgehalt (Das Brutto-Monatsgrundgehalt entspricht beim Innendienst dem Jahresgrundgehalt geteilt durch 13 und beim Mitarbeiter Vertrieb dem Jahreszielgehalt geteilt durch 13.

(2) Firmen-Erfolgsfaktor (FEF)

Die Bezugsgröße für den Firmen-Erfolgsfaktor richtet sich nach dem wirtschaftlichen Ziel für das jeweilige Geschäftsjahr (z.B. Umsatz, Marge, Kosten, Profit). Die Mindest- und Maximalanforderungen hinsichtlich des Firmen-Erfolgsfaktors werden von der Geschäftsführung zum Ende eines jeden Geschäftsjahres für das kommende Geschäftsjahr festgelegt.

Für den Firmen-Erfolgsfaktor gilt ein garantierter Mindestfaktor von 0,67 und ein Maximalfaktor von 1,33.

Bei Erreichung der Zielanforderung ist der Faktor 1,0 zugrunde zulegen. Näheres ergibt sich aus Anlage 1 (Firmen-Erfolgsfaktor Kurve), die in ihrer jeweils gültigen Fassung Bestandteil dieser Betriebsvereinbarung ist.

Anlage 1:

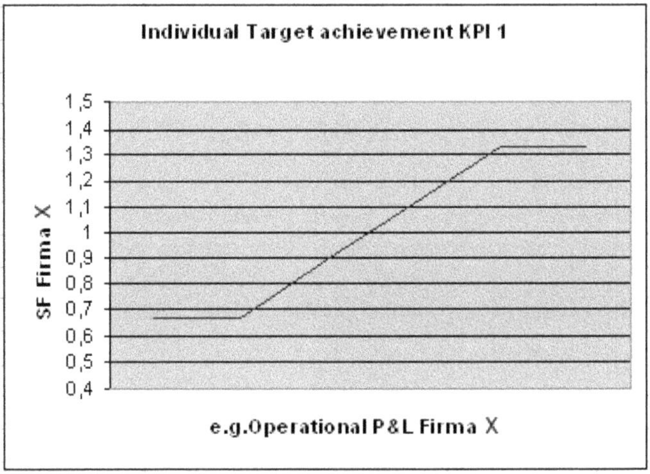

(3) Team-Erfolgsfaktor (TEF)

Der Team-Erfolgsfaktor basiert auf so genannten „Steuerungscockpits“ (Anlage 2 – Steuerungscockpit), in denen abgeleitet aus der Strategie von X-GER, für jedes einbezogene Team/jede einbezogene Mitarbeitergruppe die Kernaufgaben und hiermit

korrespondierende Erfolgsmessgrößen (so genannte „Key Performance Indikators“ – KPI) festgelegt werden. Die KPI sind jeweils mit quantitativ oder qualitativ definierten Mindest- und Zielanforderungen hinterlegt.

Grundsätzlich sollen nicht weniger als 4 und nicht mehr als 8 KPI für jedes Team festgelegt werden. Diese festgelegten KPI müssen mindestens einmal pro Quartal überprüft werden.

Die Festlegung der Teams/Mitarbeitergruppen, deren Kernaufgaben und der KPI obliegt in der Regel dem jeweiligen disziplinarischen Vorgesetzten. Grundsätzlich ist der Betriebsrat durch Anlage 2 darüber zu informieren. Aus strategischen Gründen können Kernaufgaben und KPIs auch von der Geschäftsleitung für alle Mitarbeiter und / oder Teams/ Mitarbeitergruppen, die an dem variablen Vergütungssystem nach dieser Betriebsvereinbarung teilnehmen, festgelegt werden. Die Überprüfung der Kernaufgabe(n) obliegt einem zu benennenden Gremium unter Leitung der Geschäftsführung (Steering Committee / Leitungsausschuss). Dieses Gremium kann jederzeit Änderungen bei den KPI vornehmen, sofern dies unternehmens-strategische Belange erfordern, wenn

a. *Gründe, die außerhalb von X-GER liegen, dazu führen, dass der Mitarbeiter / das Team/die Mitarbeitergruppe seine/ihre Ziele nicht erreichen kann (bspw. bei nicht vorhersehbarer Einstellung von Produktlinien bzw. der nichtvorhersehbarer Verspätung bei der Einführung neuer Produktlinien)*

b. *Gründe, die innerhalb von X-GER liegen, dazu führen, dass der Mitarbeiter / das Team/ die Mitarbeitergruppe seine/ihre Ziele nicht erreichen kann.*

c. *Gründe, die in der erbrachten Leistung des Mitarbeiters / des Teams/der Mitarbeitergruppe liegen, dazu führen, dass der Mitarbeiter seine Ziele nicht erreichen kann.*

In der Regel sollen quantitativ messbare KPIs verwendet werden.
Im Falle qualitativer KPI erfolgt die Beurteilung immer an Hand einer fünfstufigen Skala, wobei die Stufe 2 stets als Mindestanforderung und die Stufe 4 stets als Zielanforderung definiert ist:

1 = Nicht ausreichende Leistung
2 = Ausreichende Leistung (= Mindestanforderung erfüllt)
3 = Befriedigende Leistung
4 = Gute Leistung (= Zielanforderung erfüllt)
5 = Sehr gute Leistung

Die Leistung des Teams/der Mitarbeitergruppe (Team-Erfolgsfaktor) bemisst sich durch eine gesamthafte Beurteilung der von ihm in seinem Steuerungscockpit erbrachten Einzelleistungen nach folgendem Raster:

Definition	*Team-Erfolgsfaktor*
Minimum	*0,80*
100 % der KPI sind gleich / größer als Minimum	*1,0*
100 % der KPI sind gleich / größer als Minimum und 50 % der KPI sind gleich / größer als die Zielanforderungen	*1,2*

Auch hier ist eine Regelung jeweils im Hinblick auf die Ausgangs- und Steigerungsleistung enthalten. Es wird auch jeweils die minimale bzw. maximale Voraussetzung festgelegt.

IV. Provisionsordnung eines Bürogeräteherstellers

Die Betriebsparteien vereinbaren eine „Provisionsordnung für den Direktvertrieb" im Rahmen einer Betriebsvereinbarung.

Die Verkäufer haben demnach die Möglichkeit die Produkte mit einem Rabatt, der sich zwischen 0 % und 50 % bewegen muss, an den Kunden zu verkaufen. Je nach dem wie hoch oder wie niedrig der Rabatt ausfällt, bemisst sich die – in der Betriebsvereinbarung als Provision bezeichnet – „Belohnung". Diese bemisst sich nach dem tatsächlichen Kaufpreis und steigt bzw. sinkt progressiv bzw. degressiv:

Angenommen das Produkt hat einen Listenpreis von € 1.000,-. Der Verkäufer/Arbeitnehmer hat einen Rabattspielraum zwischen 0 % und 50 %. Die Betriebsvereinbarung besagt folgendes:

Verkauf an den Kunden für

€ 1.000,- = 0 % Rabatt	*= 5 % Geld von € 1.000,-*
€ 900,- = 10 % Rabatt	*= 4,2 % Geld von € 900,-*
€ 800,- = 20 % Rabatt	*= 3,5 % Geld von € 800,-*
…..	
€ 500,- = 50 % Rabatt	*= 1,2 % Geld von € 500,-*

In dieser Betriebsvereinbarung ist die Ausgangsleistung mit einem Rabatt von 0 % festgelegt und es wird eine auf den Listenpreis bezogene Provision in Höhe von 5 % des Listenpreises bezahlt. Je mehr Rabat gewährt wird, desto weniger Provision wird ausgezahlt. Es findet eine Senkung in zweierlei Hinsicht statt. Zum einen verändert sich der Bezugswert proportional zum Verkaufspreis; er wird in € 100 Schritten pro 10 % Rabatt nach unten angepasst und entspricht demnach nicht mehr dem ursprünglichen Listenpreis, sondern dem tatsächlichen mit Rabatt erzielten Verkaufspreis. Zum Anderen verändert sich der Prozentsatz degressiv nach unten. Für den Mitarbeiter entsteht somit ein großer Leistungsanreiz keinen Rabatt zu gewähren.

V. Prämiensystem für Außendienstmitarbeiter eines Pharmaunternehmens

…..

4.2. Zielerreichung und Auszahlung bei der Ergebnisprämie:

Die Prämienberechtigung beginnt ab einer Zielerreichung von 75 % je Prämienanteil und ist bei 150 % gedeckelt. Die Auszahlung der Ergebnisprämie erfolgt linear zur Zielerreichung.

……

In diesem Beispiel ist die minimale und die maximale Zielerreichung definiert sowie die Steigerung, die linear zur Zielerreichung erfolgen soll, d.h. 80 % Zielerreichung = 80 % Prämienauszahlung.

D. Verfahren

I. Betriebsvereinbarung zur Leistungsbeurteilung einer Kapitalanlagegesellschaft

§ 2 Grundlagen der Zielfestsetzung

.......Die Ziele sollen von den Verantwortlichen Managern in Übereinstimmung mit den Arbeitnehmern festgelegt werden. Dabei sollen die Arbeitnehmer zunächst nach ihrem eigenen Ermessen Vorschläge für ihre Ziele online in das System „Performance Management Process" eingeben und an ihren Verantwortlichen Manager weiterleiten. Die eingegebenen Ziele sind ab dem Zeitpunkt ihrer Genehmigung durch den Verantwortlichen Manager verbindlich festgelegt.

5. *Werden die von einem Arbeitnehmer vorgeschlagenen Ziele von dem Verantwortlichen Manager nicht genehmigt oder macht ein Arbeitnehmer von dem Initiativrecht zur Eingabe von Vorschlägen in das System keinen Gebrauch, haben die Verantwortlichen Manager das Recht zur einseitigen Festlegung der Ziele ohne Beteiligung des Arbeitnehmers. Es obliegt den Verantwortlichen Managern in diesen Fällen jedoch, zeitnah nach der Eingabe der Ziele in das Performance Management System mit dem Arbeitnehmer ein Gespräch über die Ziele zu führen. Bei der einseitigen Festlegung der Ziele durch den Verantwortlichen Manager kann der Arbeitnehmer den zuständigen Betriebsrat einschalten. In gemeinsamen Gesprächen unter Beteiligung des Betriebsrats wird versucht eine einvernehmliche Regelung der Ziele zwischen dem Verantwortlichen Manager und dem Arbeitnehmer zu erzielen.*
6. *Die Zielfestsetzung umfasst, soweit dies erforderlich ist, auch die Klärung darüber, welche Ressourcen oder Hilfestellungen zur Zielerreichung zur Verfügung stehen (z.B. Unterstützung durch Kollegen, technische Hilfsmittel, bestimmtes Budget, Fach- und Verhaltensseminare, Sprachkurse, Zuhilfenahme externer Leistungen oder anderer Bereiche, usw.).*

7. *Auch nach wiederholter Festsetzung gleicher oder ähnlicher Vorgaben in aufeinanderfolgenden Jahren hat der Arbeitnehmer keinen Anspruch auf die Festsetzung bestimmter Zielvorgaben oder einer bestimmten Gewichtung der Ziele untereinander.*
8. *Erfolgt bis zum 15. März keine Festsetzung der Ziele (z.B. wegen Krankheit, sonstiger Abwesenheit), findet die Zielfestsetzung des vergangenen Jahres auch für das laufende Jahr Anwendung. Der Arbeitgeber ist jedoch berechtigt (z.B. nach Rückkehr aus der Abwesenheit), jederzeit mit Wirkung für die Zukunft neue Ziele zu vereinbaren.*
9. *Grundsätzlich hat der Arbeitnehmer die Möglichkeit seine eigene, möglicherweise abweichende Sichtweise im Kommentarfeld darzulegen. Insbesondere bei der Zielfestlegung, beim unterjährigen Überprüfungsgespräch und bei der Feststellung der Zielerreichung kann der Arbeitnehmer Kommentare abgeben und so seine eigene Sichtweise dokumentieren.*

§ 3 Unterjähriges Überprüfungsgespräch

1. *Im Juni oder Juli des Jahres führen die Verantwortlichen Manager mit den ihnen unmittelbar zugeordneten Arbeitnehmern ein Überprüfungsgespräch, in dem die Ziele in Hinblick auf das bisher von den Arbeitnehmern Geleistete besprochen werden. Dies soll den Arbeitnehmern Anhaltspunkte verschaffen, ob sie sich auf einem guten Weg der Zielerreichung befinden oder welche Änderungen, Maßnahmen, Schritte oder Leistungen noch erforderlich sind, um die Ziele bis zum Ende des Jahres erreichen zu können.*
2. *Falls für eine Gruppe von Mitarbeitern Team-Ziele vereinbart wurden, können diese in regelmäßigen Teambesprechungen und Besprechungen zwischen dem Verantwortlichen Manager und dem jeweiligen Arbeitnehmer erörtert werden.*

§ 4 Feststellung der Zielerreichung

1. *Die Beurteilungsperiode ist das Kalenderjahr. Die Ermittlung der Zielerreichung soll zum Ende der Beurteilungsperiode durchgeführt werden und muss rechtzeitig vor dem 20. Dezember des Jahres oder zu einem anderen, von dem Bereich X für die Y Gruppe oder für bestimmte Teile von dieser festgelegten Zeitpunkt erfolgen. Um dem Arbeitnehmer die Möglichkeit zur Vorbereitung auf das Gespräch zur Zielerreichung zu geben, ist dieses mit einer Frist von ca. 10 Arbeitstagen anzukündigen.*
2. *Zuständig für die Feststellung der Zielerreichung ist der Verantwortliche Manager des jeweiligen Arbeitnehmers. Der Verantwortliche Manager darf bei jedem anderen Manager Feedback einholen, der etwas zur Ermittlung der Zielerreichung beitragen kann.*
3. *Der Grad der Zielerreichung ist für jedes einzelne Ziel festzulegen, und zwar mit folgender Notenskala:*

Leistungsbeurteilung	***Leistung***
1	*Sehr gut*
2	*Übertrifft die Leistungserwartung*
3	*Erfüllt die Leistungserwartung*
4	*Erfüllt die Leistungserwartung nicht*
5	*Erfüllt die Leistungserwartung in vielen Bereichen nicht*

Zusätzlich kann ein Arbeitnehmer, der seine Arbeit zwischen dem 1. Juni und dem 30. September des Bonusjahres aufgenommen hat, mit „Zu neu, um beurteilt zu werden" beurteilt werden. Diese Beurteilung ermöglicht dem Arbeitgeber einen weiteren Ermessenszeitraum, um eine konsistente Herangehensweise zur Bestimmung des jeweiligen Arbeitnehmergrads sicherzustellen, wo es sonst schwierig wäre, die Leistung zu beurteilen und den Arbeitnehmer in die oben dargestellte Leistungsbeurteilung einzuordnen.

4. *Die Feststellung des Gesamtgrades der Zielerreichung hat anschließend anhand der in der Zielfestsetzung vorgegebenen Gewichtung der einzelnen Ziele untereinander zu erfolgen. Die Gesamtnote ist in das Performance Management System einzugeben und muss von dem Arbeitnehmer und dem Verantwortlichen Manager freigezeichnet werden.*

5. *Die Verantwortlichen Manager haben die Arbeitnehmer über die Zielerreichung bezüglich der einzelnen Ziele und die Gesamtbeurteilung zu unterrichten. Auf Wunsch des jeweiligen Arbeitnehmers hat der Verantwortliche Manager seine Entscheidung über die Zielerreichung zu begründen. Der Verantwortliche Manager, der jeweilige Arbeitnehmer und jeder andere Manager, der Feedback bezüglich dieses Arbeitnehmers gibt, haben beim Abschluss der Jahresbeurteilung die Gelegenheit, ihre Anmerkungen in das Performance Management System als Nachweis ihrer Erörterung aufzunehmen. Können der Arbeitnehmer und der Verantwortliche Manager sich nicht auf eine Leistungsbeurteilung einigen, wird der Verantwortliche Manager die Leistungsbeurteilung anhand der vorliegenden Fakten und des zur Verfügung stehenden Feedbacks festlegen. Der Mitarbeiter kann für seine Stellungnahme das Kommentarfeld nutzen.*

   In jedem Fall muss die vereinbarte und abgeschlossene Beurteilung bis zu dem oben unter § 4.1 genannten Termin in das Performance Management System eingegeben werden. Die Zielerreichung stellt einen Teil der Beurteilung dar, die in Hinblick auf den in den Monaten Februar / März des folgenden Jahres für das zurückliegende Leistungsjahr diskretionär gezahlten Bonus vorgenommen wird.
6. *Als weltweit einheitlicher Rahmen, der alle Kompetenzen mit den sieben Führungskompetenzen unseres Unternehmens verbindet, wird die Competency Map in der Anlage 1 Bestandteil dieser Betriebsvereinbarung. Die globalen Kompetenzen dienen unseren Mitarbeitern und Managern als essenzieller Leitfaden sowohl bei der Selbsteinschätzung als auch beim Formulieren von Entwicklungszielen; sie sind unmittelbar mit Gesprächen über die berufliche Leistung einzelner Mitarbeiter mit ihren Managern verbunden, und sie unterstützen Manager bei der Bewertung der verschiedenen Stärken und Entwicklungsmöglichkeiten ihr Mitarbeiter.*

In diesem Beispiel wurde eine Dreiteilung in „Grundlagen der Zielfestsetzung“, „unterjähriges Überprüfungsgespräch“ und die „Feststellung der Zielerreichung“ vorgenommen.

Im ersten Abschnitt missfällt, dass zunächst keine Verpflichtung zur Zielfestlegung geregelt wird, sondern die verantwortlichen Manager „sollen“ Ziele festlegen. Des Weiteren erfolgt im Falle der Nichteinigung eine einseitige Zielfestlegung durch den Manager. Der Mitarbeiter kann nicht mehr mitwirken, auch die Verpflichtung, den Betriebsrat dann hinzuzuziehen, ist nicht erfolgversprechend, da auch hier wieder nur geregelt ist, dass versucht wird, ein gemeinsames Ergebnis zu erzielen. Nicht geregelt ist, was passiert, wenn keine Einigung erzielt werden kann. Darüber hinaus ist die Frage der unterbliebenen Zielvereinbarung widersprüchlich geregelt. Zum einen heißt es in Ziff. 5., dass der Manager die Ziele dann alleine festlegen kann; zum Anderen regelt Ziff. 8, dass in diesem Fall dann die Zielfestsetzung des vergangenen Jahres gilt.

Bei dem unterjährigen Überprüfungsgespräch fehlt eine Regelung zur Zielanpassung und zum Konfliktlösungsmechanismus.

Wenn dann die Zielfeststellung am Ende des Beurteilungszeitraums stattfindet, ist nur geregelt, dass die Zielerreichung allein durch den Manager festgestellt wird. Hier sollte noch eine Beteiligung des Mitarbeiters geregelt werden und ggf. des Betriebsrats. Jedenfalls muss dem Mitarbeiter hier im Falle der einseitigen Feststellung durch den Manager ein Einspruchsrecht gewährt werden, was dann wieder mit einem Konfliktlösungsmechanismus versehen ist.

II. Betriebsvereinbarung zur Einführung eines variablen Entgeltsystems eines Automotive Konzerns

Die Festlegung der Teams/Mitarbeitergruppen, deren Kernaufgaben und der KPI obliegt in der Regel dem jeweiligen disziplinarischen Vorgesetzten. Grundsätzlich ist der Betriebsrat durch Anlage 2 darüber zu informieren. Aus strategischen Gründen können Kernaufgaben und KPIs auch von der Geschäftsleitung für alle Mitarbeiter und / oder Teams/Mitarbeitergruppen, die an dem variablen Vergütungssystem nach dieser Betriebsvereinbarung teilnehmen, festgelegt werden. Die Überprüfung der Kernaufgabe(n) obliegt einem zu benennenden Gremium unter Leitung der Geschäftsführung (Steering Committee / Leitungsausschuss). Dieses Gremium kann jederzeit Änderungen bei den KPI vornehmen, sofern dies unternehmens-strategische Belange erfordern, wenn

a. Gründe, die außerhalb von X liegen, dazu führen, dass der Mitarbeiter / das Team/die Mitarbeitergruppe seine/ihre Ziele nicht erreichen kann (bspw. bei nicht vorhersehbarer Einstellung von Produktlinien bzw. der nichtvorhersehbarer Verspätung bei der Einführung neuer Produktlinien)
b. Gründe, die innerhalb von X liegen, dazu führen, dass der Mitarbeiter / das Team/die Mitarbeitergruppe seine/ihre Ziele nicht erreichen kann.
c. Gründe, die in der erbrachten Leistung des Mitarbeiters / des Teams/der Mitarbeitergruppe liegen, dazu führen, dass der Mitarbeiter seine Ziele nicht erreichen kann.

In der Regel sollen quantitativ messbare KPIs verwendet warden

....

Die Mindest- und Zielanforderungen hinsichtlich der dem Team-Erfolgsfaktor zugrunde liegenden KPI werden in Zielvereinbarungsgesprächen spätestens im April eines jeden Jahres zwischen dem Mitarbeiter / Team / Mitarbeitergruppe und dem jeweiligen Vorgesetzten für das kommende Geschäftsjahr besprochen und von der Geschäftsleitung genehmigt. Für den Zeitraum, innerhalb dessen es zu keiner Zielvereinbarung gekommen ist, gelten die später festgelegten Ziele als zu 100 % (Faktor 1,2) erreicht.

Der ermittelte Team-Erfolgsfaktor des abgelaufenen Geschäftsjahres ist vor den Gesprächen zur Zielvereinbarung bekannt zu geben.

Können Mitarbeiter / Team / Mitarbeitergruppe und Vorgesetzter im Rahmen des Zielvereinbarungsgesprächs keine Einigung erzielen, kann der nächst höhere Vorgesetzte hinzugezogen werden. Der Mitarbeiter / das Team / die Mitarbeitergruppe kann zu diesem Gespräch ein Betriebsratsmitglied oder eine andere Person seines Vertrauens hinzuziehen. Der Genehmigungsvorbehalt der Geschäftsleitung bleibt hiervon unberührt.

....

§ 10 Anpassungsvorbehalt

Bei einer wesentlichen Änderung der wirtschaftlichen, tariflichen oder gesetzlichen Rahmenbedingungen ist die Betriebsvereinbarung den insoweit geänderten Umständen anzupassen.

Auch hier erfolgt die Festlegung der KPI – also der Ziele – allein durch den Manager. Der Betriebsrat ist lediglich zu informieren. Klar geregelt ist, wann eine Änderung erfolgen kann – dies ist jedoch keine Pflicht, was nachteilig ist, denn sofern die beschriebenen Umstände gegeben sind, sollte auch verpflichtend eine Anpassung der Ziele erfolgen.

Es ist auch geregelt, wann die Gespräche stattzufinden haben und was bei unterbliebenem Gespräch passiert.

Der Konfliktlösungsmechanismus ist unbefriedigend, denn es entscheidet der nächst höhere Vorgesetzte, der Mitarbeiter kann ein Mitglied des Betriebsrats oder eine andere Vertrauensperson zu dem Gespräch hinzuziehen, was aber unter dem Genehmigungsvorbehalt der Geschäftsleitung steht.

III. Gesamtbetriebsvereinbarung zum Zielsystem einer Unternehmensberatung

§ 4 Vereinbarungsprozess / fehlende Einigung

Grundsätzlich schließt die Firma mit jedem unter § 1 genannten Mitarbeiter eine Zielvereinbarung ab. Schwerbehinderte Mitarbeiterinnen und Mitarbeiter sowie deren Vorgesetzte sind angehalten, deren zusätzlichen gesetzlichen Urlaubsanspruch bei der Höhe der Ziele im Zielvereinbarungsprozess entsprechend zu berücksichtigen.

Unterzeichnet der Mitarbeiter diese Zielvereinbarung nicht, ist eine Klärung über das Steering Committee herbeizuführen. Das Steering Committee erarbeitet einen Konsensvorschlag, dessen Annahme dem Mitarbeiter empfohlen wird. Eine weitere Ablehnung ist dann individualrechtlich zu klären.

§ 5 Feststellung der Zielerreichung

Die Feststellung der individuellen Zielerreichung findet zu Beginn eines jeden Folgejahres durch die jeweilige Führungskraft statt. Die Zielerreichung der übergeordneten Ziele wird nach der vorläufigen Feststellung des Jahresabschlusses (Vorlage des Wirtschaftsprüfungsberichtes), spätestens zum Ende des 1. Quartals, festgestellt. Aus diesen beiden Zielerreichungen wird entsprechend des Konzepts die Höhe des variablen

Einkommensanteils ermittelt und spätestens im April des Folgejahres abgerechnet und ausgezahlt. Die auszuzahlende Variable ist auf max. 150 % der individuellen Variablen begrenzt.

§ 6 Wechsel von Practice/Segment oder Group / Ausscheiden von Mitarbeitern

Wechselt ein Mitarbeiter im Laufe des Jahres die Practice/Segment oder Group, wird die individuelle Zielerreichung zum Stichtag linearisiert und entsprechend festgestellt: Die Zielerreichung von Contribution wird in Abstimmung mit den beiden Vorgesetzten festgestellt bzw. neu vereinbart. Für die Personal Billability und den Personal Order Entry können neue Zielwerte für die Restlaufzeit des Jahres vereinbart werden; für die Zielfeststellung am Jahresende werden in diesem Fall die jeweiligen Ist - Werte durch das Controlling bzw. Staffing festgestellt und in das Verhältnis zur Summe der beiden Zielwerte (Ziel 1[linearisiert] + Ziel 2) gesetzt. Die Berechnung der übergeordneten Ziele erfolgt auf Basis der Zielerreichung der Practice, der der Mitarbeiter am Jahresende zugeordnet ist.

Bei Mitarbeitern, die im Laufe des Jahres aus dem Unternehmen ausscheiden, wird die Zielerreichung zum Stichtag monatsgenau festgestellt und abgerechnet.

Vorliegend ist im Vereinbarungsprozess geregelt, dass für den Fall der Nichteinigung ein Steering Commitee eingesetzt wird, welches einen Konsensvorschlag erarbeitet. Diese Konfliktlösungsoption fehlt allerdings vollkommen bei der Feststellung der Zielerreichung, denn auch hier stellt der Manager dies fest, der Mitarbeiter hat überhaupt keine Möglichkeit Einfluss zu nehmen. Es sollte zumindest ein Einspruchsrecht geregelt werden.

IV. Betriebsvereinbarung über variable Ziele eines Bürogeräteherstellers

„§ 4 Verfahrensweise

4.1 Jahreszielvorgabensystematik

Die Geschäftsleitung hat mit dem Betriebsrat spätestens bis zum 31. Mai eines jeden Geschäftsjahres eine Jahreszielvorgabensystematik gemäß Anlage 2 zu vereinbaren, die auf der Basis der Gesamtzielvorgabe für das Unternehmen die Herunterbrechung dieser Ziele auf die einzelnen Vertriebskanäle deutlich macht und weiterführend die Systematik der sich daraus ergebenden Herunterbrechung dieser Ziele auf den einzelnen Mitarbeiter klar und nachvollziehbar herausstellt. Voraussetzung für die Notwendigkeit der Vereinbarung einer neuen Jahreszielvorgabensystematik für das entsprechende Geschäftsjahr besteht nur für den Fall, dass sich im Vergleich zum vorangegangenen Geschäftsjahr die Verteilungssystematik geändert hat. Bei gleich bleibender Verteilungssystematik wirkt diese im neuen Geschäftsjahr fort.

Für die Berechnungsgrundlage gilt das Jahresziel eines Vertriebskanals als maßgebend und erlaubt die Quartalsziele den Marktgegebenheiten in quantitativer Hinsicht anzupassen, ohne dass dies erneut zwischen Betriebsrat und Geschäftsleitung unterjährig abzustimmen ist, solange dabei die Systematik der Zielvorgabe an sich nicht verändert wird.

Eine Änderung an der Systematik einer Zielvorgabe eines jeweiligen Vertriebskanals hat unweigerlich eine erneute Vereinbarung zwischen Betriebsrat und Geschäftsführung für diesen Vertriebskanal zur Folge. Die Gesamtwirksamkeit dieser Vereinbarung und damit für die übrigen, nicht von dieser Änderung betroffenen Vertriebskanäle bleibt dabei unberührt und behält ihre Gültigkeit.

Für den Fall, dass bis zum 31. Mai eines jeden Geschäftsjahres keine Jahreszielvorgabensystematik zwischen Geschäftsleitung und Betriebsrat abgeschlossen wird, erhalten die in den Geltungsbereich dieser Betriebsvereinbarung fallenden Mitarbeiter mindestens 90 % (bzw. den tatsächlichen individuellen Zielerreichungsgrad wenn > 90 %) ihres variablen Gehaltsbestandteils für das erste Quartal des Geschäftsjahres vergütet. Beide Parteien verpflichten sich, den Abschluss der Jahreszielvorgabensystematik nicht willentlich und ohne sachlichen Grund zu verzögern.

Sollte darüber hinaus bis zum 30. Juni eines jeweiligen Geschäftsjahres noch keine Einigung über die Jahreszielvorgabensystematik zwischen Geschäftsleitung und Betriebsrat geschlossen worden sein, so erhalten die in den Geltungsbereich dieser Betriebsvereinbarung fallenden Mitarbeiter für jeden weiteren Monat ohne abgestimmte Jahreszielvorgabensystematik mindestens 100 % (bzw. den tatsächlichen individuellen Zielerreichungsgrad wenn > 100 %) ihres variablen Gehaltsbestandteils vergütet.

4.2 Unterjährig wechselnde Ziele

Jeweils bis zum 15. vor Beginn eines neuen Quartals erhält der Betriebsrat im Falle einer Änderung an den Inhalten der Systematik diese mit den geänderten Inhalten (Text und Gewichtung) erneut vorgelegt. Bis zu dem jeweiligen Monatsende erfolgt die Abstimmung zwischen Betriebsrat und der Geschäftsleitung.

4.3 Individuelle Zielvereinbarungen

Parallel erhält der Mitarbeiter ebenfalls bis zum 15. vor Beginn eines neuen Quartals die Inhalte seiner Individuellen Zielvereinbarung.

Diese sind nur gültig, wenn sie der mit dem Betriebsrat abgesprochenen Systematik entsprechen. Andernfalls erhält der Mitarbeiter zumindest 100 % als Zielerreichung bzw. die tatsächliche Erreichung > 100 %..

Die Ziele (Inhalte und Werte) sind dem Mitarbeiter rechtzeitig vor Unterzeichnung, möglichst in einer Abteilungssitzung, zu erklären. Es wird dargestellt, welche Abteilungsziele bestehen und wie diese auf Mitarbeiterebene heruntergebrochen werden. Dabei sind die Rahmenbedingungen zu erläutern, die den Mitarbeiter in die Situation versetzen sollen, die gesteckten Ziele zu erreichen.

Der Mitarbeiter erhält das ausgefüllte Formular bis zum 10. des ersten Monats im jeweiligen Quartal. Bis zum 15. des Monats muss das Zielvereinbarungsformular komplett unterschrieben bei Human Resources eingehen.“

In vorigem Beispiel wird nunmehr der Zielvereinbarungsprozess zwischen den Betriebspartnern geregelt, wobei die Regelung enthält, wann die Parteien etwas vereinbaren müssen und welche Ziele zugrunde gelegt werden, wenn bis zu einem bestimmten Stichtag keine Vereinbarung stattgefunden hat sowie eine Vorlagefrist für unterjährige Zieländerungen. Es fehlt vollständig ein Konfliktlösungsmodell.

Bei der individuellen Zielvereinbarung hat der Mitarbeiter dann quasi nichts mehr mit zu entscheiden, sondern bekommt die mit dem Betriebsrat vereinbarten Ziele nur innerhalb einer bestimmten Frist vorgelegt.

V. Betriebsvereinbarung zum Performance Management Process

1. Prozess der Vereinbarung von Zielen und Werte & Verhalten

Zielvereinbarungen sollen generell als Führungsinstrument in der Firma angewendet werden. Der individuelle Zielvereinbarungsprozess leitet sich aus den übergeordneten Unternehmens- und Abteilungszielen ab. Die zu erreichenden individuellen Ziele werden dann in einem gemeinsamen Zielvereinbarungsgespräch zwischen Mitarbeiter und Führungskraft aufeinander abgestimmt, formuliert und vereinbart.

Bei Eintritt in das Unternehmen im Zeitraum 01. Januar bis 30. September wird zum Eintrittsdatum ein Zielvereinbarungsgespräch geführt. Bei einem Eintritt in das Unternehmen ab dem 01. Oktober wird kein Zielvereinbarungsgespräch für dieses Kalenderjahr geführt. Bei einem Abteilungswechsel gelten die bereits vereinbarten Ziele bis zum Zeitpunkt des Wechsels, danach erfolgt eine Vereinbarung neuer Ziele (abhängig vom Wechselzeitpunkt).

2. Zielvereinbarungsgespräche

Im Zielvereinbarungsgespräch werden zwischen Mitarbeiter und Führungskraft Ziele für das Kalenderjahr vereinbart – idealerweise zwischen Dezember und Februar, eine rückwirkende Vereinbarung ist nicht möglich. Die Zielvereinbarung ist das einvernehmliche Ergebnis eines Dialoges zwischen Mitarbeiter und Führungskraft, in das sowohl persönliche Zielvorstellungen des Mitarbeiters als auch bereichsspezifische Ziele eingebracht werden. Das Gespräch soll rechtzeitig vereinbart werden. Des weiteren werden Entwicklungsmöglichkeiten und die erforderlichen Entwicklungsmaßnahmen (Entwicklungsplan) diskutiert und vereinbart. Die Personalabteilung überprüft die fristgerechte Abgabe der Zielvereinbarungen.

3. Ziele

Grundsätzlich werden Ziele mit einzelnen Mitarbeitern vereinbart.

Zu unterscheiden sind quantitative und qualitative Ziele.

Quantitative Ziele sind solche, bei denen das Ergebnis durch eine Kennzahl messbar ist. (z.B. Reduktion von Ausschuss in Stück oder Prozent; Reduzierung von Reklamationen in Prozent)

Qualitative Ziele können nicht oder nur schwer mit einer Kennzahl gemessen werden. (Beispielsweise organisatorische Ziele oder persönliche Ziele)

Unabhängig davon müssen alle vereinbarten Ziele

- *realistisch und erreichbar*
- *zumutbar*
- *nachvollziehbar*
- *klar und konkret formuliert*
- *terminiert*
- *von Seiten des Mitarbeiter beeinflussbar*

sein.

Es gelten folgende Richtlinien:

- *Die Verantwortlichkeiten zur Erreichung der individuellen Ziele müssen eindeutig geklärt sein.*
- *Die Ziele sollen im eigentlichen Aufgabenbereich des Mitarbeiters liegen. Sie stellen Schwerpunkte innerhalb des gesamten Aufgabengebietes dar, die Zielvereinbarung soll nicht die gesamte Stellenbeschreibung widerspiegeln.*
- *Pro Jahr sollen 3–6 individuelle Ziele vereinbart werden.*
- *Leistungs- bzw. Kapazitätseinschränkungen (z.B. Schwerbehinderung, Krankheit, Schwangerschaft, Betriebsratstätigkeit nicht freigestellter Betriebsräte) werden bei Zahl und Umfang der Ziele entsprechend berücksichtigt.*
- *Sofern die Ziele nicht als gleichwertig betrachtet werden, ist eine Gewichtung in mindestens 5 % -Schritten vorzunehmen (z.B. 5 %, 10 %, 15 % usw.).*
- *Um eine weitest gehende Objektivität des Zielerreichungsprozesses zu gewährleisten, sollen im Zielvereinbarungsgespräch die Bewertungskriterien und Messgrößen, die zur Bewertung der Zielerreichung herangezogen werden, festgelegt werden.*
- *Die Ziele werden so vereinbart, dass eine Übererfüllung bei hervorragender Leistung erreicht werden kann. Dies setzt die vorherige Festlegung der Bewertungskriterien und Messgrößen voraus.*
- *Die Zielvereinbarung erfolgt schriftlich, Führungskraft und Mitarbeiter stimmen jeweils durch ihre Unterschrift zu. Der Mitarbeiter erhält eine Kopie.*

4. Überprüfung der festgelegten Ziele

Mitte des Jahres folgt ein so genanntes „Halbjahresgespräch“ zwischen Mitarbeiter und Führungskraft, in dem die bisher erreichten Ergebnisse und festgelegten Ziele besprochen und auf Aktualität überprüft, eventuell angepasst oder geändert werden. Ebenso wird der individuelle Entwicklungsplan besprochen und ggf. aktualisiert. Gleichzeitig wird zwischen Mitarbeiter und Führungskraft festgelegt, ob und in welcher Form eine Unterstützung (z.B. Schulung, Coaching) zur erfolgreichen Zielerreichung erforderlich ist. Das Gespräch kann sowohl von der Führungskraft als auch vom Mitarbeiter initiiert werden. Das Gespräch und seine Ergebnisse werden schriftlich dokumentiert.

5. Zielerreichung und Beurteilung

5.1 Allgemeines

Die Gesamtbeurteilung erfolgt auf Basis der individuellen Zielerreichung und von Werten und Verhalten. Das Beurteilungsgespräch findet für das abgelaufene Kalenderjahr einmal jährlich statt, idealerweise zwischen November und Dezember. Das Ergebnis wird schriftlich festgehalten, von Führungskraft und Mitarbeiter unterschrieben und an die Personalabteilung weitergeleitet.

Der Erfüllungsgrad der vereinbarten Ziele soll eine objektive Beurteilung der individuellen Leistung des Mitarbeiters darstellen.

Die Ermittlung der maßgeblichen Bewertungsstufe für die Bewertung der Konzern Werte und Verhaltensweisen richtet sich nach den entsprechenden, konzernweit kommunizierten Kriterien (siehe Anlage „Werte und Verhalten" im PMP-Bogen).

Für die Gesamtbeurteilung stehen die Formulare im Anhang zur Verfügung. Bei einem Abteilungswechsel während des Jahres erfolgt die Gesamtbewertung in Abstimmung mit der alten und neuen Führungskraft (abhängig vom Wechselzeitpunkt).

Leistungs- bzw. Kapazitätseinschränkungen (z.B. Krankheit, Schwangerschaft, Schwerbehinderung, Betriebsratstätigkeit nicht freigestellter Betriebsräte) werden bei der Bewertung entsprechend berücksichtigt.

5.2 Ablauf

Zunächst dokumentiert der Mitarbeiter seine Selbsteinschätzung (Self Appraisal) und übergibt diese seiner Führungskraft.

Unter Berücksichtigung der Selbsteinschätzung nimmt die Führungskraft dann die Bewertung vor. Um den Erfüllungsgrad der vereinbarten Ziele und der individuellen Leistung möglichst objektiv zu beurteilen, erfolgt eine gemeinsame Kalibrierungsrunde zwischen Führungskräften eines Bereichs zusammen mit der jeweiligen nächst höheren Führungskraft. Moderiert wird diese Kalibrierungsrunde durch HR.

Die Kalibrierung kann zu einer Anpassung der durch den Vorgesetzten festgelegten Beurteilung führen. Nach Abschluss der Kalibrierungsrunde informiert die Führungskraft den Mitarbeiter über das Endergebnis. Die Gesprächsergebnisse sowie deren Ergebnisse werden schriftlich dokumentiert.

Gibt es neben der disziplinarischen Führungskraft noch eine fachliche Führungskraft, so sprechen sich diese untereinander ab.

Diese Gesamtbeurteilung fließt in die Berechnung der variablen Vergütung mit ein (s. Betriebsvereinbarung zur variablen Vergütung) und wird dem Betriebsrat zur Einsichtnahme vorgelegt.

Folgendes fällt bei der Bewertung vorstehender Betriebsvereinbarung auf:

Im Zielvereinbarungsverfahren wird stets von „sollen“ gesprochen; die fehlende Verpflichtung zum Abschluss einer Zielvereinbarung ist auffällig. Darüber hinaus ist kein Konfliktlösungsmechanismus geregelt.

Auch die Verpflichtung zur Führung eines Mid-Year-Gesprächs fehlt.

Die Bewertung der Zielerreichung erfolgt dann auf Grundlage der Selbsteinschätzung des Mitarbeiters im Rahmen einer Kalibrierungsrunde mehrerer Hierarchieebenen. Bei so einer Bewertung, die einem 360° Feedback ähnelt, ist darauf zu achten, dass der Mitarbeiter hierüber informiert wird und dass geregelt wird, wer genau an der Bewertung teilnimmt. Sofern keine Bewertungskriterien geregelt werden, ist es sinnvoll, wenn in dieser Kalibrierungsrunde der Betriebsrat auch dabei ist.

VI. Betriebsvereinbarung über Verkaufsboni eines Presseverlages

Anpassung von Zielen:

Halten der Arbeitgeber und/oder der Mitarbeiter eine Anpassung der vereinbarten Ziele aufgrund wesentlicher Veränderungen der betrieblichen und/oder wirtschaftlichen Rahmenbedingungen (z.B. eine erhebliche Änderung der Arbeitsinhalte, eine veränderte Organisationsstruktur in der Anzeigenabteilung, Umsatzsteigerung/Umsatzeinbruch von +/- 25% gegenüber Plan-Branchenkennzahl) im Jahresverlauf für erforderlich, so unterbreiten sie einen schriftlich begründeten Änderungsvorschlag und versuchen Einvernehmen über eine Anpassung der Ziele zu erreichen. Kommt eine Einigung nicht zustande, so verbleibt es bei der bisherigen Zielvereinbarung, wobei der Bonus dann auf einen maximalen Zielerreichungsgrad von 100 % begrenzt ist.

Vorliegend ist eine klare Regelung getroffen worden, unter welchen Voraussetzungen eine Anpassung von Zielen erfolgen kann. Auch die Frage der Nichteinigung ist jedenfalls gelöst worden, sodass hier nahezu Rechtssicherheit besteht.

E. Beispiele zur Auszahlung und Fälligkeit

I. Teamprämie für den Außendienst eines Pharmaunternehmens

„Abrechnungszeitraum für die Teamprämie ist der Kalendermonat.

Die Auszahlung erfolgt monatlich. Basis für die Höhe der Teamprämie ist das Umsatzergebnis des Vormonats.“

Hier ist eine monatlicher Berechnungszeitraum und eine monatliche Auszahlung geregelt, sodass zumindest das Argument, die Fälligkeit unterbreche die Unmittelbarkeit für die Annahme eines vergleichbaren leistungsbezogenen Entgelts i.S.d. § 87 Abs. 1 Nr. 11 BetrVG, nicht herangezogen werden kann.

II. Betriebsvereinbarung Prämiengrundsätze eines Pharmaunternehmens

Die Prämien werden (zukünftig) in der Regel pro Tertial abgerechnet und zum frühestmöglichen Zeitpunkt ausgezahlt. Prämienzahlungen unterliegen den steuerlichen und sozialversicherungsrechtlichen Vorschriften und werden zusammen mit den anderen Bezügen des jeweiligen Auszahlungsmonats abgerechnet.

Vorliegend wird eine Tertialabrechnung vorgenommen. Misslungen ist die Formulierung, weil die Abrechnung „in der Regel" pro Tertial erfolgt; d.h. es gibt auch Ausnahmen, die hier jedoch nicht definiert werden.

III. Betriebsvereinbarung über variable Ziele im Vertrieb eines Bürogeräteherstellers

4.4. Abrechnung

Die Abrechnung der Ziele des abgelaufenen Quartals hat durch den jeweiligen Vorgesetzten so zu erfolgen, dass spätestens mit dem Gehaltslauf im jeweils zweiten Monat nach Quartalsende (August, November, Februar, Mai) die Abrechnung der Zielerreichung des vorangegangen Quartals erfolgen kann. Um dies zu gewährleisten, muss der Vorgesetzte die Ziele bis zum 10. des Monats abgerechnet haben und die Formulare bis zum 13. des Monats vom Mitarbeiter, Vorgesetzten sowie nächsthöherem Vorgesetzen unterzeichnen lassen und der Abteilung Human Resources vorlegen, damit die gehaltstechnische Abrechnung noch im jeweiligen Monat stattfinden kann. Hiervon kann nur in begründeten Fällen in Abstimmung mit dem Betriebsrat abgewichen werden.

Unberührt hiervon bleibt die Vorgehensweise der fixen monatlichen Abschlags-Zahlung auf den variablen Gehaltsbestandteil, die individualvertraglich geregelt ist.

In diesem Beispiel erfolgt eine Quartalsabrechnung mit klar vorgegebenen Fristen, was sehr vorteilhaft für alle Beteiligten ist.

IV. Zielvereinbarungs- und Beurteilungssystem eines Pharmaunternehmens

Die Auszahlung der Jahresabschlussleistung erfolgt zusammen mit der Entgeltabrechnung November eines Kalenderjahres.

Der Auszahlungstermin für den zielerreichungsabhängigen Bonus ist jeweils nach Feststellung des Jahresabschlusses der Monat April des Folgejahres.

Vorliegend wird der Auszahlungstermin weit hinter der tatsächlich erbrachten Leistung geregelt, sodass hier das Bundesarbeitsgericht wieder argumentieren könnte, es liegt kein vergleichbares leistungsbezogenes Entgelt vor, da dem Erfordernis der Unmittelbarkeit nicht Rechnung getragen ist.

F. Regelungen von Kürzungsmöglichkeiten

I. Betriebsvereinbarung eines Linsenherstellers

> ***8.7 Versetzung des Mitarbeiters***
>
> *Für Mitarbeiter, die länger als 3 Monate versetzt werden ist eine Zielvereinbarung und eine Endbeurteilung (auf 100 % -Basis) durchzuführen. Das Ergebnis der Beurteilung (Prozentsatz) wird am Jahresende zeitanteilig, unter Berücksichtigung der Zielerreichung der Abteilung berechnet Der Vorgesetzte ist verpflichtet dem Mitarbeiter eine Kopie des Formblattes auszuhändigen.*
>
> ***8.8 Umgruppierung des Mitarbeiters***
>
> *Für Mitarbeiter, die ab dem 01.04. des laufenden Jahres oder später umgruppiert werden und für die sich durch die Umgruppierung die vereinbarten Ziele ändern, ist eine Endbeurteilung (auf 100 % -Basis) durchzuführen. Das Ergebnis der Beurteilung (Prozentsatz) wird am Jahresende zeitanteilig, unter Berücksichtigung der Zielerreichung der Abteilung berechnet.*
>
> ***8.9 Regelung bei unterjährig ausscheidenden Mitarbeitern***
>
> *Bei Mitarbeitern, die vor Ablauf des Beurteilungszeitraumes (Kalenderjahr) aus dem Unternehmen ausscheiden, wird auf Basis der Ist-Werte (Latest Estimates) eine Endbeurteilung durchgeführt. Die IBS Restzahlung wird mit dem letzten Gehalt zeitanteilig ausgezahlt.*

Vorliegend sind schöne Regelungen getroffen hinsichtlich einer Änderung des Status des Mitarbeiters bis hin zum Ausscheiden. Es fehlt aber eine Regelung für den Fall von unterjährigem Eintritt, Krankheit, sonstigen Ruhenstatbeständen und Betriebsratstätigkeit.

II. Gehaltsmodell Fix und Variabel eines Kommunikationsunternehmens

> „.....
>
> *Bei Firmenein- und Firmenaustritt erfolgt die Berechnung des Jahresbonus anteilig zu den tatsächlich beschäftigten Kalendertagen des Eintritts- oder Austrittsmonats. Wechselt der Arbeitnehmer während eines laufenden Geschäftsjahres in ein anderes Gebiet oder innerhalb des Unternehmens in eine andere Tätigkeit, so erfolgt ebenfalls eine anteilige Berechnung des Jahresbonus nach den tatsächlich beschäftigten Kalendertagen.“*

In diesem Beispiel ist die anteilige Berechnung bei unterjährigem Wechsel oder Austritt geregelt. Es gibt keine Stichtagsregelung und es fehlt eine Regelung zum unterjährigen Eintritt.

III. Betriebsvereinbarung über Verkaufsboni eines Presseverlages

„Im Falle eines Ausscheidens des Mitarbeiters aus dem Arbeitsverhältnis oder dem Geltungsbereich dieser Betriebsvereinbarung während eines Kalenderjahres wird der Eurobetrag des Zielbonus pro rata temporis (zeitanteilig) für jeden vollen Kalendermonat berechnet.

In diesem Fall wird der Zielerreichungsgrad zum Stichtag des Endes des letzten vollen Kalendermonats ermittelt, den der Mitarbeiter noch im Arbeitsverhältnis stand bzw. dem Geltungsbereich dieser Betriebsvereinbarung unterlag.

Wenn ein Mitarbeiter während der ersten sechs Monate des Arbeitsverhältnisses aus dem Arbeitsverhältnis oder aus dem Geltungsbereich dieser Betriebsvereinbarung ausscheidet, beläuft sich ein etwaiger Bonus auf maximal 100 % Zielerreichung.“

.....

6.4. *Wenn das Arbeitsverhältnis das ganze Kalenderjahr ruht (z.B. wegen Elternzeit, unbezahltem Urlaub), erhält der Mitarbeiter keinen Bonus.*

Wenn das Arbeitsverhältnis während des Kalenderjahres zum Ruhen gelangt, wird der Zielbonus pro rata temporis (zeitanteilig) für jeden vollen Kalendermonat des aktiven Arbeitsverhältnisses berechnet. In diesem Fall wird der Zielerreichungsgrad zum Stichtag des Endes des letzten vollen Kalendermonats ermittelt, in dem das Arbeitsverhältnis noch nicht geruht hat.

Wenn ein ruhendes Arbeitsverhältnis während des Kalenderjahres wieder auflebt, wird eine neue Zielvereinbarung für das verbleibende Kalenderjahr abgeschlossen.

6.5. *Bei krankheitsbedingter Arbeitsunfähigkeit in dem maßgeblichen Bonus-Jahr bleiben die Ziele und der Bonus für Zeiten der Entgeltfortzahlung unberührt. Für Zeiten ohne Entgeltzahlungen wird der Euro-Betrag des Zielbonus um diese Zeiten jahresanteilig gekürzt. Erforderlichenfalls werden die Ziele zu Gunsten des Mitarbeiters angepasst oder die Zeiten ohne Entgeltfortzahlung am Jahresende bei der Zielerreichung vom Arbeitgeber berücksichtigt.*

Vorliegend sind Kürzungsregelungen für den Fall der des unterjährigen Austritts des Mitarbeiters sowie für den Fall der Krankheit. Es fehlt eine Regelung für den Fall des unterjährigen Eintritts.

Sofern eine anteilige Kürzung des Bonus für den Fall der Krankheit nach Entgeltfortzahlung vereinbart wird, dann muss aber auch vereinbart sein, dass in diesem Fall auch die zu erreichenden Ziele zwingend angepasst werden müssen. Denn es kann nicht sein, dass die 100 % Höhe gekürzt wird, aber die Voraussetzungen, um die 100 % zu erreichen, nicht. Denn das wäre eine zweifache nicht gerechtfertigte Benachteiligung.

IV. Prämiensystem eines Pharmaunternehmens

Die ersten sechs Monate im Außendienst gelten als Ausbildungs- bzw. Einarbeitungszeit, während der/die neue Mitarbeiter/in keinen Anspruch auf Prämien aus dem jeweils gültigen System besitzt.

Eine individuelle Vertragsregelung kann Garantieprämien bis zur Dauer von maximal sechs Monaten vorsehen.

Spätestens nach Ablauf dieses Zeitraums nimmt der/die Mitarbeiter/in an dem dann gültigen Prämiensystem teil, wobei die Jahresprämie zeitanteilig ab dem Zeitpunkt der Teilnahme beansprucht werden kann.

In diesem Beispiel findet sich lediglich die Regelung für unterjährigen Eintritt und „Probezeit". Es fehlen aber Regelungen für den Fall von unterjährigem Austritt

V. Arbeitsvertragliche Regelung

3. Vergütung

....

Neben der arbeitsvertraglichen Monatsvergütung erhält der Mitarbeiter einen gewinn- und leistungsabhängigen Bonus, der im ersten Jahr der Betriebszugehörigkeit € 7.700,- nicht unterschreiten wird und im Frühjahr des Folgejahrs zur Auszahlung kommt. Danach nimmt der Mitarbeiter an dem in unserem Hause üblichen Bonussystem teil.

Die Zahlung des Bonus erfolgt in jedem Falle freiwillig und begründet keinen Rechtsanspruch für die Zukunft.

Der Anspruch auf Zahlung des Bonus entfällt, wenn der Mitarbeiter am 1.4. des Auszahlungsjahres nicht mehr in einem ungekündigten Arbeitsverhältnis mit unserem Hause steht.[515]

Vorliegend ist eine Regelung zum Beginn (erstes Jahr) enthalten und eine Stichtagsregelung, deren Wirksamkeit vom Bundesarbeitsgericht verneint wurde[516]. Die Stichtagsregelung stellt die Kürzungsmöglichkeit bei Austritt dar.

VI. Betriebsvereinbarung Bonus eines Pharmaunternehmens

§ 5 Unterjähriger Ein- und Austritt, befristete Arbeitsverhältnisse

Tritt ein Mitarbeiter während des laufenden Jahres ein, dann sind individuelle Ziele nach Ablauf der Probezeit zu vereinbaren. Der Grad der Zielerreichung wird so wie bei allen anderen Mitarbeitern festgestellt, jedoch wird der daraus resultierende Betrag nur zeitanteilig für die Monate nach Ablauf der Probezeit im Verhältnis zum Geschäftsjahr gewährt.

---

515 arbeitsvertragliche Regelung nach BAG 24.10.2007 - 10 AZR 825/06, NZA 2008, 40.

516 BAG 24.10.2007 - 10 AZR 825/06, NZA 2008, 40.

Endet die Probezeit am 01.07. oder später im laufenden Jahr, werden keine individuellen Ziele festgelegt, so dass dem Mitarbeiter für das Geschäftsjahr des Eintritts keinen Anspruch aus der Individuellen Komponente des Bonus erwächst. Der Bonus ist in diesen Fällen auf die Konzern- und Niederlassungskomponenten des Bonus beschränkt. Der sich daraus ergebende Betrag wird nur zeitanteilig für die Monate nach Ablauf der Probezeit im Verhältnis zum Geschäftsjahr gewährt.

Bei unterjähriger Beendigung des Arbeitsverhältnisses bzw. Freistellung werden die individuellen Ziele zum Zeitpunkt der Beendigung des Arbeitsverhältnisses bzw. Freistellungszeitpunkt beurteilt und der individuellen Komponente des Bonus zugrunde gelegt. Aus der Konzern- und Niederlassungskomponente wird nur dann ein zeitanteiliger Beitrag für die Monate bis zur Beendigung des Arbeitsverhältnisses bzw. bis zur Freistellung im Verhältnis zum Geschäftsjahr gewährt, wenn die individuelle Zielerreichung mindestens 50 % beträgt. Andernfalls entfällt der Beitrag aus der Konzern- und Niederlassungskomponente. Selbiges gilt im Falle der Beendigung befristeter Arbeitsverhältnisse.

§ 6 Ruhende Arbeitsverhältnisse, Teilzeit und Altersteilzeit

Bei ruhenden Arbeitsverhältnissen, z.B. bei Elternzeit, oder bei Beschäftigungsverbot oder unbezahltem Urlaub findet die vorstehende Regelung bei unterjähriger Beendigung des Arbeitsverhältnisses bzw. Freistellung entsprechend Anwendung.

Bei Teilzeitbeschäftigten erfolgt aufgrund der Anknüpfung an das Grundgehalt bei der Berechnung des Bonus grundsätzlich keine weitere zeitanteilige Kürzung, es sei denn bei Umstellung der Arbeitszeit während des laufenden Geschäftsjahres. In diesem Fall errechnet sich der Bonus auf Grundlage der durchschnittlichen vertraglichen Arbeitszeit im Geschäftsjahr.

Altersteilzeitbeschäftigte werden hinsichtlich des Grundgehaltes für den Bonus im Blockmodell während der Arbeitsphase so behandelt, als hätten diese keine Altersteilzeit; während der Freistellungsphase erfolgt weder eine Zielvereinbarung noch eine Berücksichtigung beim Bonus für das jeweilige Geschäftsjahr. Hinsichtlich der Auszahlung wird dem Altersteilzeitbeschäftigten während der Arbeitsphase die Hälfte des zustehenden Bonus ausgezahlt, der Rest wird in das Wertguthaben eingestellt, welches in der Freistellungsphase spiegelbildlich zur Auszahlung kommt. Im Übergangsjahr von der Arbeits- zur Freistellungsphase findet vorstehende Regelung bei unterjähriger Beendigung des Arbeitsverhältnisses bzw. Freistellung entsprechend Anwendung.“

Auch in diesem Beispiel sind beide Regelungen – also Ein- und Austrittsregelung – enthalten. Dass bei unterjähriger Beendigung der Bonus ggf. ganz wegfällt ist eine Verhandlungssache. Darüber hinaus finden sich Regelungen zu ruhenden Arbeitsverhältnisses, Teilzeitbeschäftigten und ATZ Beschäftigten, jedoch keine Regelung zur Betriebsratstätigkeit.

VII. Betriebsvereinbarung variable Vergütung eines Pharmaunternehmens

„In folgenden Fällen wird die variable Vergütung lediglich anteilig gewährt; es erfolgt eine anteilige Kürzung der Auszahlungsbeträge der MA mittels einer zeitlich anteiligen (pro – rata temporis) Berechnung im Bemessungszeitraum:

- *Für Krankentage, für die der Mitarbeiter keine Entgeltfortzahlung erhält, es sei denn, dass der Arbeitsausfall auf einem von der Berufsgenossenschaft anerkannten Betriebsunfall beruht.*
- *Für Zeiten, in denen das Arbeitsverhältnis ruht*
- *Für Arbeitsverhältnisse, bei denen sich während des laufenden Jahres die regelmäßige Arbeitszeit verkürzt oder verlängert (Wechsel in Vollzeit bzw. Teilzeit) oder ein Wechsel von Tarifbereich zu AT-Bereich (bzw. umgekehrt) stattfindet*
- *Mitarbeiter, die im 1. Quartal des laufenden Kalenderjahres eintreten, haben unter Berücksichtigung der o.g. Punkte den vollen Anspruch; Mitarbeiter, die im 2. und 3. Quartal des laufenden Kalenderjahres eintreten anteilig; Mitarbeiter, die im 4. Quartal des laufenden Kalenderjahres eintreten, haben ab dem darauf folgenden Kalenderjahr Anspruch.*
- *Mitarbeiter mit einem befristeten Arbeitsvertrag von mindestens 12 Monaten (siehe auch Nr. 1 Geltungsbereich), deren Befristung vor dem 31.12. abläuft*
- *Mitarbeiter, die aus einem aktiven Arbeitsverhältnis in eine Alters- oder Erwerbsminderungsrente ausscheiden*

4.3 Mitarbeiter in ATZ erhalten in der Arbeitsphase den vollen Bonusanspruch, anteilig (pro rata temporis) bis zum Übergang in die Passivphase. In der Passivphase besteht kein Anspruch auf Bonusleistungen."

In vorstehendem Beispiel sind alle Regelungen bis auf die Betriebsratstätigkeit enthalten, wobei dies natürlich auch daran liegen kann, dass es schlichtweg nicht erforderlich war.

VIII. Betriebsvereinbarung über die Bezahlung Nicht-Freigestellter Betriebsräte mit Incentive Tätigkeit

„.......

2. Planung der Betriebsratstätigkeit

Der Mitarbeiter erstellt bis zum 21.02. eine Übersicht des geplanten Zeitaufwandes für Betriebsratstätigkeit, differenziert nach örtliche BR – Tätigkeit, GBR – Tätigkeit und Mitarbeit in den Ausschüssen für das Kalenderjahr. Pro Arbeitstag kann maximal die rechnerische Arbeitszeit entsprechend der tariflichen bzw. individuell vereinbarten Regelung angesetzt werden. Diese Zeitplanung wird von seiner direkten Führungskraft in Textform genehmigt.

Sollte keine Einigkeit über die Zeitplanung erzielt werden, wird diese herbeigeführt durch Einschaltung von

- *ÖBR – Vorsitzendem und Personalleiter (örtliche BR Tätigkeit)*
- *GBR – Vorsitzendem und HR / IR /ER (GBR / Ausschuss Tätigkeit)*

Bis zur Mitte des zweiten Monats einer Incentive-Periode wird dem Mitarbeiter ein CZ für Betriebsratstätigkeit vergeben, dessen Gewichtung dem prozentualen Anteil der BR-Tätigkeit entspricht. Zwei Tage BR – Tätigkeit entsprechen einem Prozent-Punkt der Jahresgewichtung. (Bei einer Incentive-Periode von z.B. 6 Monaten entspricht ein Tag BR – Tätigkeit einem Prozentpunkt). Die Laufzeiten gelten in der Regel bis zum Ende der jeweiligen Incentive-Periode. Die Bewertung entspricht 100 %.

Dieses CZ für BR Tätigkeit vermindert bei der gem. Ziff. XB des Incentive Plans geltenden Aufteilung der Zielvorgaben die Summe der übrigen CZ. Bei der inhaltlichen Vorgabe der übrigen Ziele ist die BR Tätigkeit nicht zu berücksichtigen. Die BR Tätigkeit ist jedoch bei der Festlegung von Anzahl und/oder Laufzeit zu berücksichtigen, wenn

- *die BR Tätigkeit dienen erheblichen Anteil der Arbeitszeit beansprucht und/oder*
- *in einem bestimmten Zeitraum eine Häufung von BR Tätigkeit geplant ist*

…….“

Diese Regelung stellt eine gute Regelung im Einzelfall dar. Es muss im Zweifel jedoch vereinbart werden, dass eine Nachbetrachtung durchgeführt wird, denn die Planung der BR – Tätigkeit kann sich ändern.

XI. Betriebsvereinbarung Außendienst eines Pharmaunternehmens

„….*Sonstige Regelung*

a) bei Abwesenheit durch Krankheit liegt keine Prämienberechtigung vor, wenn ein Mitarbeiter / eine Mitarbeiterin mehr als 50 % der Sollarbeitstage im Betrachtungszeitraum (220) krank ist. In Härtefällen ist eine Sonderregelung durch den Manager Country Operations und dem AD Leiter in Abstimmung mit HR und dem BR möglich.

…

c) durch Elternzeit bedingte Abwesenheitstage werden als Arbeitstage angerechnet. Die Auszahlung der Prämie erfolgt analog zu 7b) auf Basis der aktiven Tage

Unabhängig von der Frage, ob für die Auszahlung an die Krankheitstage angeknüpft werden darf, liegt hier jedenfalls für den Krankheitsfall und für die Elternzeit eine Regelung vor. Etwas erstaunlich ist jedoch, dass die durch Elternzeit bedingten Abwesenheitstage als Arbeitstage angerechnet und bei der Auszahlung der Prämie berücksichtigt werden.

G. Sonderfall: Kalibrierung

„Zunächst dokumentiert der Mitarbeiter seine Selbsteinschätzung (Self Appraisal) und übergibt diese seinem Vorgesetzten. Gleichzeitig übermittelt der Vorgesetzte dem Mitarbeiter seine schriftliche Einschätzung im Rahmen eines Gespräches mit dem Ziel des gegenseitigen Argumentationsaustausches.

Abweichungen zwischen den Einschätzungen müssen begründet und schriftlich festgehalten werden. Der Mitarbeiter bekommt eine Kopie. All dies ist vom Vorgesetzten in die Kalibrierungsrunde mit einzubringen.

Um den Erfüllungsgrad der vereinbarten Ziele und der individuellen Leistung möglichst objektiv zu beurteilen, erfolgt eine gemeinsame Kalibrierungsrunde zwischen den Führungskräften des Betriebes zusammen mit dem jeweiligen nächst höheren Vorgesetzten. Moderiert wird diese Kalibrierungsrunde durch HR. Der jeweils örtliche Betriebsrat kann entscheiden, beratend an der Kalibrierungsrunde teil zu nehmen. Hierzu wird der jeweils örtliche Betriebsrat 4 Wochen vor der Kalibrierungssitzung eingeladen und über die Zusammensetzung dieser informiert.

Im Rahmen der Kalibrierung können Vorgesetzte anderer Abteilungen sowie der nächsthöhere Vorgesetzte zur Einschätzung des Mitarbeiters Stellung nehmen. Ziel ist es hier, die Ziele sowie Werte und Verhalten des Mitarbeiters in der Zusammenarbeit mit anderen Abteilungen zu würdigen.

Die Bewertung erfolgt nach Maßgabe der konzernweiten Werte und Verhaltensweisen gem. Anlage 2. Diese Anlage ist Bestandteil dieser Betriebsvereinbarung.

Das Einbringen von Stellungnahmen anderer Führungskräfte, die auf Hören-Sagen beruhen ist nicht zulässig. Ferner sind Anpassungen der Bewertung aufgrund persönlicher, privater und politischer Verhaltensweisen, Freizeitengagements, der äußeren Erscheinung etc. nicht zulässig. Eine Absprache zur Mitarbeiterbewertung und deren Anpassung durch Führungskräfte außerhalb der Kalibrierungsrunde ist nicht zulässig.

Das finale Rating wird zwischen der Führungskraft und dem Mitarbeiter besprochen.

Das Ergebnis hieraus inklusive des Individuellen Performance Faktor (IPF) in Prozent wird dem Mitarbeiter in diesem Gespräch mitgeteilt und in das Formular gemäß Anlage 3 eingetragen. Anlage 3 ist ebenfalls Bestandteil dieser Betriebsvereinbarung.

Die Formulare für die Leistungsbeurteilung werden von Mitarbeiter und Führungskraft unterzeichnet.

Nach Unterschrift der Gesprächspartner werden diese Formulare einseitig nicht mehr verändert.

Der Mitarbeiter und der Vorgesetzte erhalten eine Kopie, das Original erhält die Personalabteilung zur Aufbewahrung.

Die Dokumente sind nicht Bestandteil der Personalakte und werden sowohl von der Personalabteilung als auch dem Vorgesetzten nach maximal 3 Jahren vernichtet.

Kommt eine Einigung zwischen Mitarbeiter und direktem Vorgesetzten nicht zustande, dann gilt Ziffer 14

Hier fehlt es an einer Regelung der Bewertungskriterien im Rahmen der Kalibrierungsrunde. Ansonsten ist das Verfahren ausführlich und unter Beteiligung des Betriebsrats beschrieben

H. Konfliktlösungsregelungen

I. Schlichtungsverfahren

1. Schlichtungsverfahren

GL und BR sind bemüht, Meinungsverschiedenheiten aus Incentive – Angelegenheiten mit dem ernsten Willen zur Einigung zu verhandeln und beizulegen.

Grundsätzlich gelten alle im Unternehmen etablierten Wege zur Beschwerdeführung für den einzelnen Mitarbeiter. Dem Mitarbeiter dürfen durch eine Beschwerde keine Nachteile entstehen.

Beschwerden über Incentive-Angelegenheiten beim Management oder beim Betriebsrat werden nach folgenden Regelungen behandelt.

1.1. Beschwerde beim Management

Jeder Mitarbeiter hat das Recht (§ 84 BetrVG), sich beim Management zu beschweren, wenn er sich von seiner Führungskraft oder von Mitarbeitern der XYZ GmbH benachteiligt, ungerecht behandelt oder in sonstiger Weise beeinträchtigt fühlt, soweit es Regelungen dieser BV betrifft. Er kann ein Mitglied des BR zur Unterstützung oder Vermittlung jederzeit hinzuziehen.

Jede Beschwerde muss unverzüglich behandelt werden. Eine Entscheidung muss innerhalb von 4 Wochen herbeigeführt und auf Wunsch des Mitarbeiters schriftlich begründet werden.

1.2. Beschwerde beim Betriebsrat

Entscheidet sich der Mitarbeiter, seine Beschwerde beim Betriebsrat vorzubringen (§ 85 BetrVG), dann hat der BR die Beschwerde entgegenzunehmen. Falls der BR die Beschwerde für berechtigt erachtet, hat er bei der GL unmittelbar auf Abhilfe hinzuwirken. Der BR ist auf Anforderung über die Zielerreichung der beteiligten Mitarbeiter seines Zuständigkeitsbereiches zu informieren.

Eine Entscheidung muss innerhalb von 4 Wochen herbeigeführt und auf Wunsch des Betriebsrats schriftlich begründet werden. Vor der Entscheidung sind die Beteiligten zu hören.

Akzeptiert der Mitarbeiter die Entscheidung nicht, kann er über den BR innerhalb von zwei Wochen nach Bekanntgabe an den Mitarbeiter schriftlich Einspruch einlegen. Mit diesem Einspruch gilt die interne Schlichtungsstelle als angerufen.

1.3. Interne Schlichtungsstelle

Die interne Schlichtungsstelle ist ein betriebliches Entscheidungsgremium. Mit ihrer Hilfe sollen unter Verwendung des im Unternehmen vorhandenen Sachverstandes und der Kenntnis der Praxis des Vertriebsgeschehens sachgerechte Entscheidungen getroffen werden.

Die Schlichtungsstelle setzt sich im Verhältnis 2:2 sowie einem Vorsitzenden zusammen. Dabei werden die von Betriebsratsseite zu bestellenden beiden Vertreter vom GBR – in Abstimmung mit dem für den beschwerdeführenden Mitarbeiter zuständigen örtlichen BR – benannt. Von den Unternehmensvertretern darf nur einer der zuständigen Fachfunktion angehören. Der andere Unternehmensvertreter darf in dem zu schlichtenden Fall nicht entscheidend tätig gewesen sein.

Sämtliche Beisitzer und der Vorsitzende der Schlichtungsstelle sind XYZ-Mitarbeiter. Der Vorsitzende kann auch XYZ Pensionär sein. Er wird von der Unternehmensseite im Einvernehmen mit dem GBR bestellt und soll Kenntnis der Incentive-Regeln haben. Die Bestellung gilt für ein Jahr. Sie verlängert sich um ein weiteres Jahr, sofern nicht eine Seite eine Neubestellung fordert.

Bei der Abstimmung ist wie folgt zu verfahren:

Zunächst wird ohne Vorsitzenden abgestimmt. Wird hierbei keine Mehrheit erzielt, so erfolgt eine erneute Abstimmung unter Beteiligung des Vorsitzenden. Enthaltungen sind bei der Abstimmung nicht zulässig.

Soweit Gegenstand der Beschwerde ein Rechtsanspruch ist, wird dieser ebenfalls in der internen Schlichtungsstelle verhandelt.

Eine Entscheidung der internen Schlichtungsstelle stellt im Fall, in dem es um einen Rechtsanspruch eines Mitarbeiters geht, einen betrieblichen Einigungsvorschlag dar. Dieser Vorschlag gilt als angenommen, wenn der Mitarbeiter oder das Unternehmen nicht binnen zwei Wochen widersprechen. Mit der Annahme bzw. Ablehnung des betrieblichen Einigungsvorschlages ist das interne Schlichtungsverfahren abgeschlossen.

Die Verfolgung von Rechtsansprüchen durch den Mitarbeiter auf dem Rechtswege bleibt von dieser Vereinbarung im Übrigen unberührt.

1.4. Einigungsstelle
Soweit Gegenstand der Beschwerde kein Rechtsanspruch ist, bleibt es dem BR unbenommen, gemäß § 85 BetrVG nach Entscheidung der interne Schlichtungsstelle die Einigungsstelle anzurufen.

In diesem Fall werden sich die beiden Parteien auf einen gemeinsamen Vorsitzenden einigen. Sollte innerhalb von vier Wochen keine Einigung erzielt werden können, so wird der Vorsitzende aus der Liste derjenigen Richter des LAG Stuttgart durch Los ermittelt, die sich hierzu zur Verfügung gestellt haben.

Die Anzahl der von jeder Partei zu bestellenden Beisitzer sollte drei nicht überschreiten.

Im diesem Beispiel haben die Parteien zunächst den gesetzlich möglichen Weg der Beschwerdestelle, §§ 84, 85 BetrVG, gewählt. Sofern eine Einigung über die Beschwerde des Mitarbeiters nicht zustande kommt, wird eine interne Schlichtungsstelle zwischengeschaltet, die über den gesetzlich vorgesehenen Weg der betrieblichen Beschwerdestelle hinaus auch über die Behandlung von Rechtsansprüchen entscheidet. Die Zusammensetzung dieser Schlichtungsstelle entspricht der einer Einigungsstelle. Daneben bleibt das Recht des Mitarbeiters, seinen Rechtsanspruch auch gerichtlich durchzusetzen. Als weitere Institution kommt sodann – sofern es sich nicht um einen Rechtsanspruch handelt – die Einigungsstelle. An dieser Stelle wird wieder das Gesetzt abgebildet (§ 85 Abs. 2 Satz 3 BetrVG).

II. Schlichtungskommission

Bei Meinungsverschiedenheiten zwischen dem Arbeitgeber und dem Betriebsrat über die Auslegung dieser Betriebsvereinbarung, einschließlich ihres Geltungsbereiches, und Rechte des Betriebsrates aus dieser Betriebsvereinbarung versuchen der Arbeitgeber und der Betriebsrat eine Einigung im Rahmen einer Schlichtungskommission herbeizuführen. Dies gilt nicht für Meinungsverschiedenheiten zwischen dem Arbeitgeber und dem Mitarbeiter, gleich welcher Art, insbesondere über die Ziele und die Zielerreichung. Die Schlichtungskommission ist paritätisch besetzt, je mit zwei Vertretern des Arbeitgebers und zwei Mitgliedern des Betriebsrates.

Kommt eine Einigung in der Schlichtungskommission nicht zustande, so entscheidet die Einigungsstelle gemäß § 76 BetrVG, zu deren Vorsitzenden Herr XY, Richter am Arbeitsgericht Z bestellt und die Anzahl der Beisitzer auf zwei je Seite festgesetzt wird.

In vorliegender Betriebsvereinbarung wird eine innerbetriebliche Schlichtungskommission festgelegt. Die Zuständigkeit derselben wird klar definiert (Meinungsverschiedenheiten zwischen AG und BR über die Auslegung der BV, einschließlich Geltungsbereich, Rechte des BR aus der BV). Ausgeschlossen werden Meinungsverschiedenheiten zwischen AG und Mitarbeiter, insbesondere über die Ziele und Zielerreichung. Im Gegensatz zu Beispiel 1 wird hier nicht auf die Rechte des Mitarbeiters, sondern nur auf die des Betriebsrats abgestellt.

Das Problem ist also, was passiert, wenn sich die Mitarbeiter im Rahmen der Zielvereinbarungs- / Zielüberprüfungs- bzw. Zielerreichungsgespräche nicht mit ihren Vorgesetzten einigen?

Die Schlichtungsstelle ist paritätisch besetzt und im Falle der Nichteinigung kommt die Einigungsstelle gem. § 76 BetrVG zum Zuge. Die Schlichtungsstelle hat somit keine Entscheidungskompetenz im Falle der Nichteinigung, sondern ist der gesetzlichen Einigungsstelle lediglich vorgeschaltet.

III. Kommission

Sollte es Meinungsverschiedenheiten bei der Anwendung und / oder Auslegung dieser Betriebsvereinbarung geben oder die Anwendung dieser Betriebsvereinbarung zu unangemessenen Ergebnissen führen, werden die Betriebsparteien mit dem ernsten Willen der außergerichtlichen Einigung in einer zu bildenden Schlichtungskommission verhandeln. Die Kommission tagt auf Antrag einer der Parteien mit einer längstens zweiwöchigen Einladungsfrist. Die Kommission besteht aus je zwei Teilnehmern von jeder Seite. Der streitige Punkt der Betriebsvereinbarung wird mangels Einigung unter richterlichem Vorsitz nach der Regelung des § 76 BetrVG verhandelt.

In diesem Beispiel wird ebenfalls eine paritätische Schlichtungskommission eingerichtet, die auf Antrag einer Partei über Meinungsverschiedenheiten bei Anwendung bzw. Auslegung der Betriebsvereinbarung oder wenn die Anwendung dieser Betriebsvereinbarung zu unangemessenen Ergebnissen führt, tagt. Fraglich ist hier schon, was unangemessene Ergebnisse sind. Für den Fall der Nichteinigung wird der streitige Punkt unter richterlichem Vorsitz nach § 76 BetrVG verhandelt. Hierin ist eine Mischung aus einer rein innerbetrieblichen Schlichtungsstelle und einer Einigungsstelle zu sehen. Sofern innerbetrieblich keine Einigung erfolgt, wird letztlich durch den richterlichen Vorsitz, der erst im Falle der Nichteinigung der Verhandlung beitritt, entschieden.

IV. Kommission für die Mitarbeiter

1. *Bei Meinungsverschiedenheiten bezgl. Reporting oder Zielanpassung, welche in einem Gespräch zwischen dem Mitarbeiter und der Führungskraft nicht ausgeräumt werden können, wird in einem zweiten Meeting mit dem direkten Vorgesetzten, einer von der Geschäftsleitung bestimmten Führungskraft und zwei Betriebsratsmitgliedern beraten und eine einvernehmliche Klärung angestrebt.*

2. *Sollte keine Einigung zustande kommen, ist eine paritätisch besetzte Kommission bis spätestens 12 Wochen nach Beginn einer Bezahlungsperiode zu informieren. Wird dies nicht eingehalten, hat der Mitarbeiter Anspruch auf Fixkommission für diese Bezahlungsperiode.*

3. Paritätische Kommission:

Die Kommission besteht aus folgenden Mitgliedern:

- *2 Mitglieder des GBR Ausschusses*
- *1 GF-Mitglied*
- *1 Fachexperte aus dem Bereich Sales Compensation*

Diese paritätisch besetzte Kommission hat die Aufgabe eine Kompromisslösung zu finden. Falls auch hier noch keine Einigung erzielt werden kann, entscheidet das zuständige Geschäftsleitungsmitglied unter Einbeziehung des Betriebsrats.

Vorliegend geht es wie im Beispiel 1 um Rechte des Mitarbeiters, also Meinungsverschiedenheiten bzgl. Reporting oder Zielanpassung, für die aber nunmehr nicht der Weg der Beschwerde gewählt wird, sondern ebenfalls der einer paritätischen Kommission. Sofern die paritätische Kommission nicht zu einer Einigung kommt, liegt sodann die Letztentscheidungskompetenz bei der Geschäftsleitung unter Einbeziehung des Betriebsrats. Hier ist problematisch, dass nicht klar ist, was die Einbeziehung des Betriebsrats überhaupt bedeutet. Insofern hat hier der Arbeitgeber das Letztentscheidungsrecht ohne Einflussmöglichkeit des Betriebsrats oder des Mitarbeiters. Es fehlt auch die Rechtswegoffenheit. ; keine Möglichkeit, den Rechtsweg individualrechtlich zu beschreiten.

V. Steering Commitee

Steering Committee

Das Steering Committee wird paritätisch besetzt und besteht aus zwei Vertretern des Gesamtbetriebsrats und zwei von der Geschäftsführung benannten Vertretern.

Der Vorsitzende des Steering Committees wird für jeden Fall abwechselnd von der Geschäftsführung und dem GBR bestimmt.

Zur Darlegung der Sachlage sind zusätzlich je ein Vertreter aus HR und Controlling anwesend, die jedoch über keine Abstimmungsbefugnis verfügen.

Entscheidungen werden mit der Mehrheit der Mitglieder getroffen, bei Pattsituationen werden diese Fälle durch eine Schlichtungsinstanz geklärt.

In dieser Betriebsvereinbarung wurde wiederum die Bildung einer innerbetrieblichen paritätisch besetzten Schlichtungsstelle vereinbart, deren Zuständigkeit jedoch nicht geregelt ist. Ebenso wenig ist geregelt, was im Falle einer Pattsituation passiert (lediglich: bei Pattsituationen werden diese Fälle durch eine Schlichtungsinstanz geklärt). Hier besteht eine Regelungslücke für den Fall der Nichteinigung. Es ist nicht klar geregelt, wann die Schlichtungsstelle überhaupt anzurufen ist.

VI. Paritätische Kommission (PAKO)

(1) Bei der Klärung von Grundsatzfragen, Härtefällen und der Schlichtung von Streitigkeiten im Zusammenhang mit dieser Betriebsvereinbarung wirkt eine paritätische Kommission mit. Die Mitglieder der paritätischen Kommission werden je zur Hälfte vom Arbeitgeber und Betriebsrat berufen. Die paritätische Kommission tritt bei Bedarf innerhalb von 14 Tagen zusammen.

(2) Zu diesem Zweck muss der Arbeitgeber allen Mitgliedern der paritätischen Kommission die notwendigen Unterlagen und Informationen rechtzeitig zur Verfügung stellen.

(3) Erfolgt innerhalb der paritätischen Kommission keine Einigung bei der Schlichtung einer Grundsatzfrage oder Streitigkeit, ist die Angelegenheit spätestens innerhalb eines Monats nach ergebnislosem Abbruch der Verhandlungen in der paritätischen Kommission zwischen Betriebsrat und Geschäftsführung zu beraten und zu entscheiden. Erfolgt auch hier keine Einigung, ist auf Antrag des Betriebsrats oder der Geschäftsführung innerhalb von 10 Arbeitstagen die Einigungsstelle gem. § 87 Abs. 2 BetrVG einzuberufen; diese entscheidet dann verbindlich.

Dieses Verfahren sieht zwei paritätische Kommissionen nacheinander vor, wobei die erste für Grundsatzfragen, Härtefälle und Schlichtung von Streitigkeiten im Zusammenhang mit der Betriebsvereinbarung zuständig ist, die zweite dann nur noch für Grundsatzfragen und Streitigkeiten. Sofern in der zweiten paritätischen Kommission keine Einigung erfolgt, ist innerhalb von 10 Tagen die Einigungsstelle einzuberufen. Hier ist problematisch, dass noch nicht geregelt ist, wer den Vorsitz der Einigungsstelle übernimmt, wie viele Beisitzer gewählt werden und dass nicht genau definiert wird und für was die Einigungsstelle überhaupt zuständig ist.

VII. Eskalationsverfahren

Eskalationsstufen:

a) Auf Mitarbeiterebene

1. Im Falle, dass ein Mitarbeiter für sich Probleme hinsichtlich der qualitativen und quantitativen Zielerreichung sieht, hat er zunächst mit seinem direkten Vorgesetzten und – im Falle des Nichtübereinkommens – zusammen mit dem nächst höheren Vorgesetzten zu versuchen, eine Einigung herbeizuführen.

2. Ergibt sich für den einzelnen Mitarbeiter eine nicht zu akzeptierende Quartalserreichung bzw. Jahreszielerreichung, so ist vom Vorgesetzten binnen einer Woche eine Kommission einzuberufen, die binnen einer weiteren Woche eine Konfliktlösung (notfalls durch Entscheidung) herbeizuführen hat. Diese Kommission setzt sich zusammen aus dem Vorgesetzten, dem Mitarbeiter, einem Vertreter des Betriebsrates sowie einem von der Geschäftsleitung bestimmten Mitglied.

b) auf Channelebene

Für den Fall, dass die quartalsweise Zielerreichung eines Zieles in einem Channel bei mehr als 50 % der Mitarbeiter unter 80 % liegt, hat die Personalabteilung die Aufgabe, diese Zielunterereichung bei den verantwortlichen Managern zu hinterfragen und im Falle einer nicht hinreichenden und / oder plausiblen Erklärung, an den zuständigen Direktor zu eskalieren. Hierzu bedarf es keines Anstoßes aus dem Kreis des betroffenen Mitarbeiters.

Dieses Konfliktlösungsmodell unterscheidet zwischen Eskalationsstufen auf Mitarbeiterebene und Channelebene (Bereichsebene). Hier geht es wiederum lediglich um individuelle Rechte – die Zielerreichung. Auf Mitarbeiterebene wird für den Fall, dass ein einzelner Mitarbeiter eine nicht zu akzeptierende Quartalserreichung bzw. Jahreszielerreichung erlangt, der Vorgesetzte die Kommission einzuberufen hat, die aus Mitarbeiter, BR – Mitglied, Vorgesetztem und durch GF bestimmtes Mitglied besteht. Für den Fall der Nichteinigung ist kein weiterer Weg geregelt. Ebenso auf Channelebene: Hier wird der Personalabteilung aufgetragen, die Zielunterereichung bei den verantwortlichen Managern zu hinterfragen und im Falle einer nicht hinreichenden plausiblen Erklärung an den zuständigen Direktor mit einzubeziehen.

Die Probleme bei dieser Regelung sind die folgenden:

- was passiert bei Nichteinigung?
- wie werden die Ziele bis zur Einigung bemessen?
- was bedeutet eskalieren?
- wann wird die Personalabteilung sagen können, dass eine nicht hinreichend plausible Erklärung vorliegt?

VIII. Clearingstelle

„Clearingstelle:

Zur Regelung von Konflikten bzw. der Beilegung von Meinungsverschiedenheiten zwischen Außendienstmitarbeiter, Vorgesetztem und Vertriebsleitung wird eine paritätisch besetzte Clearingstelle errichtet. Diese besteht aus je zwei Arbeitgebervertretern und Betriebsratsmitgliedern sowie ggf. einem neutralen Schlichter.

Die Clearingstelle überprüft den ihr angetragenen Sachverhalt nach Anhörung der Beteiligten. Kommt sie mehrheitlich (ggf. unter Hinzuziehung des Schlichters) zu der Entscheidung, dass die Vorgesetztenentscheidung zu beanstanden ist, hat der Vorgesetzte eine neue Beurteilung zu treffen. Die Clearingstelle kann hierzu Vorschläge unterbreiten, die von dem Vorgesetzten zu berücksichtigen sind."

Dieses Beispiel bildet das Verfahren entsprechend des Einigungsstellenverfahrens ab: paritätische Besetzung mit einem (unabhängigen) Schlichter, der letztendlich mitentscheidet. Entscheidungsgegenstand ist hier jedoch die individuelle Beurteilung des Mitarbeiters.

IX. Paritätische Kommission II

Paritätische Kommission

1. *Es wird mit dem GBR eine paritätische Kommission gebildet, die sich aus je 4 Vertretern der Betriebsparteien einschließlich eines möglichen externen Beraters zusammensetzt. Die paritätische Kommission tagt auf Antrag einer Seite.*
2. *Aufgabe dieser paritätischen Kommission ist insbesondere die Erörterung und Lösung von Problemen, die bei der Einführung, Umsetzung und Anwendung dieser GBR entstehen.*
3. *Kann auch die paritätische Kommission keine einvernehmliche Lösung herbeiführen, kann jede Seite die Schlichtung anrufen, die durch den Vorstand Personal und den Vorsitzenden des GBR versucht wird. Sollte auch hier keine Einigung erzielt werden und die Bedeutung des zu behandelnden Falles dies erfordern, können beide gemeinsam ein Einigungsstellenverfahren nach den §§ 76, 76a BetrVG einleiten.*
4. *Bei Streitigkeiten, die sich aus der Umsetzung dieser Vereinbarung ergeben und nicht einvernehmlich gelöst werden können, entscheidet eine Einigungsstelle verbindlich.*

Auch hier wird erneut eine paritätische Kommission gebildet, die zuständig ist für die Erörterung und Lösung von Problemen, welche bei der Einführung, Umsetzung und Anwendung der GBV entstehen. Sofern hier keine Einigung erzielt wird, kann die Schlichtung, bestehend aus Vorstand Personal und Vorsitzendem GBR, angerufen werden. Wenn hier auch keine Einigung erzielt wird und die Bedeutung des zu behandelnden Falles dies erfordert, können beide gemeinsam die Einigungsstelle anrufen.

An dieser Vorgehensweise ist problematisch, dass eine zusätzliche gesetzlich nicht vorgesehen Voraussetzung für das Tätigwerden der Einigungsstelle geschaffen wurde, nämlich das Erfordernis des gemeinsamen Anrufens.

Bei Streitigkeiten aus der Umsetzung der Betriebsvereinbarung, die nicht einvernehmlich gelöst werden können (eingeschränkte Zuständigkeit) entscheidet eine Einigungsstelle verbindlich. Unklar ist hier, ob in den anderen Fällen keine Verbindliche Entscheidung erfolgt oder ob die Einigungsstelle überhaupt nur in diesem Fall zuständig ist.

X. Schlichtungsgruppe

Es wird eine Schlichtungsgruppe eingerichtet, die aus den entsprechenden Führungskräften sowie Mitarbeitern aus den Bereichen Human Resources, Betriebsrat und FC&A besteht. Sie ist zuständig für strittige Provisionsfälle. Die Schlichtungsgruppe gibt eine Empfehlung zur Lösung des Falles an die Geschäftsführung. Bei Bedarf kann der

Betriebsrat im laufenden Geschäftsjahr bis März des Folgejahres Einblick in die Zielvereinbarungen und Zielbeurteilungen der Mitarbeiter nehmen. Ab April des Folgejahres ist ein Einsichtsrecht nicht mehr möglich, da die Unterlagen in den einzelnen Personalakten abgelegt werden.

Diese Betriebsvereinbarung enthält als Konfliktlösungsmodell die Bildung einer Schlichtungsgruppe für Provisionsfälle, die ebenfalls paritätisch besetzt ist und eine Empfehlung an die Geschäftsleitung abgibt.

Und was passiert dann? Wer entscheidet und was passiert, wenn sich Schlichtungsgruppe nicht einigt. Wie entscheidet die Schlichtungsgruppe?

Diese Regelung hat erhebliche Lücken und ist zu knapp.

XI. Die Einigungsstelle

Falls es Meinungsverschiedenheiten über die Durchführung und Anwendung dieser Vereinbarung gibt, führen Geschäftsleitung und Betriebsrat eine innerbetriebliche Einigung herbei. Sollte dies nicht gelingen, vereinbaren Geschäftsleitung und Betriebsrat, dass eine Einigungsstelle einberufen wird, bestehend aus je zwei Vertretern des Arbeitgebers und des Betriebsrates und einem unabhängigen Vorsitzenden. Beide Seiten unterwerfen sich von vornherein dem Spruch der Einigungsstelle.

In diesem Beispiel ist für den Fall von Meinungsverschiedenheiten über die Durchführung und Anwendung der BV eine innerbetriebliche Einigungsverpflichtung vereinbart. Sofern es zu keiner Einigung kommt, wird bereits in der BV vereinbart, dass eine Einigungsstelle einberufen wird, deren Spruch sich von vornherein unterworfen wird. Hier ist diese Einigungsstelle jedoch nicht für die Streitigkeiten mit Mitarbeitern zuständig.

XII. Schiedsstelle

Ist der Mitarbeiter mit der Durchführung des Dialogs oder dessen Zielvorgaben, dem Meilensteingespräch, oder der Beurteilung selbst nicht einverstanden, kann er während des Prozesses jederzeit, im Hinblick auf die abschließende Bewertung aber nur innerhalb der Frist des § 7 Abs. (4) die Schiedsstelle anrufen: Zuvor sollte der zu Beurteilende ein persönliches Gespräch mit dem Beurteiler geführt haben. In sonstigen Fällen kann der Mitarbeiter sich jederzeit an die Personalabteilung oder den Betriebsrat wenden. Diese können eine verbindliche Entscheidung der Schiedsstelle initiieren.

(1) Die Schiedsstelle besteht aus jeweils zwei ständigen Mitgliedern der Personalabteilung und des Betriebsrats
(2) Die Schiedsstelle führt – sofern sie nicht einvernehmlich die Behandlung der Beschwerde ablehnt – Einzelgespräche mit der Führungskraft und dem beurteilten Mitarbeiter und macht sich einen Eindruck von der Situation. Dabei sind auch Formfehler zu prüfen und

eine Einschätzung abzugeben, was zu dem Dissens zwischen Führungskraft-Beurteilung und Mitarbeiter-Selbsteinschätzung geführt hat.

(3) *Die Schiedsstelle muss innerhalb von 6 Wochen nach Eingang des Widerspruchs zu einem Schiedsspruch gelangen.*

(4) *Mangels mehrheitlicher Einigung über den Widerspruch erhält jede Seite für jeden behandelten Widerspruch im Wechsel – erstmals der Betriebsrat – eine weitere Stimme für eine für alle Seiten verbindliche Entscheidung. Gegen die Entscheidung ist der Rechtsweg offen.*

In diesem Konfliktlösungsmodell werden wiederum Konflikte der einzelnen Mitarbeiter aus der Betriebsvereinbarung bzgl. Durchführung, Zielvorgabe, Beurteilungsgespräch oder Beurteilung selbst behandelt. Hier wird ebenfalls eine paritätische Schiedsstelle gebildet, wobei auch die Letztentscheidungskompetenz geregelt ist. Sofern im Rahmen der Schiedsstelle keine Einigung erfolgt, erhält jede Seite für jeden erhobenen Widerspruch abwechselnd eine weitere Stimme für eine für alle Seiten verbindliche Entscheidung, wobei gegen die Entscheidung der Rechtsweg offen bleibt. Eine ähnliche Möglichkeit der Letztentscheidungskompetenz könnte sein, dass die zusätzliche Stimme per Losentscheid verteilt wird.

§ 13 Reichweite der Mitbestimmung im Hinblick auf kollektive Rahmenregelungen

A. Mitbestimmung bei der Zielfestsetzung

I. Festlegung der konkreten Ziele

Für die Beurteilung der Frage, ob die Bestimmung bzw. Festlegung der Ziele in einer Rahmenvereinbarung der Mitbestimmung des Betriebsrats unterliegt, ist eine Differenzierung dahingehend erforderlich, ob es sich um eine entgeltbezogene Zielvereinbarung handelt oder nicht.

1. Zielvereinbarung ohne Entgeltauswirkung

Bei einer Zielvereinbarung, die nicht daran geknüpft ist, dass sich deren Erfüllung auf Entgeltbestandteile auswirkt, käme lediglich ein Mitbestimmungsrecht nach § 94 Abs. 2 BetrVG oder nach § 87 Abs. 1 Nr. 1 BetrVG in Frage.

Fraglich ist, ob die Festlegung der Ziele als Beurteilungskriterium im Sinne von § 94 Abs. 2 BetrVG mitbestimmungspflichtig ist.

a) Wie bereits an anderer Stelle ausgeführt[517]unterliegen die Kriterien, die zur Erfüllung eines Zieles erreicht werden müssen, als Beurteilungskriterien der

517 § 9 D., S. 121.

Mitbestimmung des Betriebsrats. Die Ziele selbst sind davon jedoch nicht umfasst. Konkret bedeutet dies, dass die Festlegung der Ziele, wie beispielsweise „Erhöhung der Kundenzufriedenheit", nicht von der Mitbestimmung nach § 94 Abs. 2 BetrVG erfasst werden. Wie jedoch dann beurteilt wird, ob die Kundenzufriedenheit verbessert wurde – das heißt also die Festlegung der Kriterien, die zur Bewertung der Kundenzufriedenheit ausschlaggebend sind, etwa kürzere Wartezeiten am Telefon, schnellere Bearbeitung von Kundenbeschwerden, Rückfragen beim Kunden etc. – unterliegt dann als Beurteilungskriterium gem. § 94 Abs. 2 BetrVG der Mitbestimmung.

§ 94 Abs. 2 BetrVG spielt für die „untergeordneten Ziele", die für die Beurteilung der Zielerreichung ausschlaggebend sind, eine Rolle und löst für diese die Mitbestimmung aus. Dies kann anhand des obigen Beispiels[518] verdeutlicht werden. In diesem Fall ist das Ziel die Steigerung der Verkaufsaktivitäten, die in der Betriebsvereinbarung genannten Unterziele 1–6 sind die Kriterien, anhand derer gemessen wird, ob die Verkaufsaktivitäten gesteigert wurden; diese Unterziele unterliegen der Mitbestimmung gem. § 94 Abs. 2 BetrVG.

b) Eine Mitbestimmung nach § 87 Abs. 1 Nr. 1 BetrVG scheidet aus. Wie bereits oben ausgeführt[519], handelt es sich bei Zielvereinbarungsgesprächen in der Regel um das konkrete „Wie" der Arbeitsleistung und somit um mitbestimmungsfreies Arbeitsverhalten.

c) Eine Mitbestimmung bei der Festlegung der Ziele bei Zielvereinbarungen ohne Entgeltauswirkungen besteht somit jedenfalls im Hinblick auf die allgemeinen Ziele nicht, sondern nur im Hinblick auf die Unterziele und deren Ausgestaltung.

2. Entgeltgestützte Zielvereinbarung

Bei der Frage, ob die Festlegung der Ziele bei entgeltbezogenen Zielvereinbarungen der Mitbestimmung unterliegt, kommen zusätzlich die Mitbestimmungstatbestände gem. § 87 Abs. 1 Nr. 10 und 11 BetrVG in Frage.

a) Oben wurde bereits festgestellt, dass eine Mitbestimmung bei Zielvereinbarungen gem. § 87 Abs. 1 Nr. 10 BetrVG zu bejahen ist.[520] Die Frage der Festlegung der Ziele, deren Erreichen dann zu einer Entlohnung führt, ist eine Frage der Zweckbestimmung der Leistung des Arbeitgebers. Das bedeutet konkret, dass das Erreichen eines bestimmten Zieles – beispielsweise „Kundenzufriedenheit" –

518 § 12 A. II., S. 148.

519 § 9 A. III., S. 109.

520 § 9 B., S. 111.

entlohnt werden soll. Der Zweck der Leistung besteht in der Steigerung der Kundenzufriedenheit. Wie bereits dargelegt wurde, ist jedenfalls die allgemeine Zweckbestimmung bei freiwilligen Leistungen des Arbeitgebers mitbestimmungsfrei.[521] Allerdings muss bei Zielvereinbarungen im Hinblick auf die Freiwilligkeit differenziert werden. Sofern arbeitsvertraglich ein Zielgehalt festgelegt ist, handelt es sich nicht mehr um eine freiwillige Leistung; die Einschränkung im Hinblick auf die Zweckbestimmung kommt somit nicht zum Tragen; der Betriebsrat kann mithin bei der Festlegung der Zweckbestimmung und somit der Ziele vollumfänglich mitbestimmen.

Sofern arbeitsvertraglich keine Vereinbarung zugrunde liegt oder diese mit einem wirksamen Freiwilligkeits- bzw. Widerrufsvorbehalt behaftet ist, der Arbeitgeber sich also „freiwillig" entschieden hat, ein zusätzliches leistungsbezogenes Entgelt auszuzahlen, handelt es sich um eine freiwillige Leistung. Bei freiwilligen Leistungen obliegt die Zweckbestimmung grundsätzlich dem Arbeitgeber, wobei diese sich nur auf die allgemeine Zweckbestimmung erstrecken kann und nicht die detaillierte Ausgestaltung erfassen darf.[522] Die Bewertung, ob ein Ziel die allgemeine Zweckbestimmung betrifft oder bereits die detaillierte Ausgestaltung, ist für jeden Einzelfall zu bewerten:

Beispiel aus § 12 A. I.:[523]
Hier unterscheidet die Betriebsvereinbarung zwischen „Jahreszielen", die für jeden Arbeitnehmer individuelle Ziele beinhalten sollen und sogenannten „Entwicklungszielen", die mit Karriereentwicklung zu tun haben. Die Ausgestaltung obliegt sodann dem verantwortlichen Manager und dem Arbeitnehmer. In Abhängigkeit der Zielerreichung wird sodann am Jahresende ein Bonus bezahlt. Die allgemeine Zweckbestimmung des Arbeitgeber, die er frei festlegen kann, besteht hier in der Festlegung, dass er zum einen die individuelle Leistung konkret tätigkeitsbezogen und zum anderen das Engagement des Mitarbeiters an seinem Fortkommen honorieren will. Die weitere Ausgestaltung unterliegt sodann der Mitbestimmung, da es sich dabei um die „Verteilungsgrundsätze" handelt. Wenn die Parteien konkrete Ziele in die Betriebsvereinbarung mit aufnehmen würden, unterläge dies der Mitbestimmung des Betriebsrats.

---

521 § 2 B. III., S. 38; § 2 B. II. 5., S. 34.

522 § 2 B. II. 5., S. 34; § 2 B. III., S. 38.

523 S. 146.

Beispiel § 12 A. II.:[524]
Im zweiten Beispiel möchte der Arbeitgeber einen Verkaufsbonus als Leistungsanreiz zur Steigerung der Verkaufsaktivitäten. bezahlen Die jeweilige Zielvereinbarung kann dann vorgeschriebene Einzelziele – ggf. noch bis zu vier Unterziele – beinhalten.

Hier besteht die mitbestimmungsfreie Zweckbestimmung in der Festlegung, dass ein Verkaufsbonus zur Steigerung der Verkaufsaktivitäten bezahlt wird. Die konkrete, dann wiederum mitbestimmungspflichtige Ausgestaltung liegt in der Festlegung, welche Kriterien als Ziel festgelegt werden (Rubrikumsatz, Gebietsumsatz etc.).

Beispiel § 12 A. III.:[525]
Die Zielfestlegung wird in diesem Beispiel jedes Jahr neu vorgenommen, wobei sie mitbestimmt ist. Die Betriebsvereinbarung sieht schon vor, dass die Einigungsstelle im Falle der Nichteinigung zuständig ist.

Beispiel § 12 A. IV.:[526]
Hier besteht eine Rahmenbetriebsvereinbarung, die nur generell regelt, dass es Prämien geben kann. Der Arbeitgeber behält sich jedoch für jedes Jahr vor, ob er eine Prämie zahlt. Der allgemeine Zweck besteht nach der Formulierung der Betriebsvereinbarung darin, den Mitarbeitern die Chance zu geben, am Erfolg des Unternehmens teilzuhaben. Dies erfolgt durch die Auszahlung von Prämien für ein Produkt. Welches Produkt konkret prämiert wird, ist dann eine Frage der Ausgestaltung der allgemeinen Zweckbestimmung und unterliegt der Mitbestimmung.

Beispiel § 12 A. V.:[527]
In diesem Beispiel entscheidet sich der Arbeitgeber mitbestimmungsfrei, für welche Tätigkeit er eine Provision auslobt: Umsatz, also Kauf-/Leasing-/Mietverträge, und Wartungsverträge. Der allgemeine Zweck der Leistung besteht also in der Neukundengewinnung und der Steigerung des Abschlusses von Wartungsverträgen. Die Einzelziele, die verprovisioniert werden, um die beiden Ziele zu erreichen, unterliegen dann der Mitbestimmung des Betriebsrats.

---

524 S. 148.
525 S. 149.
526 S. 150.
527 S. 151.

Beispiel § 12 A. VI.:[528]
Vorliegend ist die Zielvariable in den Arbeitsverträgen definiert. Insofern handelt es sich nicht mehr um eine freiwillige Leistung, sodass die Festlegung der Ziele als Ausgestaltung des Entgeltgrundsatzes der Mitbestimmung unterliegt.

b) Unabhängig von vorstehender Bewertung unterliegt jedoch die Festlegung der Ziele bei entgeltgestützten Zielvereinbarungen mit Ausnahme der Unternehmensziele der Mitbestimmung gem. § 87 Abs. 1 Nr. 11 BetrVG und zwar im Hinblick auf quantitative ebenso wie auf qualitative Ziele.[529]

II. Festlegung der maximal zulässigen Ziele

Die Festlegung der maximal zulässigen Anzahl von Zielen unterliegt im Falle der entgeltbezogenen Zielvereinbarung der Mitbestimmung gem. § 87 Abs. 1 Nr. 10 BetrVG, weil es sich dabei um die Ausgestaltung eines Entlohnungsgrundsatzes handelt.

Bei einer Zielvereinbarung ohne Entgeltbezug ist die Festlegung der maximal zulässigen Ziele gem. § 94 Abs. 2 BetrVG mitbestimmungspflichtig, da dies zum Verfahren, mit dem die Zielerreichung festgestellt wird, zu zählen ist. Denn die Zielfeststellung setzt voraus, dass eine bestimmte Anzahl von Zielen bewertet wird.

B. Mitbestimmung in Bezug auf die Gewichtung der Ziele zueinander

Sofern die Erreichung unterschiedlicher Ziele Voraussetzung für die Zielerreichung ist – wie in vorstehenden Beispielen A. II, IV, VI, VII, VIII[530] – sollte geregelt werden, wie die einzelnen Ziele im Verhältnis zueinander zu gewichten sind.

I. Zielvereinbarung ohne Entgeltauswirkung

Die Erzwingbarkeit im Hinblick auf die Gewichtung der Ziele zueinander könnte sich bei nicht entgeltbezogenen Zielvereinbarungen – wie im Beispiel § 12 A. II.[531] – aus § 94 Abs. 1 oder / und Abs. 2 BetrVG ergeben.

a) Wie oben bereits festgestellt, unterliegt nach überwiegender Auffassung in der Literatur die Ausgestaltung der Zielvereinbarungsgespräche der Mitbestimmung des Betriebsrats gem. § 94 Abs. 1 BetrVG.[532] Dies bezieht sich

528 S. 152.
529 § 9 C. II, S. 117, 119.
530 S. 148, S. 150, S. 152, S. 153, S. 153.
531 S. 148.
532 § 9 D. I., S. 121; DKK/Klebe, § 94 Rn.36; Annuß, NZA 2007, 290, 296; Bauer/Diller/

jedoch bei § 94 Abs. 1 BetrVG mehr auf die im Rahmen der Zielerreichungsgespräche gestellten Fragen, die zur Überprüfung der Zielerreichung dienen. Darunter fällt nicht die Frage, wie die einzelnen Ziele zueinander gewichtet werden. Denn diese Frage fällt vielmehr unter die Ausgestaltung des Zielvereinbarungsverfahrens insgesamt, nicht jedoch unter die Festlegung der Fragen im Rahmen der Überprüfung der Zielerreichung.

b) Das Verfahren, in dem die Zielerreichung festgestellt wird, fällt ebenfalls unter das Mitbestimmungsrecht des Betriebsrats nach § 94 Abs. 2 BetrVG.[533] Demnach fällt auch die Gewichtung der Ziele zueinander unter die Mitbestimmung nach § 94 Abs. 2 BetrVG. Denn wenn diese einzelfallbezogen willkürlich festgelegt werden würden, widerspräche dies dem Zweck der Mitbestimmung. Durch die Mitbestimmung soll ein einheitliches Vorgehen bei der Beurteilung und ein Bewerten nach einheitlichen Maßstäben mit dem Ziel, eine Vergleichbarkeit von Beurteilungsergebnissen zu schaffen, erreicht werden. Gerade diese Einheitlichkeit ginge verloren, wenn die Ziele einzelfallbezogen anders gewichtet würden.

Bei nicht entgeltbezogener Zielvereinbarung unterliegt demnach die Gewichtung der Ziele der Mitbestimmung des Betriebsrats nach § 94 Abs. 2 BetrVG.

II. Entgeltgestützte Zielvereinbarung

Bei entgeltbezogener Zielvereinbarung kommen zusätzlich zu dem Mitbestimmungsrecht aus § 94 Abs. 2 BetrVG hinsichtlich der Mitbestimmung bei der Gewichtung der Ziel ggf. noch die Mitbestimmungsrechte gem. §§ 87 Abs. 1 Nr. 10, 11 BetrVG zum Tragen.

a) Die Gewichtung der Ziele zueinander unterliegt wie bereits dargelegt[534] der Mitbestimmung des Betriebsrats gem. § 87 Abs. 1 Nr. 10 BetrVG. Denn die Ziele dienen als Bezugsgröße im Rahmen von zielvereinbarungsgestützter Entlohnung; bei all diesen Faktoren handelt es sich um wesentliche Bestandteile der Strukturform des Entgelts.

b) Fraglich ist, ob für die Gewichtung der Ziele zueinander auch eine Mitbestimmung nach Nr. 11 in Frage kommt. Die Mitbestimmung gem. § 87 Abs. 1 Nr. 11 BetrVG bezieht sich auf den Geldfaktor bei leistungsbezogenen Entgelten. Wie oben bereits ausgeführt[535], handelt es sich bei entgeltbezogener Zielvereinbarung auch um „vergleichbares leistungsbezogenes Entgelt".

Göpfert, BB 2002, 882, 886; Däubler, NZA 2007, 793, 795.

533 § 9 D. II., S. 122.

534 § 9 B. III., S. 114.

535 § 9 C., S. 116.

Wie die verschiedenen Ziele untereinander zu gewichten sind, ist letztlich jedoch keine Frage des Geldfaktors, also der Höhe des Entgelts, sondern der Struktur. Daher scheidet diesbezüglich eine Mitbestimmung nach Nr. 11 aus, es verbleibt jedoch bei der Mitbestimmung bei der Gewichtung der Ziele zueinander nach Nr. 10.

C. *Mitbestimmung bei der Zielerreichung*

Ausgehend von den oben genannten Beispielen aus der Praxis[536] stellt sich somit die Frage, ob folgende Kriterien mitbestimmungspflichtig sind:

Beispiel § 12 A. I.:[537]

- der Betrag, der 100 % ausmacht
- die absteigende Gewichtung 90 %, 75 %, 50 %, 0 % und die korrespondierenden Prozentsätze

Beispiel § 12 A. II.:[538]

- der Mindestzielerreichungsgrad von 90 %
- der Betrag, der für den Mindestzielerreichungsgrad angesetzt wird
- der Steigerungsprozentsatz und der Steigerungsbetrag

Beispiel § 12 A. III.:[539]

- die Bemessungsgrundlage für den individuellen Faktor
- die Bezugsgröße für den Firmen – Erfolgsfaktor
- der Mindest- bzw. Maximalfaktor für den Firmen-Erfolgsfaktor
- das Minimum für den Teamerfolgsfaktor sowie der Faktor selbst
- 100 % sowie der Teamerfolgsfaktor
- Steigerung der 100 % sowie der dazugehörige Teamerfolgsfaktor

Beispiel § 12 A. IV.:[540]

- Festlegung der Rabattsätze
- Festlegung der Prozentpunkte pro erreichtem Rabatt
- Festlegung der Bezugsbeträge für die Bemessung der Prozentpunkte

Da es hier zum einen um die Ausgangs- und Steigerungsleistungen geht, sowie deren Verhältnis zueinander, also die Frage, ob eine progressive, degressive oder unproportionale Steigerung bzw. Senkung des Entgelts erfolgt und zum anderen

---

536 S. 146, S. 148, S. 149, S. 150.
537 S. 146.
538 S. 148.
539 S. 149.
540 S. 150.

um die damit verbundenen Geldbeträge, vermischen sich hier die beiden in Frage kommenden Mitbestimmungstatbestände des § 87 Abs. 1 Nr. 10 und 11 BetrVG.

Die Faktoren in

Beispiel § 12 A. I.:[541]

- die absteigende Gewichtung 90 %, 75 %,50 %,0 % und die korrespondierenden Prozentsätze

Beispiel § 12 A. II.:[542]

- der Mindestzielerreichungsgrad von 90 %
- der Steigerungsprozentsatz und der Steigerungsbetrag

Beispiel § 12 A. III.:[543]

- die Bemessungsgrundlage für den individuellen Faktor
- die Bezugsgröße für den Firmen – Erfolgsfaktor
- der Mindest- bzw. Maximalfaktor für den Firmen-Erfolgsfaktor
- das Minimum für den Teamerfolgsfaktor sowie der Faktor selbst
- 100 % sowie der Teamerfolgsfaktor
- Steigerung der 100 % sowie der dazugehörige Teamerfolgsfaktor

Beispiel § 12 A. IV.:[544]

- Festlegung der Rabattsätze
- Festlegung der Prozentpunkte pro erreichtem Rabatt

unterliegen allesamt der Mitbestimmung des Betriebsrats nach § 87 Abs. 1 Nr. 10 BetrVG. Bei den verbleibenden Faktoren handelt sich um die Entgelthöhen, die jedenfalls mitbestimmungspflichtig gem. § 87 Abs. 1 Nr. 11 BetrVG wären, wenn es sich bei den Zahlungen um mit Akkord und Prämie vergleichbare leistungsbezogene Entgelte handeln würde. Darüber hinaus könnten sie mitbestimmungspflichtig gem. § 87 Abs. 1 Nr. 10 BetrVG sein, wenn die Einschränkung bzgl. des Dotierungsrahmens bei freiwilligen Leistungen nicht greift.

In Beispiel § 12 A. I. ist die 100 % – Punktzahl für den festzulegenden Betrag die Unternehmensleistung, die sich aus Umsatzerlös, EBITA und Cash Flow zusammensetzt. Je nach Erreichen der Unternehmensleistung wird dann eine gestaffelte Zahlung erbracht. Hierbei handelt es sich nicht um vergleichbares

541 S. 146.
542 S. 148.
543 S. 149.
544 S. 150.

leistungsbezogenes Entgelt, da der Mitarbeiter keinen unmittelbaren und direkten Einfluss auf die zu erreichende Leistung hat.

In Beispiel § 12 A. II. handelt es sich um vergleichbares leistungsbezogenes Entgelt im Sinne der Nr. 11. Denn es existiert eine individuelle Zielvorgabe, also die Bezugsleistung = 100 %; diese besteht in der Abgabe einer bestimmten Anzahl von Produkten im Tertial; je nach Zielerreichung wird hierzu eine zusätzliche gestaffelte Leistung bezahlt. Der Geldbetrag, der für die 100 % sowie für die Staffelung anzusetzen ist, unterliegt folglich der Mitbestimmung.

In Beispiel § 12 A. IV. besteht die Bezugsleistung darin, dass der Verkaufspreis € 1.000 und der gewährte Rabatt 0 % ist, die dahinter stehende Zahlung beträgt dann 5 % von € 1.000, der sog. Prämienhöchstlohn. Je mehr Rabatt der Verkäufer gewährt, desto niedriger ist der Prozentwert der Zahlung. Hinzu kommt, dass sich auch der Bezugswert in € degressiv verändert, je mehr Rabatt gewährt wird, die sog. Steigerungsbeträge. Es sind somit zwei Steigerungsbeträge in diesem System enthalten: zum einen der Prozentwert zur Berechnung der Zahlung und zum anderen die Berechnungsgrundlage, die umso niedriger wird, je mehr Rabatt gewährt wird. Auch hierbei handelt es sich um ein leistungsbezogenes Entgelt, das bezogen auf eine Bezugsleistung degressiv sinkt. Sowohl der Prozentsatz als auch die Bemessungsgrundlagen unterliegen daher der Mitbestimmung des Betriebsrats.

D. Mitbestimmung beim Zielvereinbarungsprozess

In den Betriebsvereinbarungen der Praxis befinden sich häufig Regelungen über das Zielvereinbarungsgespräch und ein beispielsweise in der Mitte des Beurteilungszeitraums zu führendes Zielüberprüfungsgespräch. In der Praxis werden auch Begriffe wie „Milestones", „Feedbackgespräch", „Mid-Year-Review" oder ähnliche Begriffe verwendet. Nunmehr ist zu beurteilen, inwiefern die erstrebenswerten Regelungen auch tatsächlich erzwingbar in eine Betriebsvereinbarung aufzunehmen sind.

I. Zielvereinbarungsprozess

Wie oben bereits festgestellt[545] fällt unter die Mitbestimmung nach § 94 Abs. 2 BetrVG bzw. § 87 Abs. 1 Nr. 10 BetrVG das Verfahren, mit dem die Zielerreichung festgestellt wird. Zu diesem Verfahren gehört zwingend zum einen die Festlegung des Beurteilungszeitraums. Das bedeutet konkret zum einen, bis zu welchem Zeitpunkt eine Zielvereinbarung abgeschlossen werden muss,

545 § 9 B., S. 111 und § 9 D., S. 121.

und zum anderen, welcher Zeitraum infolge dessen dann beurteilt wird. Darüber hinaus fällt darunter auch die Frage, wie das Verfahren stattfindet, also durch einseitige Zielvorgabe oder durch beidseitige Vereinbarung sowie der formelle Aspekt, ob nur eine mündliche oder eine schriftliche Ausarbeitung erfolgt. Die Frage der Mitbestimmung bei der Gewichtung der Ziele sowie der maximalen Anzahl von Zielen wurde vorstehend bereits bejaht.[546] Wenn im Rahmen der Zielfestsetzung keine Einigung zwischen Mitarbeiter und Vorgesetztem erzielt wird, muss der Konfliktlösungsmechanismus greifen – eine solche Regelung kann allerdings nicht im Rahmen der Einigungsstelle erzwungen werden.[547]

Wenn keine Zielfestsetzung erfolgt, hat dies rein rechtlich zur Folge, dass der Arbeitnehmer individualrechtlich einen Schadensersatzanspruch bei nicht getroffener Zielvereinbarung wegen der ihm entgangenen erfolgsabhängigen Vergütung gem. § 280 Abs. 1 Satz 1 BGB haben kann. Jedenfalls ab dem Zeitpunkt nach Ablauf der Zielperiode ist eine Zielfestlegung unmöglich geworden. Die Höhe des Schadens richtet sich nach dem für den Fall der Zielerreichung zugesagten Bonus.[548] Daraus lässt sich ableiten, dass für den Fall der nicht erfolgten Zielvereinbarung die Zielerreichung zu 100 % zugrunde zu legen ist. Dies ist auch ein wesentlicher Bestandteil des Verfahrens der Zielerreichung, sodass auch hier gem. § 87 Abs. 1 Nr. 10 BetrVG mitzubestimmen ist. Auch hier bleibt ein wichtiger Aspekt, nämlich die Frage wie bei Nichteinigung zu verfahren ist, klärungsbedürftig.

II. Überprüfung und Anpassung während der Zielperiode

Die Frage, ob und wann während des Beurteilungszeitraums eine Überprüfung der Ziele stattfindet ist ebenso wie die Frage, durch wen diese Überprüfung stattfindet, Gegenstand des Verfahrens der Zielerreichung und unterliegt somit der Mitbestimmung. Es muss sich somit geeinigt werden, ob, wann und durch wen unter Beteiligung des Mitarbeiters und/oder Betriebsrats eine unterjährige Überprüfung stattfindet. Wesentlicher Bestandteil des Verfahrens zur Zielerreichung ist auch die Festlegung unter welchen Voraussetzungen die Überprüfung stattfindet und unter welchen Voraussetzungen die Ziele angepasst werden (müssen). Darüber hinaus gehört ebenfalls zum Verfahren die Frage, welche Bewertung bis zum Zeitpunkt der Anpassung zugrunde gelegt wird. Diese

546 § 13 A. II., S. 199.
547 § 13 H. II., S. 215.
548 § 8 B. VI. 1., S. 93.

Regelungspunkte unterliegen ebenfalls der erzwingbaren Mitbestimmung des Betriebsrats nach § 87 Abs. 1 Nr. 10 BetrVG (bzw. § 94 Abs. 2 BetrVG bei nicht entgeltbezogener Zielvereinbarung), weil es sich um das Verfahren der Zielerreichung handelt.

III. Feststellung der Zielerreichung

Die Frage, wer die Zielerreichung feststellt, bei wem Feedback über den Mitarbeiter eingeholt werden darf und in welcher Form die Beurteilung erfolgt, sind ebenfalls alles Fragen des Verfahrens der Zielerreichung und unterliegen daher der Mitbestimmung des Betriebsrats nach § 87 Abs. 1 Nr. 10 BetrVG. Wie zu verfahren ist, wenn der Mitarbeiter mit seiner Beurteilung nicht einverstanden ist, unterliegt ebenfalls dem Verfahren der Zielerreichung und sollte geregelt werden.

E. Mitbestimmung beim Auszahlungszeitpunkt und der Fälligkeit

Die erzwingbare Mitbestimmung des Betriebsrats für die Festlegung der Auszahlung ergibt sich aus § 87 Abs. 1 Nr. 4 BetrVG. Demnach unterliegen Zeit, Ort und Art der Auszahlung der Arbeitsentgelte der zwingenden Mitbestimmung des Betriebsrats. Arbeitsentgelt im Sinne dieser Vorschrift ist die in Geld auszuzahlende Vergütung für geleistete Arbeit ohne Rücksicht auf ihre Bezeichnung (Gehalt, Lohn, Provision, Kindergeld, Familienzulage, Teuerungszulage, Urlaubsgeld[549] sowie Reisekosten, Wegegelder, Spesen, Auslösungen usw. einschließlich der Regelung von Vorschusszahlungen)[550]. Somit gehören auch Zahlungen im Rahmen von Zielvereinbarungen – unabhängig davon wie sie bezeichnet werden – dazu.

Der Mitbestimmung unterliegen die Festlegung der Zeiträume, nach denen das Entgelt bezahlt wird (monatlich, wöchentlich, Auszahlung Zeitguthaben)[551] sowie die Frage, ob Abschläge zu zahlen sind.[552]

Demzufolge unterliegt die Frage, wann die Auszahlung erfolgt und ob ggf. Abschlagszahlungen zu leisten sind, der Mitbestimmung des Betriebsrats.

---

549 BAG 25.04.1989, AP Nr. 3 zu § 98 ArbGG 1979.

550 FESTL § 87 Rn. 180; Richardi, § 87 Rn. 413.

551 BAG 15.01.2001, NZA 2002, S.1112 ff.; Richardi, § 87, Rn. 414; GK/Wiese Rn. 427; ErfK/Kania Rn. 40; FESTL § 87 Rn. 181.

552 FESTL § 87 Rn. 181; MüArbR/Matthes § 246 Rn. 5; **a.A.:** Richardi, § 87 Rn. 415, der eine Verpflichtung des Arbeitgebers zur Erbringung von Abschlagszahlungen verneint, da der Arbeitnehmer aufgrund § 614 BGB zur Vorleistung verpflichtet sei; er berücksichtigt jedoch nicht, dass § 614 BGB abdingbar ist.

I. Stichtagsregelungen

Nach der Rechtsprechung des Bundesarbeitsgerichts hat der Betriebsrat hinsichtlich einer Stichtagsregelung weder ein Mitbestimmungsrecht gem. § 87 Abs. 1 Nr. 4 noch nach Nr. 10 , da es sich hierbei weder um Verteilungsgrundsätze noch um die Umstände der Auszahlung des Arbeitsentgelt handelt[553].

Dem ist nicht zuzustimmen. Bei der Frage, ob solche Regelungen durch den Betriebsrat erzwungen werden können, ist zunächst zu berücksichtigen, dass es sich dabei um die Festlegung des zu begünstigenden Personenkreises handelt. Denn es geht um die Voraussetzung der Betriebszugehörigkeit, die für eine Anspruchsberechtigung erfüllt werden muss. Die Rechtsprechung geht davon aus, dass der Zweck der Leistung und somit auch der begünstige Personenkreis im Rahmen der Mitbestimmung nach § 87 Abs. 1 Nr. 10 BetrVG der mitbestimmungsfreien Entscheidung des Arbeitgebers unterliegt. Diese Einschränkung ist jedoch auf die hier zu beurteilende Frage nicht übertragbar, denn es geht nicht um die Festlegung des Zweckes der Leistung. Der besteht darin, zu Motivationszwecken zusätzlichen „Lohn für erbrachte Arbeit" zu gewähren. Vielmehr ist die Frage, ab wann ein Mitarbeiter anspruchsberechtigt ist und wie mit Eintritten und Austritten während des Beurteilungszeitraums zu verfahren ist, der mitbestimmungspflichtigen Verteilungsebene zuzuordnen.

Unabhängig davon ist auch zu berücksichtigen, dass entsprechende Stichtagsklauseln sowohl in einer Betriebsvereinbarung als auch in Arbeitsverträgen unwirksam wären, weil sie gegen höherrangiges Recht verstoßen.[554]

Darüber hinaus ist die Frage, wie lange die Betriebszugehörigkeit vorliegen muss, um anspruchsberechtigt zu sein auch eine Frage des Zeitpunktes der Zielfestlegung. Dieser unterliegt – wie vorstehend erörtert wurde[555] – gem. § 87 Abs. 1 Nr. 10 BetrVG der Mitbestimmung.

Die Regelungen sind nach hier vertretener Auffassung somit gem. § 87 Abs. 1 Nr. 10 BetrVG mitbestimmungspflichtig.

553 BAG 07.06.2011, NZA 2011, 1234 ff.

554 BAG 12.04.2011, NZA 2011, 989 ff., BAG 07.06.2011, NZA 2011, 1234 ff.

555 § 13 D. I., S. 203.

II. Krankheit, ruhendes Arbeitsverhältnis und Betriebsratstätigkeit

Wie bei Ruhen des Arbeitsverhältnisses bzw. bei Krankheit zu verfahren ist, betrifft die Verteilungsgrundsätze, bei denen der Betriebsrat gem. § 87 Abs. 1 Nr. 10 BetrVG zweifelsfrei mitzubestimmen hat. Da auch die Festlegung der Voraussetzungen der Zielerreichung der Mitbestimmung des Betriebsrats gem. § 87 Abs. 1 Nr. 10 BetrVG unterliegt, ist auch die Frage, wie mit nicht freigestellten Betriebsratsmitgliedern zu verfahren ist, mitbestimmungspflichtig und ggf. erzwingbar.

G. Zustimmungserfordernis bei Kalibrierung?

Das Informationsrecht des Mitarbeiters über das Ergebnis der Kalibrierung ergibt sich aus § 82 Abs. 2 BetrVG. Dort ist zugunsten des Arbeitnehmers geregelt, dass mit ihm die Beurteilung seiner Leistungen sowie die Möglichkeiten seiner Entwicklung im Betrieb erörtert werden. Die Festlegung der Beurteilungskriterien, die im Rahmen der Kalibrierung zugrunde gelegt werden, sowie die Frage, wer an dem Beurteilungsprozess teilnimmt, unterliegen gem. § 94 Abs. 2 bzw. § 87 Abs. 1 Nr. 10 BetrVG der Mitbestimmung des Betriebsrats und können somit erzwingbar durchgesetzt werden.

H. Erzwingbarkeit eines Konfliktlösungsmodells

I. Rechtliche Bewertung von Konfliktlösungsmodellen

Zunächst ist zu klären, ob die im Rahmen einer Betriebsvereinbarung vereinbarten Schlichtungsstellen unzulässige Schiedsvereinbarungen gem. § 101 ArbGG darstellen.

1. Unzulässige Schiedsvereinbarung

Gem. § 101 Abs. 2 ArbGG können Parteien des Tarifvertrages für bürgerliche Rechtsstreitigkeiten aus einem Arbeitsverhältnis die Arbeitsgerichtsbarkeit durch ausdrückliche Vereinbarung ausschließen. Unzulässig und unwirksam wäre diese Vereinbarung, wenn sie zwischen Arbeitgeber und Betriebsrat getroffen würde, da eine solche Schiedsvereinbarung gem. § 101 ArbGG nur zwischen den Tarifvertragsparteien abgeschlossen werden darf.[556] Die Regelung einer innerbetrieblichen Schlichtungsstelle ist also dann unzulässig, wenn dadurch der Rechtsweg zu den Arbeitsgerichten ausgeschlossen wird. Es ist somit darauf zu achten, dass im Rahmen einer Formulierung, insbesondere sofern es

556 GMP/Germelmann, § 101 Rn. 8.

um die individualrechtlichen Ansprüche der Mitarbeiter geht, der Rechtsweg im Urteilsverfahren, und sofern es um die Einhaltung oder Überprüfung kollektiver Rechte geht, die Überprüfung im Beschlussverfahren, nicht ausgeschlossen wird. Ein Ausschluss ist nach der Rechtsprechung nicht schon dann gegeben, wenn geregelt wird, dass die Schlichtungsstelle verbindlich entscheidet.[557]

Daher empfiehlt es sich, folgenden Satz aufzunehmen:
„Gegen die Entscheidung bleibt der Rechtsweg offen“
bzw. „Der Rechtsweg bleibt hiervon unberührt.“[558]

2. Sonstige Zulässigkeitsfragen

Ob eine betriebsinterne Schlichtungsstelle zulässig ist, hängt im Wesentlichen davon ab, welche Kompetenzen der Schlichtungsstelle zugeteilt werden.

a) Regelung von Streitigkeiten individualrechtlicher Natur

aa) Es stellt sich die Frage, ob die Schlichtungsstelle die Kompetenz besitzt, bei Nichteinigung über Einsprüche des Mitarbeiters bei Zielvereinbarung, Zielerreichung, Zielüberprüfung oder Zielanpassung zu entscheiden. Dabei ist unerheblich, ob der Mitarbeiter den Einspruch beim Betriebsrat (als Beschwerde gem. § 85 BetrVG) oder bei seinem Vorgesetzten (sein Anhörungsrecht nach § 82 Abs. 1 Satz 1 BetrVG wahrnehmend) einreicht. Beide Fälle sind gesetzlich geregelt; die Frage ist nur, ob die nunmehr durch Betriebsvereinbarung eingerichtete Schlichtungsstelle für die weitere Bearbeitung zuständig sein kann.

Diese Frage ist am Maßstab und innerhalb der Grenzen des § 76 BetrVG sowie der §§ 88, 77 BetrVG zu prüfen. Sofern die betriebsinterne Schlichtungsstelle den Charakter einer Einigungsstelle hat, muss sich das Verfahren nach den jedenfalls zwingend gültigen Verfahrensvorschriften des § 76 BetrVG für die Einigungsstelle richten. Darüber hinaus hat das Bundesarbeitsgericht entschieden, dass für betriebsinterne Schlichtungsstellen im Rahmen von § 88 BetrVG die Betriebsparteien durch freiwillige Betriebsvereinbarung sinnvolle Verfahrensstrukturen aufstellen können, sofern die Grundstrukturen des Betriebsverfassungsgesetzes erhalten bleiben.[559] Als Grundstruktur ist die gesetzlich vorgesehene „innerbetriebliche Schlichtungsstelle“ – die Einigungsstelle gem. § 76 BetrVG – anzusehen. Es bleibt die Frage zu klären, ob eine Regelung, bei der die betriebsinterne Schlichtungsstelle Streitigkeiten im Zusammenhang mit Fragen der individuellen Zielvorgabe, Zielerreichung, Beurteilung oder Beurteilungsgesprächen zu

557 BAG 19.05.1978, AP Nr. 1 zu § 88 BetrVG 1972.
558 § 11 G., S. 144, 143, jeweils letzter Absatz im Formulierungsbeispiel.
559 BAG, 19.05.1978, AP Nr. 1 zu § 88 BetrVG 1972.

entscheiden hat und auch auf die Beschwerde bzw. den Einspruch des einzelnen betroffenen Mitarbeiters hin tätig wird zulässig ist.

Die Einigungsstelle ist gem. § 76 Abs. 1 BetrVG bei Bedarf für die Beilegung von Meinungsverschiedenheiten zwischen Arbeitgeber und Betriebsrat zu bilden. Sie ist dem klaren Wortlaut nach nur zuständig für die Beilegung von Meinungsverschiedenheiten zwischen den Vorgenannten. Streitigkeiten des Arbeitgebers mit Arbeitnehmern oder Dritten gehören ebenso wenig vor die Einigungsstelle wie Streitigkeiten unter den Mitgliedern des Betriebsrats oder zwischen Arbeitnehmern. Der Betriebsrat kann sich jedoch in weitem Umfange der Belange einzelner Arbeitnehmer annehmen, sie aufnehmen und durch Verhandlung mit dem Arbeitgeber zu ordnen versuchen. Dazu dienen ihm insbesondere die §§ 80 Abs. 1 und § 85 Abs. 1 BetrVG als Rechtsgrundlage. Die in § 85 genannte Einigungsstelle ist jedoch nur zur Entscheidung eines Streits über die Berechtigung einer Beschwerde zuständig, und dies auch nur dann, wenn Gegenstand der Beschwerde kein Rechtsanspruch ist.[560]

Nach der Rechtsprechung des Bundesarbeitsgerichts handelt es sich bei der vorliegenden Konstruktion jedoch nicht um eine Einigungsstelle gem. § 76 BetrVG. Voraussetzung für die Charakterisierung als Einigungsstelle – mit der Folge, dass die Verfahrensvorschriften des § 76 BetrVG anzuwenden wären – sei, dass der Arbeitgeber oder der Betriebsrat diese anrufen können[561]. Da in dem hier vorliegenden Fall der Arbeitnehmer Einspruch erheben könne, sollen die Vorschriften des § 76 BetrVG nicht gelten, da es sich nicht um eine Einigungsstelle handele.

Eine Auffassung in der Literatur besagt, dass eine Vergleichbarkeit mit einer Einigungsstelle gegeben sei. Denn die Besonderheit, das Verfahren vorzuverlegen und somit die Meinungsverschiedenheit zwischen Arbeitgeber und Betriebsrat nicht als Voraussetzung für das Tätigwerden anzusehen, ähnele dem der ständigen Einigungsstelle gem. § 76 Abs. 1 Satz 2 BetrVG.[562]

Eine andere Auffassung in der Literatur äußert sich ohne Begründung lediglich dahingehend, dass durch Betriebsvereinbarung auch andere betriebliche Schieds- und Schlichtungsgremien geschaffen werden könnten, die nicht Einigungsstellen seien und auch abweichend von § 76 Abs. 2 BetrVG (z.B. paritätisch)

560 § 10 C. III., S. 134.

561 so auch BAG, 19.05.1978, AP Nr. 1 zu § 88 BetrVG 1972.

562 Anmerkungen von Lothar Gamp zu BAG 19.05.1978, AP Nr. 1 zu § 88 BetrVG 1972.

zusammengesetzt sein könnten. Dabei gehe es vor allem um Schiedsstellen, die direkt von den Arbeitnehmern angerufen werden könnten.[563]

Es ist nicht entscheidend, ob die jeweils vorliegende betriebliche Schlichtungsstelle als „Einigungsstelle" im engeren Sinne anzusehen ist. Denn auch wenn man davon ausgeht, dass die Verfahrensvorschriften des § 76 BetrVG nicht anzuwenden sind, darf im Rahmen von § 88 BetrVG nur ein Verfahren geregelt werden, das die Grundstrukturen des Betriebsverfassungsgesetzes erhält. Diese werden – auch wenn dem Mitarbeiter ein Einspruchsrecht gewährt wird – eingehalten, da § 84 ff. BetrVG gerade ein Beschwerderecht des einzelnen Mitarbeiters vorsieht. Des Weiteren ist auch bei der ständigen Einigungsstelle nicht Voraussetzung, dass bereits ein Streitfall besteht. Darüber hinaus entsteht eine Meinungsverschiedenheit zwischen Arbeitgeber und Betriebsrat praktisch aller Voraussicht nach in dem Zeitpunkt, in dem sich der Mitarbeiter beim Betriebsrat beschwert und der Betriebsrat diese Beschwerde für berechtigt erachtet.

Die Vereinbarung, die dem einzelnen betroffenen Mitarbeiter die Anrufung der innerbetrieblichen Schlichtungsstelle in Form des Einspruchs bzw. der Beschwerde einräumt, ist mithin zulässig. Ebenso kann sich die Zuständigkeit der Einigungsstelle auch auf Streitigkeiten hinsichtlich der individuellen Zielvorgabe, Zielerreichung, Zielüberprüfung oder Zielanpassung erstrecken.

bb) Es stellt sich weiterhin die Frage, inwiefern die Entscheidung einer solchen Schlichtungsstelle (Formulierungsvorschlag 2)[564] oder der Einigungsstelle (Formulierungsvorschlag 1 und 3)[565] für die Streitigkeiten zwischen Mitarbeiter und Vorgesetztem verbindlich sind. Maßgeblich sind hier die Kompetenzen der gesetzlich vorgesehenen Einigungsstelle, denn auch die betriebliche Schlichtungsstelle ersetzt gerade die Einigungsstelle.

Die Einigungsstelle ist gem. § 76 Abs. 1 BetrVG bei Bedarf für die Beilegung von Meinungsverschiedenheiten zwischen Arbeitgeber und Betriebsrat zu bilden. Die Frage, welche Meinungsverschiedenheiten hiervon umfasst werden, hat aufgrund der Fälle der speziellen Kompetenzzuweisungen zur verbindlichen Entscheidung nach Abs. 5 allein Bedeutung für das auf Antrag beider Parteien durchzuführende freiwillige Einigungsstellenverfahren – insbesondere bei den hier zu beurteilenden Fallgestaltungen. Denn hier geht es nicht um die Einigung in einer Angelegenheit nach dem Betriebsverfassungsgesetz. Es geht um die Frage der tatsächlichen individuellen Zielvereinbarung, Zielüberprüfung

563 GK/Kreutz, § 76 Rn. 80.
564 § 11 G., S. 143.
565 § 11 G., S. 144, 143.

Zielerreichung oder auch Zielanpassung. § 76 Abs. 1 BetrVG führt nicht näher aus, welcher Art die Meinungsverschiedenheiten zwischen den Betriebspartnern sein müssen. Dies ist folglich anhand der Auslegung zu ermitteln.

Die Auslegung ergibt, dass sämtliche Meinungsverschiedenheiten zum Gegenstand einer Einigungsstelle gemacht werden können. Der Wortlaut enthält keinerlei Einschränkungen, welcher Art die Meinungsverschiedenheiten sein müssen. Es kann sich hierbei um Regelungsstreitigkeiten und um Rechtsstreitigkeiten handeln. Die Zuständigkeit der Einigungsstelle in Regelungsstreitigkeiten ist unbegrenzt. Es können Regelungsfragen, die dem Arbeitgeber zugewiesen sind wie auch Angelegenheiten sein, in denen der Betriebsrat kein Mitbestimmungs- oder Mitwirkungsrecht zusteht.[566] Letzteres kann jedoch nicht von einer Seite erzwungen werden.[567] Denn es handelt sich insofern um ein freiwilliges Einigungsstellenverfahren. Nach nunmehr herrschender Meinung können grundsätzlich auch Rechtsfragen im Rahmen der freiwilligen Einigungsstelle entschieden werden.[568] Dies ergebe sich aus der Systematik des Betriebsverfassungsgesetzes, nach der der Einigungsstelle ausdrücklich Rechtsfragen zur Entscheidung zugewiesen sind, siehe beispielsweise §§ 37 Abs. 6 und 7, § 38 Abs. 2 BetrVG. Auch der Zweck der Einigungsstelle, nämlich Streitigkeiten zunächst auf betrieblicher Ebene zu schlichten, spräche dafür.

Somit können alle Rechtsstreitigkeiten Gegenstand einer Einigungsstelle sein. Ob darunter auch Streitigkeiten zwischen Arbeitnehmer und Arbeitgeber fallen, hängt im Wesentlichen davon ab, ob die Betriebsparteien über die Rechte der Arbeitnehmer zur Behandlung in der Einigungsstelle verfügen können müssen. Das Bundesarbeitsgericht hat zutreffend entschieden, dass die gegebenenfalls fehlende Verfügungsbefugnis nicht zur Unzuständigkeit der Einigungsstelle, mithin auch nicht zur Unzulässigkeit des Einigungsstellenverfahrens, führt.[569] Die Verfügungsbefugnis über den Gegenstand der Rechtsstreitigkeit ist hingegen maßgeblich für die Verbindlichkeit des Spruches der Einigungsstelle, und damit die Frage, ob der Spruch in einem nachfolgenden Beschlussverfahren der gerichtlichen Kontrolle standhält. Wenn die Verfügungsbefugnis über den Gegenstand der Rechtsstreitigkeit fehlt ist der Spruch der Einigungsstelle hingegen nicht bindend.[570] Das gilt

566 GK/Kreutz § 76 Rn. 23, 24.

567 GK/ Kreutz § 76 Rn 26.

568 BAG 20.11.1990 EzA § 76 BetrVG 1972 Nr. 55 S. 12; DKK/Berg § 76 Rn. 12, GK/ Kreutz § 76 Rn. 20, FESTL § 76 Rn. 79 f., Richardi § 76 Rn. 36.

569 BAG 20.11.1990 EzA § 76 BetrVG 1972 Nr. 55 S. 12.

570 GK/ Kreutz § 76 Rn. 22, FESTL § 76 Rn. 91, ErfK/Kania § 76 BetrVG Rn. 23; BAG 20.11.1990 EzA § 76 BetrVG 1972 Nr. 55 S. 12.

auch wenn sich die Parteien dem Spruch im Voraus unterworfen haben. Dem Einigungsstellenverfahren komme dann nur die Bedeutung eines unverbindlichen außergerichtlichen Vorverfahrens zu. Die Unverbindlichkeit folge daraus, dass der Spruch der Einigungsstelle die Einigung zwischen den Betriebspartnern ersetzen soll. Dies könne jedoch nicht gewährleistet werden, wenn in Rechtsfragen der Betriebspartner über das umstrittene Recht nicht verfügungsbefugt sei.[571]

cc) Die Einigungsstelle – und somit auch eine innerbetriebliche Schlichtungsstelle – kann folglich zulässigerweise über die Streitigkeiten zwischen Mitarbeiter und Arbeitgeber entscheiden. Diese Entscheidung ist jedoch gegenüber dem Mitarbeiter nicht verbindlich, da der Betriebsrat über die Rechte der Mitarbeiter nicht verfügen kann. Der Mitarbeiter müsste der Entscheidung mithin noch zustimmen.

b) Streitigkeiten kollektivrechtlicher Natur

aa) Bei Meinungsverschiedenheiten zwischen Arbeitgeber und Betriebsrat über die Auslegung der Betriebsvereinbarung, einschließlich Geltungsbereich, Rechte des Betriebsrats aus der Betriebsvereinbarung oder Probleme und deren Lösung bzgl. Einführung, Umsetzung und Anwendung der Gesamtbetriebsvereinbarung (siehe obige Praxisbeispiele § 12 H. I., II. III. IX., XI.[572]) stellen sich ebenfalls die Fragen hinsichtlich der Zulässigkeit, der Zuständigkeit und der Verbindlichkeit der Entscheidung der Einigungsstelle. Festzuhalten ist zunächst, dass im Rahmen der Definition des Zuständigkeitsbereiches unbedingt vermieden werden sollte, unbestimmte Rechtsbegriffe zu verwenden, ohne diese weiter zu definieren:

Beispiel [573]*:*

" …wenn die Anwendung dieser BV zu unangemessenen Ergebnissen führt",

Denn dann kann bereits darüber Streit entstehen, was unangemessene Ergebnisse sind und ob die interne Schlichtungsstelle überhaupt zuständig ist.

Die Einigungsstelle ist im Rahmen der zwingenden Mitbestimmung kraft Gesetzes zuständig und kann auch verbindlich entscheiden. Die Frage der speziellen Kompetenzzuweisungen zur verbindlichen Entscheidung nach § 76 Abs. 5 BetrVG hat allein Bedeutung für das auf Antrag beider Parteien

---

571 GK/ Kreutz § 76 Rn. 22, FESTL § 76 Rn. 91, ErfK/Kania § 76 BetrVG Rn. 23; BAG 20.11.1990 EzA § 76 BetrVG 1972 Nr. 55 S. 12.

572 S. 186, 188, 189, 193, 194.

573 Praxisbeispiel § 12 H. III, S. 189.

durchzuführende freiwillige Einigungsstellenverfahren – insbesondere bei den hier zu beurteilenden Fallgestaltungen. Denn hier geht es nicht um die Einigung in einer Angelegenheit nach § 87 Nr. 10, 11 BetrVG oder § 94 ff. BetrVG, eine Betriebsvereinbarung besteht in der Regel schon. Es geht um die Frage der Durchführung, Anwendung sowie Auslegung der Betriebsvereinbarung. Die Zuständigkeit der Einigungsstelle in Regelungsstreitigkeiten ist unbegrenzt. Gegenstand können Regelungsfragen sein, die dem Arbeitgeber zugewiesen sind oder auch Angelegenheiten, in denen der Betriebsrat kein Mitbestimmungs- oder Mitwirkungsrecht zusteht.[574] Das Verfahren kann dann jedoch nicht erzwungen werden.[575]

Die Verbindlichkeit bemisst sich wieder danach, ob der Betriebsrat über das Recht verfügen kann. Wie schmal bei Rechtsstreitigkeiten die Abgrenzung zwischen bestehender und fehlender Verfügungsbefugnis ist, zeigt die Entscheidung des Bundesarbeitsgerichts vom 20.11.1990[576]. Das Bundesarbeitsgericht hat dort erkannt, dass die Auslegung einer Betriebsvereinbarung (d.h. die Feststellung ihres gegenwärtigen Inhalts) eine Rechtsfrage sei, über welche die Betriebspartner nicht verfügen und auch die Einigungsstelle nicht verbindlich entscheiden könne. Davon wurde aber die Vereinbarungsvariante unterschieden, dass die Einigungsstelle bei Streit über den Inhalt der Betriebsvereinbarung eben diesen rechtsgestaltend entscheiden solle und damit eine Rechtsstreitigkeit vorliege, über welche die Betriebsparteien (durch Abänderungsvereinbarung) jederzeit verfügen können.

Sofern also im Rahmen einer Betriebsvereinbarung die Zuständigkeit der Einigungsstelle für vorstehende Fragen (Auslegung, Anwendung, Änderung und Durchführung der Betriebsvereinbarung) begründet wird, kann diese auch verbindlich entscheiden.

bb) Zu klären bleibt die Frage, ob es im Rahmen der Vereinbarung einer innerbetrieblichen Schlichtungsstelle zulässig ist, die Letztentscheidung bei einer Pattsituation so zu lösen, dass jede Seite abwechselnd eine weitere Stimme für eine für alle Seiten verbindliche Entscheidung erhält[577] oder der Würfel bzw. das Los letztlich entscheidet. Das Bedürfnis der wechselseitigen Stimmenmehrheit oder des Würfelentscheids entsteht daraus, dass die innerbetriebliche Schlichtungsstelle paritätisch besetzt ist und somit eine Letztentscheidung bei

---

574 GK/ Kreutz, § 76 Rn. 23, 24.

575 GK/ Kreutz § 76 Rn 26.

576 BAG 20.11.1990 EzA § 76 BetrVG 1972 Nr. 55 S. 12.

577 Praxisbeispiel XII, S. 195 und Formulierungsvorschlag 2 der Verfasserin auf S. 145.

Uneinigkeit ausscheidet. Um die unerlässliche Letztentscheidung zu erreichen, wurden in der Praxis verschiedene Lösungsmöglichkeiten entwickelt.

In obigem Formulierungsbeispiel § 12 H. IV.[578] entscheidet bei Uneinigkeit der Arbeitgeber unter Einbeziehung des Betriebsrats. Häufig wird auch geregelt, dass im Falle der Nichteinigung der Arbeitgeber alleine entscheidet. In Formulierungsbeispiel § 12 H. XII.[579] wird eine gegebenenfalls entstehende Pattsituation so aufgelöst, dass jeder abwechselnd – beginnend mit dem Betriebsrat – eine Stimme mehr erhält. Eine weitere in mehreren Beispielen genannte Variante ist, dass im Falle der Nichteinigung direkt eine sodann einzusetzende Einigungsstelle entscheidet.

Sofern man dabei bleibt, dass man eine Letztentscheidung ohne den Einsatz einer Einigungsstelle erreichen möchte, bleiben die drei Möglichkeiten

- Übertragung der Letztentscheidung auf eine Seite
- wechselseitige Erteilung einer weiteren Stimme für eine Partei
- Los- bzw. Würfelentscheid

Nicht empfehlenswert ist die Übertragung der Letztentscheidung auf eine Seite – sei es Betriebsrat oder wie üblicherweise in der Praxis auf die Seite des Arbeitgebers. Dies widerspräche dem Zweck der innerbetrieblichen Schlichtungsstelle, da durch deren Etablierung gerade die Möglichkeit geschaffen werden soll, dass beide Parteien verpflichtet werden, eine Einigung herbeizuführen. Sofern die Letztentscheidungskompetenz auf nur eine Seite verlagert wird, hat diese Seite kein großes Interesse mehr an der Herbeiführung einer Einigung. Denn entscheiden kann sie letzten Endes allein. Insbesondere sofern es um Meinungsverschiedenheiten geht, die die Ausübung von Mitbestimmungsrechten betrifft, würde der Betriebsrat durch die Verlagerung der Entscheidungskompetenz auf den Arbeitgeber seine Mitbestimmungsrechte aufgeben. Dies kann beispielsweise der Fall sein, wenn sich Zielvorgaben im Bemessungszeitraum ändern sollen und die Parteien in der Betriebsvereinbarung nur geregelt haben, dass in solchen Fällen in einer Schlichtungsstelle eine Einigung zu finden ist. Für solche Fälle sollte es immer bei der Pattsituation bleiben und die Anrufung der Einigungsstelle vorgesehen werden.

Ob es überdies zulässig ist, den Parteien wechselseitig eine Stimme mehr zu erteilen, ist fraglich. Gem. 76 Abs. 2 BetrVG ist für die Einigungsstelle zwingend vorgeschrieben, dass diese aus einer gleichen Anzahl von Beisitzern und einem

578 S. 189.
579 S. 195.

unparteiischen Vorsitzenden besteht. Der Vorsitzende spielt bei der Einigungsstelle die Schlüsselfigur, denn ihm kommt letzten Endes die Letztentscheidungskompetenz zu, da er im Falle einer Pattsituation bei der Abstimmung in einem zweiten Abstimmungslauf mit abstimmt.[580] Seine Stimme ist letztendlich also ausschlaggebend, ob ein Antrag angenommen wird oder nicht. Ob diese Stimme im Rahmen der innerbetrieblichen Schlichtung auf die Seite einer Partei „übertragen" werden kann, richtet sich danach, ob die Vorschriften des § 76 Abs. 2 BetrVG auch zwingend für die innerbetriebliche Schlichtung gelten. Dies wäre dann nicht der Fall, wenn die Betriebsparteien im Rahme von § 88 BetrVG eine freiwillige Betriebsvereinbarung über die Verfahrensregeln einer innerbetrieblichen Schlichtungsstelle abschließen könnten, die einen von § 76 BetrVG abweichenden Inhalt hat.

Nach der Rechtsprechung des Bundesarbeitsgerichts[581] haben die Betriebsparteien aufgrund ihrer durch das Betriebsverfassungsgesetzt verliehenen Betriebsautonomie grundsätzlich umfassende Kompetenz zur Regelung von formellen und materiellen Arbeitsbedingungen im Rahmen von freiwilligen Betriebsvereinbarungen. Sie können auch Regelungen treffen, welche die Arbeitnehmer belasten. Inhaltlich entspräche die Regelungsbefugnis denen der Tarifvertragsparteien. Die Betriebsparteien besäßen umfassende Kompetenz, durch freiwillige Betriebsvereinbarungen Regelungen bezüglich des Inhalts, des Abschlusses und der Beendigung von Arbeitsverhältnissen zu treffen.[582] Dies ergebe sich aus der Konzeption des BetrVG. Dem stünden auch keine verfassungsrechtlichen Erfordernisse entgegen. Denn Betriebsvereinbarungen seien auf Grund der in § 77 Abs. 4 Satz 1 BetrVG bestimmten unmittelbaren und zwingenden Wirkung gegenüber den Normadressaten Akte privater Rechtsetzung

Bereits im Jahre 1978 hat das Bundesarbeitsgericht darüber hinaus entschieden[583], dass es unschädlich sei, wenn Verfahrensrichtlinien im Falle der Nichteinigung eine Bestimmung des Vorsitzenden durch Los vorsehen. Dies gelte jedenfalls dann, wenn die Verfahrensvorschriften des § 76 BetrVG nicht anwendbar seien, da es sich bei der Schlichtungsstelle nicht um eine Einigungsstelle streng nach Gesetz handele. Insbesondere im Bereich des § 88 BetrVG sei es möglich, dass die Betriebspartner sinnvolle Verfahrensregeln aufstellten, sofern die Grundstrukturen des BetrVG unberührt blieben.[584]

---

580 GK/Kreutz § 76 Rn. 113.

581 zuletzt BAG, Urteil vom 12. 12. 2006 – 1 AZR 96/06.

582 BAG 07.11.1989 – GS 3/85, NZA 1990, 816.

583 BAG 19.05.1978 – 6 ABR 25/75 in AP Nr. 1 zu § 88 BetrVG 1972.

584 so auch Löwisch, AuR 1978, 97, 100.

Demnach ist es zulässig, abweichend von § 76 Abs. 2 und 3 BetrVG Verfahrensregeln für eine innerbetriebliche Schlichtungsstelle aufzustellen. Diese könnten zum einen beinhalten, dass ein Vorsitzender durch Los ermittelt wird; zum anderen könnten diese auch beinhalten, dass den Betriebsparteien wechselseitig je eine Stimme mehr übertragen wird. Dies folgt zum einen aus der umfassenden Regelungsbefugnis und zum anderen aus der Gleichstellung mit der Regelungsbefugnis der Tarifvertragsparteien. Denn diese dürfen gem. § 76 Abs. 8 BetrVG anstelle der Einigungsstelle eine tarifliche Schlichtungsstelle errichten und in diesem Rahmen auch von den Verfahrensvorschriften abweichen.[585]

In der Literatur wird die Auffassung vertreten, dass freiwillige Betriebsvereinbarungen nur im Bereich der sozialen, nicht dagegen der personellen (§§ 92ff BetrVG) sowie der wirtschaftlichen (§§ 106 ff BetrVG) Maßnahmen und auch nicht über sonstige betriebsverfassungsrechtliche Fragen abgeschlossen werden können. Dies folge aus der systematischen Stellung des § 88 BetrVG im Dritten Abschnitt des Vierten Teils über soziale Angelegenheiten. Als allgemeine Reglung für den gesamten Bereich der Mitbestimmung hätte die Frage der Zulässigkeit freiwilliger Betriebsvereinbarungen sonst im Ersten Abschnitt des Vierten Teils geregelt werden müssen.[586] Die Tatsache, dass § 77 Abs. 3 BetrVG die Tarifautonomie vor konkurrierenden Gestaltungen durch BV sichern will, heiße nicht, dass die Regelungsbefugnisse der Tarifparteien und Betriebspartner grundsätzlich den gleichen Umfang hätten. Auch aus § 28 SprAuG, nach dem AG und SprAuG mit unmittelbarer und zwingender Wirkung für die leitenden Angestellten Richtlinien über den Inhalt, den Abschluss und die Beendigung von Arbeitsverhältnissen abschließen könnten, ließe sich nicht folgern, dass die Befugnisse von AG und BR ebenso weit gehen müssten. Das SprAuG kenne nur wenige erzwingbare MBR und eröffne mit § 28 SprAuG stattdessen eine § 1 TVG nachgebildete Generalklausel.[587]

Es ist zulässig, im Rahmen einer freiwilligen Betriebsvereinbarung abweichende Verfahrensregelungen – also auch eine Einigung per Losentscheid, Würfel oder Verteilung der Letztentscheidungsstimme – zu regeln. Die Grundstrukturen des Betriebsverfassungsgesetztes bleiben dadurch gewahrt. Denn es findet ein Letztentscheid statt, durch eine „Stimme", auf die weder der Arbeitgeber noch der Betriebsrat Einfluss haben, die also im Zeitpunkt der Festlegung, wenn die „Stimme" feststeht, noch nicht parteiisch ist. In jedem Fall muss die

585 DKK/Berg, § 76 Rn. 98.
586 GK/Wiese, § 88 Rn. 10; Richardi, § 88 Rn. 3.
587 Löwisch/Kaiser, § 88 Rn. 1.

individuelle Klagemöglichkeit für den Mitarbeiter bleiben, da anderenfalls eine unzulässige Schiedsvereinbarung vorläge, sodass es nur eine „betriebsinterne Verbindlichkeit“ zur Folge hätte. Darüber hinaus sollte von einer solchen Regelung Abstand genommen werden, sofern Mitbestimmungsrechte betroffen sind, um diese dem gesetzlich vorbehaltenen Weg der Einigungsstelle zu überlassen.

cc) Sofern in einer Betriebsvereinbarung die Zuständigkeit der Einigungsstelle oder auch der betrieblichen Schlichtungsstelle für Fragen der Auslegung, Anwendung, Änderung und Durchführung der Betriebsvereinbarung begründet sind, kann die Einigungsstelle verbindlich entscheiden. Es kann auch geregelt werden, dass von der Einigungsstelle abweichende Verfahrensregelungen – also ein Letztentscheid per Losentscheid, Würfel etc. – angewandt werden. Allerdings muss die individuelle Klagemöglichkeit für den Mitarbeiter bleiben, um eine sonst vorliegende unzulässige Schiedsvereinbarung zu vermeiden. Von abweichenden Verfahrensregelungen sollte im Bereich der erzwingbaren Mitbestimmung abgesehen werden, um diesen der gesetzlich geregelten Einigungsstelle zu überlassen.

II. Ergebnis

Sowohl für die kollektivrechtlichen als auch für die individualrechtlichen Streitigkeiten kann somit wirksam im Rahmen einer freiwilligen Betriebsvereinbarung eine betriebliche Schlichtungsstelle eingerichtet werden. Die Einrichtung einer solchen Schlichtungsstelle ist jedoch nicht erzwingbar, da es sich um eine freiwillige Regelung gem. § 88 BetrVG handelt. Die Entscheidung im Hinblick auf individualrechtliche Streitigkeiten ist jedoch nicht verbindlich, sondern entspricht quasi einem betriebsinternen Vorverfahren.

Teil 4: Resumée

A. Zusammenfassung der wichtigsten Ergebnisse

1. Die Begriffe Prämie, Provision und Bonus werden in der Praxis ohne Beachtung der rechtlichen Bedeutung verwandt. Für die Reichweite der Mitbestimmung ist es unerlässlich, die Begriffe exakt entsprechend ihrer Bedeutung zu verwenden.

Die vorgeblich nach ständiger Rechtsprechung des Bundesarbeitsgerichts mitbestimmungsfreie Entscheidung des Arbeitgebers bei freiwilligen Leistungen bezüglich des Ob, des Dotierungsrahmens und des Zwecks der Leistung ist klarer zu formulieren: die Mitbestimmungsfreiheit bezieht sich nur darauf, dass der Betriebsrat kein Initiativrecht hat, eine Zustimmungspflicht bleibt jedoch bestehen. Darüber hinaus ist der Arbeitgeber im Rahmen der freien Festlegung der Zweckbestimmung insofern eingeschränkt, als er nur die grobe Zweckbestimmung mitbestimmungsfrei festlegen darf, das heißt ob es sich um Entgelt im engeren Sinn handelt oder nicht. Anderenfalls würde kein Raum für das Mitbestimmungsrecht des Betriebsrats im Hinblick auf die Verteilung mehr bestehen, denn je konkreter die Zweckbestimmung erfolgt, desto eingeschränkter ist auch der zu begünstigende Personenkreis festgelegt.

Tarifungebundene Arbeitgeber haben sämtliche Änderungen im Hinblick auf finanzielle Leistungen unter Beteiligung des Betriebsrats vorzunehmen, denn das Bundesarbeitsgericht nimmt in keinem der untersuchten Urteile Stellung dazu, was unter dem Begriff der Prämie in Abgrenzung zu vergleichbarem leistungsbezogenen Entgelt im Sinne des § 87 Abs. 1 Nr. 11 BetrVG zu verstehen ist. Vielmehr wird immer auf vergleichbares leistungsbezogenes Entgelt abgestellt. Den in der Praxis vorkommenden Prämienzahlungen wird mit nicht immer überzeugenden Argumenten die Qualität vergleichbaren leistungsbezogenen Entgelts im Sinne von § 87 Abs. 1 Nr. 11 BetrVG abgesprochen.

Eine Provision kann je nach Ausgestaltung leistungsbezogenes Entgelt im Sinne von § 87 Abs. 1 Nr. 11 BetrVG sein. Entscheidend ist das Vorliegen einer Normal- bzw. Ausgangsleistung.

2. Bei Einführung eines Zielvereinbarungsprozesses – ob entgeltbezogen oder nicht – besteht ein Mitbestimmungsrecht des Betriebsrats nach § 94 Abs. 1 und Abs. 2 BetrVG. Bei entgeltbezogenen Zielvereinbarungsprozessen besteht dieses neben dem Mitbestimmungsrecht nach § 87 Abs. 1 Nr. 10 und 11 BetrVG.

a) Im Rahmen kollektiver Rahmenregelungen sollte darauf geachtet werden, dass eine sauber formulierte Vereinbarung eines Konfliktlösungsmodells abgeschlossen wird. Eine betriebsinterne Schlichtungsstelle kann sowohl Streitigkeiten zwischen Arbeitgeber und Betriebsrats hinsichtlich der Auslegung und Anwendung der Betriebsvereinbarung als auch Streitigkeiten zwischen betroffenen Arbeitnehmern und Arbeitgeber hinsichtlich der Zielvereinbarung, -festsetzung oder -erreichung lösen. Allerdings ist die Entscheidung im Hinblick auf individualrechtliche Streitigkeiten nicht verbindlich gegenüber dem Mitarbeiter, da der Betriebsrat nicht über dessen Rechte verfügen kann. Auch die Regelung abweichender Verfahrensregelungen, wie beispielsweise Letztentscheid durch Würfel, Los o.ä. ist zulässig; allerdings muss für den Mitarbeiter die Klagemöglichkeit bleiben, da anderenfalls eine unzulässige Schiedsvereinbarung vorläge. Im Übrigen sollte davon abgesehen werden, sofern es sich um Fragen der Mitbestimmung handelt. Die Lösung dieser Konflikte sollte der dafür gesetzlich vorgesehenen Einigungsstelle überlassen werden.

Die innerbetrieblichen Schlichtungsstelle empfiehlt sich somit für individualrechtliche Streitigkeiten; für die Lösung kollektivrechtlicher Streitigkeiten im Hinblick auf Auslegung, Anwendung, Änderung der Betriebsvereinbarung sollte eine Einigungsstelle vorgesehen werden.

Die Aufnahme eines Konfliktlösungsmodells in die Betriebsvereinbarung ist nicht erzwingbar.

b) Im Hinblick auf die konkrete Zielfestsetzung im Rahmen von Zielvereinbarungen hat der Betriebsrat bei Zielvereinbarungen ohne Entgeltbestandteile ein Mitbestimmungsrecht im Hinblick auf die untergeordnete Zielfestsetzung, also bezüglich der Frage, beim Vorliegen welcher Voraussetzungen die allgemeinen Ziele erreicht werden. Bei Zielvereinbarungen mit Entgeltcharakter hat der Betriebsrat mitzubestimmen, sofern das Ziel nicht die allgemeine Zweckbestimmung beinhaltet, sondern den allgemeinen Zweck detailliert ausgestaltet.

c) Die Gewichtung der Ziele untereinander unterliegt ebenfalls der Mitbestimmung nach § 94 Abs. 2 BetrVG bzw. bei entgeltbezogener Zielvereinbarung zusätzlich nach § 87 Abs. 1 Nr. 10 BetrVG. Ein Mitbestimmungsrecht nach § 87 Abs. 1 Nr. 11 BetrVG scheidet aus, da es sich bei der Gewichtung der Ziele nicht um eine Frage des Geldfaktors handelt.

d) Die Frage der Zielerreichung unterliegt der Mitbestimmung nach § 87 Abs. 1 Nr. 10 BetrVG und sofern es sich um leistungsbezogenes Entgelt handelt, auch nach Nr. 11.

e) Der Zielvereinbarungsprozess und die damit zusammenhängenden Fragen unterliegen der Mitbestimmung gem. §§ 94 Abs. 2, 87 Abs. 1 Nr. 10 BetrVG, wobei sich die Frage nach den Umständen der Auszahlung und Fälligkeit gem. § 87 Abs. 1 Nr. 4 BetrVG richtet.

f) Ob Zahlungen während der Zielvereinbarungsperiode gekürzt werden dürfen, z.B. aufgrund von Krankheit o.ä., ist ebenfalls mitbestimmungspflichtig, weil es sich hierbei um die Verteilungsgrundsätze handelt.

B. Fazit

Es ist zu beobachten, dass die erweiterte Mitbestimmung des Betriebsrats auf die Lohnhöhe gem. § 87 Abs. 1 Nr. 11 BetrVG konsequent contra legem verneint wird. Dies mag an der vorgeblich bestehenden Gefahr liegen, dass der Betriebsrat sich dadurch in die Entgeltpolitik des Unternehmens einmischen könnte. Diese Gefahr ist jedoch nicht realistisch, denn das Gesetz sieht nur eine Mitbestimmung vor und nicht eine Alleinentscheidungskompetenz. Die Grenzen sind immer noch gesetzt, spätestens durch die Einschaltung einer Einigungsstelle, die sich im Rahmen billigen Ermessens an den Unternehmensdaten und vergleichbaren Zahlen orientieren muss.

Es wäre insbesondere im Hinblick auf die zunehmend zu beobachtende Verwendung des Instruments der Zielvereinbarung wünschenswert, dass mehr Mut aufgebracht wird, klare Richtlinien hinsichtlich der vom Gesetz vorgesehenen Begrifflichkeiten Prämie, Provision und vergleichbares leistungsbezogenes Entgelt aufzustellen. Der vom Gesetzgeber durch die Mitbestimmung im Rahmen von § 87 Abs. 1 Nr. 10 und Nr. 11 BetrVG verfolgte Zweck der Gewährleistung einer gerechten Verteilung und des Schutzes vor einer Überlastung der Mitarbeiter darf gerade in der heutigen Zeit, in der manchmal gar leichtfertig mit dem zur Verfügung stehenden Human Capital oder Human Ressource umgegangen wird, nicht aus dem Auge verloren werden. Eine Unterstützung kann hier durch klare und mitbestimmte Rahmenregelungen erreicht werden.